rororo computer

*HERAUSGEGEBEN VON LUDWIG MOOS
UND MANFRED WAFFENDER*

Die Programmiersprache C++, eine Weiterentwicklung des bewährten Werkzeugs C, ermöglicht das objektorientierte Programmieren, kurz OOP genannt. Diese Technik erlaubt es, wiederverwendbare Programmteile zu schreiben, und ist die Basis der erfolgreichsten Anwendungsprogramme für DOS und Windows. Dieses Buch erklärt anschaulich die Grundbegriffe der objektorientierten Programmierung. Anhand von praxisnahen Beispielen führt es Schritt für Schritt in die Arbeit mit Klassen und Objekten ein, so daß der Leser binnen kurzem eigene objektorientierte Programme in C++ erstellen kann. Die im Buch verwendeten Beispiele sind so gestaltet, daß sie mit den gängigsten C++-Compilern nachvollzogen werden können.

**HELMUT ERLENKÖTTER/
VOLKER REHER**

OBJEKTORIENTIERTES PROGRAMMIEREN IN C++

EINE STRUKTURIERTE EINFÜHRUNG

*GRUNDKURS COMPUTERPRAXIS
HERAUSGEGEBEN
VON RUDOLF HAMBUSCH*

Originalausgabe
Veröffentlicht im Rowohlt Taschenbuch Verlag GmbH,
Reinbek bei Hamburg, Mai 1994
Copyright © 1994 by Rowohlt Taschenbuch Verlag GmbH,
Reinbek bei Hamburg
Umschlaggestaltung Thomas Henning
Grafiken Carola Hennig und Ilse Parkmann
Satz Times PostScript Linotype Library, QuarkXPress 3.11
Gesamtherstellung Clausen & Bosse, Leck
Printed in Germany
Im Vertrieb der Rowohlt Systhema Verlag GmbH,
1890-ISBN 3 634 19282 8

INHALT

EDITORIAL 9

1 EINFÜHRUNG 11

1.1 Fragen zur Objektorientierung 12
1.2 Ein erstes Programm 14
1.3 Daten eingeben 18
1.4 Der Aufbau eines C++-Programms 20
1.5 Der Präprozessor 21
1.6 Vorteile von C++ gegenüber C 25
1.7 Zusammenfassung 26
1.8 Übungen 27

2 GRUNDLAGEN 30

2.1 Variablen und Konstanten 30
2.1.1 Variablennamen 30
2.1.2 Ganzzahlvariablen 31
2.1.3 Fließkommazahlen 37
2.1.4 Konstanten 41
2.1.5 Felder und Zeichenketten 45
2.1.6 Strukturen und Verbunde 54
2.1.7 Zusammenfassung 60
2.1.8 Übungen 61
2.2 Kontrollstrukturen 62
2.2.1 if 62
2.2.2 Vergleichsoperatoren und logische Operatoren 65
2.2.3 switch 67
2.2.4 for 70
2.2.5 while und do 73

2.2.6 continue 74
2.2.7 goto 75
2.2.8 Zusammenfassung 76
2.2.9 Übungen 77
2.3 Funktionen und Pointer 79
2.3.1 Parameterübergabe und Rückgabewerte 79
2.3.2 Bibliotheksfunktionen 83
2.3.3 Gültigkeitsbereich und Dauer 84
2.3.4 Pointer 86
2.3.5 Referenzen 96
2.3.6 Zusammenfassung 98
2.3.7 Übungen 99

3 KLASSEN 101

3.1 Klassen definieren 101
3.2 Konstruktor und Destruktor 108
3.4 Der this-Zeiger 113
3.5 Der new-Operator 114
3.6 friend-Funktionen 120
3.7 friend-Klassen 122
3.8 Zusammenfassung 124
3.9 Übungen 124

4 VERERBUNG 126

4.1 Klassen ableiten 126
4.2 Auf Basisklassendaten zugreifen 132
4.3 Konstruktoren und Destruktoren 134
4.4 Funktionen redefinieren 138
4.5 Mehrfachvererbung 141
4.6 Zusammenfassung 145
4.7 Übungen 146

5 POLYMORPHISMUS 148

5.1 Klassenumwandlungen 148
5.2 Virtuelle Funktionen 153
5.3 Virtuelle Destruktoren 157
5.4 Virtuelle Basisklassen 158
5.5 Zusammenfassung 161
5.6 Übung 162

6 ÜBERLADEN 163

6.1 Funktionen überladen 163
6.2 Klassenmethoden und Konstruktoren 168
6.3 Operatoren überladen 171
6.4 Zusammenfassung 179
6.5 Übung 180

7 EINGABE UND AUSGABE 181

7.1 Bildschirm und Tastatur 181
7.1.1 Einfache Ausgaben 182
7.1.2 Formatierte Ausgaben 184
7.1.3 Eingaben 194
7.2 Dateien 198
7.2.1 Dateien öffnen und schließen 199
7.2.2 Dateien lesen 203
7.2.4 In Dateien schreiben 205
7.2.5 Dateien drucken 210
7.2.6 Binärdateien 210
7.2.7 Zusammenfassung 212
7.2.8 Übungen 213

8 TEMPLATES 215

8.1 Makros 215
8.2 Funktionstemplates definieren 217

9 EIN FALLBEISPIEL FÜR XBASE 220

9.1 Die Problemstellung 220
9.1.1 Die Aufgabe 220
9.1.2 Die Problemanalyse 221
9.2 Was werden Klassen? 230
9.3 Klassenhierarchie 233
9.4 Das Programm 241
9.5 Übung 248

ANHANG 249

A Reservierte Wörter 249
B Operatoren und Rangfolge 249
C iostream-Klassen 253

D	Lösungen zu den Aufgaben 255
E	Glossar 282
F	Zeichensatztabellen 284
G	Literaturverzeichnis 286
H	Sachwortregister 287

EDITORIAL

Folgt man den Aussagen von Bildungs- und Wirtschaftspolitikern, so wird das Zusammenleben der Menschen in Zukunft von informationsverarbeitenden Maschinen geprägt sein: Mehr als die Hälfte aller Arbeitenden wird direkt oder indirekt mit Computern zu tun haben. Eine besondere Rolle spielt dabei der heute bereits millionenfach verbreitete Jedermanncomputer, der Personal Computer (PC). Schüler, Handwerksmeister, Rechtsanwälte, Kaufleute, Lehrer und viele andere leben, spielen und arbeiten schon heute mit diesem Gerät. Der Einsatz des persönlichen Computers wird weniger von der Fähigkeit des Benutzers geprägt, das Gerät in seiner Technizität (Hardware) zu verstehen, als vielmehr davon, es mit Hilfe der Computerprogramme (Software) zu bedienen.

Die Serie «Grundkurs Computerpraxis» erklärt Informationsverarbeitung sehr konkret und auf einfache Weise. Dabei steht das, was den Computer im eigentlichen Sinne funktionieren läßt, im Vordergrund: die Software.

Sie umfaßt

- Betriebssysteme,
- Anwenderprogramme,
- Programmiersprachen.

Ausgewählt werden Programme, die sich hunderttausendfach bewährt und einen Standard gesetzt haben, der Gefahr des Veraltens also nur in geringem Maße unterliegen.

Im «Grundkurs Computerpraxis» wird das praktische Computerwissen übersichtlich gegliedert, textverständlich strukturiert, auf das Wesentliche begrenzt und mit Grafiken, Beispielen und Übungen optimal zugänglich gemacht.

Der Herausgeber der Serie, Rudolf Hambusch, leitet am Institut für Schule und Weiterbildung des Landes Nordrhein-Westfalen unter anderem das Projekt Lehrerfortbildung in Informationsverarbeitung Wirtschaft. Die Autoren sind erfahrene Berufspädagogen, Praktiker oder Mitarbeiter im Fortbildungsprojekt.

1 EINFÜHRUNG

In diesem Buch wollen wir Ihnen einen Einstieg in die objektorientierte Programmierung am Beispiel der Programmiersprache C++ vermitteln. Als Voraussetzung sollten Sie mit einer Sprache wie Pascal, Basic, C usw. vertraut sein. Die benötigten Grundkenntnisse werden zum Beispiel auch in unserem Buch «Programmiersprache C» vermittelt, das ebenfalls im Rowohlt Taschenbuch Verlag erschienen ist. Für das erfolgreiche Durcharbeiten dieses Buchs setzen wir jedoch nicht voraus, daß Sie C beherrschen. Die Beispielprogramme in diesem Buch haben wir mit Turbo C++, Borland C++ und Microsoft Visual C++ getestet; sie sollten jedoch auch ohne größere Probleme mit anderen Compilern lauffähig sein. Wir haben uns bemüht, die Programme compilerunabhängig zu halten.

Zur Erleichterung der Arbeit mit diesem Buch können die von den Autoren verwendeten Beispiele auf einer **Diskette** gesondert bestellt werden. Bestellnummer: **D3-9282** (3,5"-HD-Diskette) für **DM 22,00**. Der **Preis** ist **inklusive Porto und Verpackung**. Bei **Auslandsaufträgen** werden nur auf **DM** lautende **Euroschecks** akzeptiert. Die **Bestellung** erfolgt **nur durch** Zusendung eines **Verrechnungsschecks** an:
DISKSERVICE Ilse Parkmann
Am Königsteich 42, D-49492 Westerkappeln

1.1 Fragen zur Objektorientierung

Um Ihnen zunächst den Begriff *Objektorientierung* zu veranschaulichen, wollen wir einige häufig zu diesem Thema gestellte Fragen beantworten. Zur Erklärung einiger der benutzten Abkürzungen und Ausdrücke können Sie zusätzlich im Glossar nachschlagen.

Was bedeutet objektorientiert?
Der Begriff *objektorientiert* ist in der Softwarebranche seit Anfang der 90er Jahre zu einer Art Zauberformel geworden. Objektorientierung wird von vielen als das Allheilmittel für alle Probleme der Softwareentwicklung angepriesen. Dabei ist das Ziel der Objektorientierung erst einmal nur, die Bedienung und Programmierung von Computern näher an die tägliche Erfahrung des Menschen heranzubringen. Das bedeutet zum Beispiel für den **Benutzer**, daß Dateien, Verzeichnisse oder Drucker in Form von Symbolen dargestellt werden. Diese Objekte kann er dann manipulieren, wie er es von realen Objekten her gewohnt ist. So ist eine Datei leichter zu kopieren, wenn man sie in Form eines Symbols wie

auf dem Bildschirm verschieben kann und nicht einen entsprechenden, schwer verständlichen Befehl wie

`C:\copy c:\text\privat\mybrief.doc c:\text\geschaef\hisbrief.doc`

eingeben muß.

Für den **Programmierer** bedeutet objektorientiert, daß er versucht, die Dinge aus der realen Welt, die sein Programm darstellen soll, wirklichkeitsgetreuer abzubilden. Zu diesem Zweck stellen ihm die objektorientierten Programmiersprachen eine ganze Reihe von Hilfsmitteln und Methoden zur Verfügung. Neben den Änderungen in der Programmiersprache muß der Programmierer jedoch auch seine Methoden beim Entwurf der Programme überdenken. Heute übliche Ansätze wie das **Entity-Relationship**-Modell oder die **Strukturierte Analyse** werden den Anforderungen der objektorientierten Programmierung nicht voll gerecht. Daher werden zur Zeit neue, objektorientierte Modelle entwickelt. Eines davon ist zum Beispiel die Methode nach James Rumbaugh.

Wo begegnet uns Objektorientierung?

Momentan versucht man, auf vielen verschiedenen Ebenen objektorientierte Techniken einzusetzen, um die Probleme bei der Softwareentwicklung zu lösen. Die folgenden drei Gebiete sind dabei zur Zeit besonders aktuell:

- *Objektorientierte Benutzerschnittstellen (objektorientierte GUIs)*
  wie zum Beispiel OS/2 Presentation Manager, Macintosh oder NeXTStep.
- *Objektorientierte Datenbanken (OODBMS)*
  Diese befinden sich zur Zeit noch in der Entwicklung. Erste Produkte sind jedoch schon auf dem Markt.
- *Objektorientierte Programmierung (OOP)*
  Das ist das Thema dieses Buchs.

Mit welchen Sprachen kann man objektorientiert programmieren?

Grundsätzlich kann man mit jeder Programmiersprache objektorientierte Ideen in sein Programm einfließen lassen. Wenn die Sprache jedoch OOP unterstützt, hat man es natürlich leichter, den Prinzipien der Objektorientierung treu zu bleiben. Die Sprache, die mit der Entwicklung der objektorientierten Programmierung am engsten verknüpft ist, ist **Smalltalk**. In ihr sind objektorientierte Grundsätze am konsequentesten verwirklicht worden. Neben Smalltalk wären unter anderem auch noch Pascal with Objects oder Eiffel als objektorientierte Programmiersprachen zu nennen. Die Sprache für das OOP, die am weitesten verbreitet ist, ist jedoch **C++**. Einer der Gründe für diese Tatsache mag sein, daß C++ auf dem sehr weit verbreiteten C basiert. Das hat es vielen C-Programmierern erlaubt, ohne größere Probleme auf die neue Arbeitsweise umzuschwenken, da C++ ein schrittweises Überwechseln zur Objektorientierung erlaubt. Man muß also nicht gleich alle neuen Methoden anwenden, sondern kann dies Schritt für Schritt tun. C++ wurde 1983 von Dr. Bjarne Stoustrup entwickelt. Es hat seinen Namen übrigens von dem Inkrement-Operator (++) der Sprache C bekommen.

Was versteht man in der OOP unter einem Objekt?

Die Antwort auf diese Frage lautet schlicht: eine Variable. Wie Sie in einigen der folgenden Programme sehen werden, handelt es sich allerdings um eine Variable, die mehr Eigenschaften aufweist, als Sie es zum Beispiel von C, Pascal oder Basic her kennen.

Welches Ziel hat die objektorientierte Programmierung?
Das Ziel der OOP ist es, die Fehleranfälligkeit von Programmen zu verringern und die Wiederverwendung von Programmcode zu vereinfachen. Um diese beiden Ziele zu erreichen, werden unter anderem Techniken wie die **Kapselung** von Daten oder die **Vererbung** eingesetzt. Was es damit auf sich hat, wollen wir Ihnen in den folgenden Kapiteln vorstellen.

Zusammenfassend kann man festhalten: Die objektorientierte Programmierung (OOP) ist eine Technik, mit der man versucht, große Softwareprojekte in den Griff zu bekommen. Es hat sich nämlich herausgestellt, daß ab einer gewissen Größe Programme kaum noch zu pflegen sind, da es mit den herkömmlichen Programmiersprachen nur sehr schwer möglich ist, den Überblick über den Programmfluß und die verwendeten Variablen zu behalten. Eine objektorientierte Programmiersprache hilft dem Programmierer hier insofern, als sie zum Beispiel dafür sorgt, daß das versehentliche Verändern von Variablenwerten fast unmöglich wird. Außerdem bietet sie Techniken an, mit denen man Programmteile, die man einmal entwickelt hat, in allen möglichen anderen Programmen erneut verwenden kann. So kann OOP dazu beitragen, die Software fehlerfreier und schneller zu erstellen.

1.2 Ein erstes Programm

Damit Sie ein Beispiel nachvollziehen können, schreiben Sie das Programm bitte ab (achten Sie auf Groß- und Kleinschreibung!), oder laden Sie es von der Diskette, die zu diesem Buch erhältlich ist. Da die Programme so gehalten sind, daß sie mit möglichst vielen Compilern ausprobiert werden können, haben wir auf eine Beschreibung der Bedienung weitestgehend verzichtet. Sie sollten sich die für Ihre Entwicklungsumgebung benötigten Schritte in den Handbüchern oder in der Online-Hilfe ansehen.

Für ganz Eilige: Bei Turbo C++ und Borland C++ drücken Sie `Strg` + `F9`, um Ihr Programm zu übersetzen und zu starten. Mit `Alt` + `F5` (bis Version 3.1) können Sie nach fehlerfreier Übersetzung das Ergebnis auf dem Bildschirm bewundern. Ab Borland C++ 4.0 wechseln Sie in die DOS-Ebene und starten das Programm dort.

Achten Sie bei Borland C++ 4.0 auch darauf, daß als Zielsystem beim Anlegen des Projektes DOS angegeben wurde. Und stellen Sie gegebenenfalls unter *Optionen/Projekt/Compiler/Quelltext* «Borland Erweiterungen» ein. Bei Visual C++ wählen Sie den Befehl *Rebuild All* aus dem Menü *Project*. Auch hier muß als Zielsystem «MS-DOS Application» festgelegt werden.

Kommen wir nun zu unserem ersten C++-Programm.

```
// prg01_1.cpp
#include <iostream.h>

void main(void)
{
  cout << "Dieser Text wird in \nzwei Zeilen
↻         gedruckt!\n";
  cout << "Fünf + elf =" << 5+11 << "\n";
}
```

Wenn Sie dieses Programm ausführen lassen, erscheint die folgende Ausgabe auf dem Bildschirm:

```
Dieser Text wird in
zwei Zeilen gedruckt!
Fünf + elf =16
```

Damit wir in den folgenden Erläuterungen Bezug auf die einzelnen Zeilen nehmen können, sind sie mit zusätzlichen Nummern versehen worden (z. B. /* 5*/). Die Nummern sind als Kommentare eingefügt und werden daher vom Compiler ignoriert. Sie können sie beim Eingeben des Programms auch weglassen. Als Beginn eines Kommentars dienen die beiden Zeichen /* und als Ende die Zeichenkombination */. Diese Form der Kommentierung macht alle Programmteile zwischen diesen Zeichen unwirksam. Es können sogar beliebig viele Zeilen damit eingeklammert werden.
Diese Form der Kommentierung wird in C benutzt und ist dort auch

die einzige Möglichkeit. Da C++ ja alle Möglichkeiten bietet, über die C verfügt, können Sie diese Kommentarzeichen also auch in C++-Programmen benutzen.

```
        // prg01_1.cpp
        #include <iostream.h>

/* 4*/ void main(void)
/* 5*/ {
/* 6*/    cout << "Dieser Text wird in \nzwei Zeilen
  ⇨        gedruckt!\n";
/* 7*/    cout << "Fünf + elf =" << 5+11 << "\n";
/* 8*/ }
```

Sehen wir uns das Programm nun im einzelnen an.

Zeile 1: In C++ leiten die doppelten Schrägstriche (//) einen Kommentar ein. Das heißt, daß alles, was in dieser Zeile hinter diesen Zeichen folgt, vom Compiler ignoriert wird. Sollen Kommentare über mehrere Zeilen gehen, benutzt man häufig auch die aus C bekannte Zeichenkombination /* ... */.

```
// Dies ist ein Kommentar,
// wie ihn C++ verwendet
/* Dieser Text ist
ein Kommentar, wie ihn
die Programmiersprache C
verwendet */
```

Die Dateiendung eines C++-Programms lautet in der Regel **CPP**, im Gegensatz zur Endung **C** in einem C-Programm. Die Endung CPP ist nicht vorgeschrieben. Es erspart jedoch unnötige Probleme, wenn man sich an diese Konvention hält.

Zeile 2: Die Anweisung **#include** ist kein C++-Sprachbestandteil, sondern eine Anweisung, die der sogenannte Präprozessor versteht. Der Präprozessor ist ein Programm, das vor dem eigentlichen Compilieren den Quellcode einliest und nach Anweisungen sucht, die mit einem Nummernzeichen (#) beginnen. Die Anweisungen, die hinter dem Nummernzeichen stehen, sagen dem Präprozessor, was er zu tun hat. Die Anweisung #include <iostream.h> bedeutet beispielsweise, daß die Datei IOSTREAM.H an dieser Stelle in das Programm eingefügt werden soll. Die genaue Bedeutung dieses Vorgangs sehen wir uns in Kapitel 1.5 an.

Zeile 4: An dieser Zeile lassen sich mehrere Eigenschaften von C++ gleichzeitig erläutern. Da wäre die Tatsache, daß C++ nur aus **Funktionen** bestehen. Eine Unterscheidung in Prozeduren und Funktionen, wie andere Sprachen sie vornehmen, kennt C++ nicht. Eine Funktion hat immer einen Namen, der von einem Paar runder Klammern [( )] gefolgt werden muß.

In unserem Beispiel heißt die Funktion **main**. Diese Funktion hat eine ganz besondere Eigenschaft, da sie in jedem ausführbaren C++-Programm genau einmal erscheinen muß. Sie ist der Startpunkt, an dem die Ausführung des Programms beginnt. Welche Bedeutung der Begriff **void** hat, wird in Kapitel 2.3.1 erläutert. Merken Sie sich hier nur, daß die Funktion main in jedem Programm genau einmal vorkommen muß.

Zeile 5 und 8: Die geschweiften Klammern ({ }) haben in C++ die Aufgabe, einen **Block** von Anweisungen zu bilden. Pascal kennt etwas ähnliches mit den Begriffen BEGIN und END. Jede Funktion, so auch main, beginnt mit einer öffnenden Klammer ({) und endet mit einer schließenden (}).

Zeile 6 und 7: C++ bietet mit dem Objekt **cout** eine einfache und komfortable Möglichkeit, Daten auf dem Bildschirm auszugeben. Näheres über die Funktionsweise von cout werden Sie im Laufe des Buches erfahren. Eine Ausgabe erfolgt, indem man eine Zeichenkette mit dem Einfügeoperator (<<) an cout schickt.

Wie Sie sehen, enthalten die Zeichenketten besondere Zeichen, die nicht ausgedruckt werden, in unserem Beispiel die Zeichenfolge \n. Diese Zeichenfolgen nennt man **Escape-Sequenzen**. Sie werden durch einen Backslash (\) eingeleitet, dem ein oder mehrere Zeichen folgen. Das n bedeutet zum Beispiel «new line», was einen Zeilenvorschub bewirkt. Andere Zeichen, wie zum Beispiel t (\t), bewirken einen Tabulatorsprung. Escape-Sequenzen können an beliebiger Stelle und beliebig oft in der Zeichenkette auftauchen. Eine vollständige Liste aller Escape-Sequenzen finden Sie in Kapitel 2.1.4. Beachten Sie, daß Escape-Sequenzen sowohl in Hochkommas ('\n') als auch in Anführungszeichen ("\n") stehen können.

Zeile 7: cout kann nicht nur eine einzelne Zeichenkette, sondern auch mehrere hintereinander ausgeben. Dazu werden die einzelnen Bestandteile der Ausgabe durch Einfügeoperatoren (<<) verknüpft. Außerdem ist cout nicht auf Zeichenketten beschränkt, sondern kann beispielsweise auch Rechenergebnisse ausgeben (5+11). Sollten Sie bereits in C programmiert haben und Ihr geliebtes printf vermissen: Sie können es zwar auch in C++ benutzen, cout ist jedoch weitaus flexibler und einfacher zu handhaben!

1.3 Daten eingeben

Als Gegenstück zu cout können wir in C++ **cin** verwenden. Mit cin können wir Daten in ein Programm eingeben. Wie das funktioniert, sehen Sie im nächsten Programm.

```
        // prg01_2.cpp
        #include <iostream.h>

/* 4*/ void main(void)
/* 5*/ {
/* 6*/ int xyz;
/* 7*/
/* 8*/    cout << "\nBitte den Wert von xyz eingeben : ";
/* 9*/    cin >> xyz;
/*10*/    cout << "\nDer Wert von xyz mal 2 ist " <<
  ⇨          xyz * 2;
/*11*/ }
```

Wenn Sie bei der Eingabeaufforderung beispielsweise den Wert 46 eingeben, druckt das Programm die folgende Zeile aus:

```
Der Wert von xyz mal 2 ist 92
```

Neu in diesem Programm sind die Benutzung einer Variablen sowie die Eingabe eines Wertes mit Hilfe von cin.

Zeile 6: Bevor man in C++ eine Variable verwenden kann, muß man dem Compiler mitgeteilt haben, welche Art von Daten sie speichert und wie sie heißen soll. C++ bietet hier die auch in anderen Sprachen üblichen Typen wie zum Beispiel **int** oder **float**.
Die Deklaration muß immer vor der Stelle erfolgen, an der die Variable das erstemal genutzt, sprich ihr ein Wert zugewiesen wird. C++ erlaubt die Deklaration an beliebiger Stelle im Programm und nicht nur – wie in C – zu Beginn eines Blocks. Die Deklaration kann also auch möglichst nah an der Stelle erfolgen, an der die Variable benötigt wird. In C++ ist also auch eine Schreibweise wie im folgenden Programm möglich.

```
// prg01_2.cpp
#include <iostream.h>

void main(void)
{
  cout << "\nBitte den Wert von xyz eingeben : ";
  int xyz;
  cin >> xyz;
  cout << "\nDer Wert von xyz mal 2 ist " << xyz * 2;
}
```

Sie sollten jedoch berücksichtigen, daß ein Zusammenfassen der Variablendeklarationen an einem Ort die Übersicht über das Programm erhöht. Eine ausführliche Beschreibung der verschiedenen Variablentypen finden Sie in Kapitel 2.1.

Zeile 9: Das Objekt **cin** wird zusammen mit dem Einleseoperator (>>) verwendet. cin schickt sozusagen die Eingabe «in» die Variable. Genau wie cout kommt cin mit allen möglichen Arten von Daten zurecht. Das heißt, es kann verschiedene Typen von Zahlen und auch Texte (Zeichenketten) einlesen.

Zeile 10: In dieser Zeile sehen Sie einen der vielen Operatoren, die C++ bereitstellt. Es handelt sich hier um den Multiplikationsoperator (*). Für die Grundrechenarten bietet C++ noch die Zeichen «+» zum Addieren, «-» zum Subtrahieren und «/» zum Dividieren. Einen Operator zum Potenzieren gibt es in C++ jedoch nicht, für diesen Fall wird die Funktion **pow** genutzt.

Die Vielzahl der Operatoren ist eine Stärke von C++, wir werden im

Laufe des Buches noch an vielen Stellen von Ihnen Gebrauch machen.

1.4 Der Aufbau eines C++-Programms

Der äußere Aufbau des Programms, das wir Ihnen vorgestellt haben, wird Ihnen von C++ nicht vorgeschrieben. Das Layout des Programms ist frei wählbar. So könnte das Programm PRG01_1.CPP auch aussehen wie im folgenden Beispiel. Dem C++-Compiler wäre das völlig gleichgültig.

```
// prg01_1.cpp
#include <iostream.h>

      void
main
(void)  {cout
<< "Dieser Text wird in \nzwei Zeilen gedruckt!\n";
ᐅ   cout <<
 "Fünf + elf =" << 5+11 << "\n";
      }
```

Selbst wenn es nicht so aussieht: es handelt sich noch immer um das gleiche Programm. Der Compiler übersetzt es auch anstandslos und führt es aus. Aus dieser Tatsache kann man schließen, daß sich der Compiler nicht an den einzelnen Zeilen orientiert, sondern sich auf andere Weise im Quelltext zurechtfinden muß. Die Markierung, die ein Programm in einzelne Anweisungen zergliedert, ist das **Semikolon** (;). Jede Anweisung im Quellcode **muß** mit einem Semikolon enden!

Damit kommen wir zur nächsten Eigenschaft von C++: **C++ ist eine formatfreie Sprache**. Das bedeutet, daß man das Aussehen des Programms in weiten Grenzen selbst bestimmen kann. Damit hat man als Programmierer aber auch die Verantwortung für den Aufbau des Programms. Daher sollten Sie sich auf jeden Fall eine strukturierte Schreibweise angewöhnen; das erleichtert die Übersicht über das Programm erheblich. Als Faustregel können Sie sich merken, daß man nur eine Anweisung pro Zeile schreiben sollte. Außerdem dient es der Übersichtlichkeit, wenn Sie die Zeilen pro Ebene um zwei Stellen einrücken. Nochmals: Es ist kein guter Stil, der Welt zu zeigen, wie toll man Programmzeilen zusammenpacken und verschachteln kann! Viel eher zeichnet ein sauber strukturiertes und dokumentiertes Programm einen guten Programmierer aus!

Apropos dokumentieren. Gewöhnen Sie es sich an, so viele **Kommentare** wie möglich in das Programm zu schreiben. Sie werden sich wundern, wie schön so etwas hilft, wenn man sein eigenes Programm am nächsten Tag auch noch verstehen will. In unseren Beispielprogrammen haben wir übrigens weitgehend auf Inline-Kommentare verzichtet, da wir das Programm im Anschluß sofort detailliert erläutern. Sie sollten daraus nicht herleiten, daß Kommentare überflüssig sind!

Während C++ beim äußeren Aufbau des Programms großzügig ist, ist es bei der Schreibweise von Funktionen oder Variablennamen sehr genau. Sie können daher nicht statt main zum Beispiel Main oder MAIN schreiben. In beiden Fällen würde C++ die Funktion nicht erkennen. Damit kommen wir zu der Tatsache, daß C++ **case sensitive** ist. Was nichts anderes heißt, als daß C++ zwischen Groß- und Kleinschreibung unterscheidet. Variablennamen wie *zahl*, *Zahl* und *ZAHL* sind somit für C++ drei völlig verschiedene Dinge.

1.5 Der Präprozessor

Der Präprozessor in C++ dient dazu, den Quelltext zu bearbeiten. Das heißt, er sucht und ersetzt bestimmte Begriffe in Ihrem Programm, oder er sorgt dafür, daß bestimmte Programmteile compiliert werden und andere nicht. Was der Präprozessor macht, kann man mit ganz bestimmten Befehlen steuern. Diese Befehle beginnen mit einem Nummernzeichen (#) gefolgt von einem Schlüsselwort:

#define	#elif	#else
#endif	#error	#if
#ifdef	#ifndef	#include
#line	#pragma	#undef

Hinweis:
Je nach Compiler können noch einige weitere Begriffe hinzukommen.

Sollten Sie bereits mit C Erfahrungen gemacht haben, sollten Sie sich merken, daß die Bedeutung des Präprozessors in C++ nicht mehr so groß ist wie in C. C++ bietet eine ganze Reihe von Möglichkeiten, die den Präprozessor überflüssig machen. Dazu gehört zum Beispiel das Schlüsselwort **const**, das genau wie #define das Festlegen von Konstanten ermöglicht. Es ist dem #define jedoch vorzuziehen, da es zum Beispiel eine bessere Typprüfung erlaubt. Ein zweiter großer Vorteil ist die Option, Inline-Funktionen zu erzeugen. Diese können die fehleranfälligen Makros ersetzen.

#include

Kennengelernt haben Sie bisher die Anweisung **#include**. Sie sorgt dafür, daß an der Stelle, an der sie erscheint, eine Datei in das Programm einkopiert wird. In aller Regel handelt es sich dabei um sogenannte **Header-Dateien**. Sie enthalten Definitionen, die für bestimmte Funktionen oder Objekte benötigt werden. Es gibt eine ganze Reihe dieser Header-Dateien, die jeweils einen ganz speziellen Bereich abdecken. So muß zum Beispiel die Datei STRING.H mit einem include-Befehl eingebunden werden, wenn man Stringfunktionen verwenden will (strcpy, strcat usw.). Welche Header-Datei benötigt wird, ist im jeweiligen Referenzhandbuch der Funktionen beschrieben. Zu Ihrem Compiler gehören mehrere Dutzend Header-Dateien. Sie sind meist in einem Verzeichnis namens INCLUDE abgelegt. Wenn Sie neugierig sind, können Sie sich diese Textdateien mit jedem Editor ansehen. Sie sollten jedoch keine Änderungen darin vornehmen! Sie laufen sonst Gefahr, daß nichts mehr läuft.

Das folgende Programm zeigt, wie der Befehl include verwendet wird:

```
#include <iostream.h>
#include "my_inc.h"

void main(void)
{
cout << "\n" << TEST;
}
```

Hinter dem Schlüsselwort include folgt der Name der Datei, die in das Programm einzukopieren ist. Meist steht der Name in spitzen

Klammern (< >), was bedeutet, daß diese Datei in den voreingestellten include-Pfaden gesucht wird. Ist der Dateiname in **Anführungszeichen** (" ") eingeschlossen, wird diese Datei zuerst im aktuellen Verzeichnis gesucht und dann erst im voreingestellten Pfad. Der Sinn dieser zweiten Form liegt darin, daß man für jedes Programm bei Bedarf eigene Header-Dateien anlegen kann, ohne mit anderen ins Gehege zu kommen.

In unserem Beispiel enthält die include-Datei nur diese Zeile:

```
#define TEST 5
```

Mit ihr wird festgelegt, daß eine Konstante namens TEST den Wert 5 hat. Startet man das Programm, so wird der Wert 5 auf dem Bildschirm ausgegeben, obwohl man den Wert 5 im Programm selber nicht findet; er ist ja in der Header-Datei MY_INC.H gespeichert.

#define

Mit #define kann man einer Konstanten einen sprechenden Namen geben, statt überall im Programm den tatsächlichen Zahlenwert zu speichern. Außerdem findet die Festlegung des Wertes nur an einer einzigen Stelle statt, was Änderungen natürlich sehr vereinfacht.

```
#define MAXWERT 100
```

Hinter dem #define folgt der Name der Konstanten (hier: MAXWERT). Dahinter folgt, durch Leerstelle oder Tabulator getrennt, der Wert, den diese Konstante haben soll. Üblicherweise schreibt man die mit #define definierten Konstanten groß, um sie von Variablen unterscheiden zu können.
Denken Sie jedoch daran, daß C++ mit const eine bessere Methode anbietet, Konstanten zu definieren.
Neben der Aufgabe, einfache Ersetzungen im Quellcode vorzunehmen, erlaubt es der Präprozessor auch, sogenannte **Makros** zu erstellen. Die Hauptaufgabe von Makros ist es, an bestimmten Stellen im Programm Funktionen zu ersetzen. Weitere Informationen zum Thema Makros finden Sie in Kapitel 8.

24 EINFÜHRUNG

#if, #elif, #else, #endif

Mit der #if-Direktive kann man dafür sorgen, daß nur bestimmte Teile des Programms compiliert werden. Ein Beispiel zeigt das folgende Programm:

```
#include <iostream.h>

#define TEST 12

#if TEST == 10
  #define MAXWERT 99
#elif TEST==11
  #define MAXWERT 100
#elif TEST==12
  #define MAXWERT 101
#else
  #define MAXWERT 50
#endif

void main(void)
{
  cout << "\nMAXWERT = " << MAXWERT;
}
```

Die Ausgabe des Programms lautet 101.

#ifdef, #ifndef

Mit diesen beiden Varianten der #if-Direktive können Sie im Programm feststellen, ob eine Konstante mit #define definiert wurde.

```
#include <iostream.h>

#define DEMO 0

#ifdef DEMO
  #define VERSION 0.9
#else
  #define VERSION 1.0
#endif
```

```
void main(void)
{
  cout << VERSION;
}
```

Das Programm liefert den Wert 0.9. Beachten Sie, daß #ifdef nur untersucht, ob eine Konstante definiert wurde, nicht, welchen Wert sie hat!

#pragma
Die #pragma-Direktive erlaubt es, compilerspezifische Eigenschaften zu benutzen, die zum Beispiel die Codeerzeugung beeinflussen. Für die von Ihrem Compiler unterstützten #pragma-Direktiven schauen Sie bitte im Handbuch oder in der Online-Hilfe nach.

Die restlichen Präprozessor-Direktiven wollen wir in diesem Buch nicht ansprechen, da sie relativ selten eingesetzt werden.

1.6 Vorteile von C++ gegenüber C

C++ ist als Erweiterung von C entwickelt worden. Eine der Absichten dabei war es, eine Sprache zu schaffen, mit der auch große Softwareprojekte im Griff zu behalten sind. C bietet dem Programmierer zwar alle denkbaren Optionen, um sein Programm zu schreiben; die Hilfestellungen, um fehlerfreie Programme zu bekommen, sind jedoch gering. So wandelt C Variablentypen bei Bedarf um, weist den Programmierer in der Regel jedoch nicht darauf hin. C++ hingegen erlaubt eine solche Umwandlung zwar auch, fordert vom Programmierer jedoch eine deutliche Anweisung, das zu tun. Dadurch und durch andere Maßnahmen wird die Gefahr von ungewollten Änderungen stark reduziert.
Eine weitere Eigenschaft, die Erzeugung von Objekten (siehe Kapitel 3.1), erlaubt das Erstellen von sogenannten Objektbibliotheken, die es ermöglichen, Programmcode immer wieder zu verwenden, ohne das Rad jedesmal neu erfinden zu müssen. So kann man sich

beispielsweise die Arbeit bei der Programmierung von Windows wesentlich erleichtern, wenn man die OWL (Object Windows Library) oder Turbo Vision von Borland bzw. die MFC (Microsoft Foundation Class) benutzt.

Insgesamt kann man sagen, daß C++ die Freiheiten, die C dem Programmierer bietet, etwas einschränkt. Diese Eigenschaft kann man jedoch begrüßen, da sie dem Programmierer auf der anderen Seite hilft, Fehler zu vermeiden, ohne die Leistungsfähigkeit der Sprache zu beschränken. Zusätzlich bietet C++ natürlich noch das ganze Spektrum an Mitteln der Objektorientierung. Was zusammen eine äußerst leistungsfähige Sprache ergibt.

1.7 Zusammenfassung

- **Kommentare** werden durch doppelte Schrägstriche (//) eingeleitet. Diese Zeichen wirken bis zum Ende der aktuellen Zeile. Sollen mehrere Zeilen auf einmal als Kommentar geschrieben werden, kann man die Zeichen /* für den Beginn und */ für das Ende des Kommentars benutzen. Diese Zeichen stammen aus der Programmiersprache C.
- C++-Programme haben die Dateiendung **CPP**.
- C++ besteht nur aus **Funktionen**.
- Die Funktion **main** muß in jedem ausführbaren C++-Programm genau einmal vorkommen.
- Das **Semikolon** (;) muß das Ende jeder Anweisung markieren.
- Mit Hilfe der geschweiften Klammern ({ }) werden **Anweisungsblöcke** gebildet.
- C++ ist case sensitive. Das heißt, es wird streng zwischen **Groß-** und **Kleinschreibung** unterschieden.
- Das Objekt **cout** dient der Ausgabe, **cin** der Eingabe von Daten.
- **Escape-Sequenzen** erlauben das Einfügen von Tabulatorzeichen, Zeilenendemarkierung usw. in Zeichenketten.
- Die Zeichen +, -, * und / dienen als **Rechenzeichen** für die Grundrechenarten.
- Der Präprozessor hat in C++ nicht mehr die gleiche große Bedeutung wie in C.

1.8 Übungen

Aufgabe 1

```
Das ist
        ein sehr
                kurzer
                        Text
```

Welches der folgenden Programme liefert diese Ausgabe?

a)

```cpp
// ueb01_1.cpp
#include <iostream.h>

void main(void)
{
  cout << "\nDas ist \n\tein sehr\n\t\tkurzer
              \n\t\t\tText.";
}
```

b)

```cpp
// ueb01_2.cpp
#include <iostream.h>

void main(void)
{
  cout << "\nDas ist \n\nein sehr\n\n\tkurzer
              \n\n\n\tText.";
}
```

Aufgabe 2

Welche Ausgabe liefert das folgende Programm?

```
// ueb01_3.cpp
#include <iostream.h>

void main(void)
{
   cout << "\n" << "12+3/3=" << 12+3/3;
}
```

a)   **12+3/3=13**

b)   **12+3/3=5**

Aufgabe 3

Schreiben Sie ein Programm, das einen (Ganzzahl-)Wert von der Tastatur einliest und ihn verdoppelt und verdreifacht wieder ausgibt. Die Ergebnisse sollen dabei jeweils in einer eigenen Zeile stehen.

Aufgabe 4

Welche drei Fehler enthält das folgende Programm?

```
// ueb01_5.cpp                                      1
#include <iostream.h>                            // 2
// Achtung! Dieses Programm ist fehlerhaft          3
                                                 // 4
void Main(void)                                  // 5
{                                                // 6
int ein;                                         // 7
   cout << "\nBitte geben Sie eine Zahl ein: "   // 8
  cin << ein;                                    // 9
```

```
  cout << "Die Zahl lautet " << ein;          // 10
}                                              // 11
```

Aufgabe 5

Welchen Wert liefert das folgende Programm (die Zeichen && bedeuten *logisches UND*)?

```
#include <iostream.h>

#define LEVEL 1

#ifdef EBENE
  #define TEST 1000
#else
  #define TEST 99
#endif


void main(void)
{
  cout << TEST;
}
```

2 GRUNDLAGEN

In diesem Kapitel werden die Themen Variablen, Kontrollstrukturen und Funktionen besprochen. In vielen Teilen entspricht das, was Sie hier kennenlernen, den Eigenschaften der Programmiersprache C. Dennoch sollten die C-Programmierer unter Ihnen auch dieses Kapitel lesen, da es auch für sie einige Neuigkeiten gibt.

2.1 Variablen und Konstanten

Bereits im ersten Kapitel hatten wir den Begriff Variable kurz angesprochen. In diesem Kapitel wollen wir ihn nun ausführlich behandeln.
C++ kennt eine ganze Reihe von Variablentypen, die auf ein jeweils spezielles Aufgabengebiet zugeschnitten sind. Einer der Grundtypen ist **int** (Integer), der der Speicherung von Ganzzahlen dient. Daneben werden noch abgeleitete Typen benutzt, die aus den Grundtypen zusammengesetzt werden. So kennt C++ keinen eigenen Typ für Zeichenketten, sondern nutzt ein Feld von **char**-Variablen zu deren Speicherung. In den folgenden Kapiteln werden Sie die einzelnen Variablentypen genauer kennenlernen.

2.1.1 Variablennamen

Die Namen von Variablen können in C++ grundsätzlich beliebig lang sein. Beachten sollte man jedoch, daß einige Compiler dennoch einen Höchstwert annehmen (Borland C++ hat beispielsweise eine Standardgröße von 32 Zeichen), den man in der Regel jedoch verändern kann. Bei der Vergabe eines Namens für die Variable ist folgendes zu beachten:

- Gültige Zeichen sind A-Z, a-z, 0-9 und der Underscore(_). Umlaute (ä, ö, ü etc.) sind als Bestandteile von Variablennamen nicht erlaubt!
- Groß- und Kleinschreibung ist von Bedeutung. Daher sind die Namen *Summe*, *summe* und *SUMME* drei unterschiedliche Variablennamen.
- Variablennamen dürfen nicht mit einer Ziffer beginnen.
- Die Schlüsselwörter von C++ (int, switch etc.) können nicht als Variablennamen verwendet werden. Sie dürfen jedoch Bestandteil eines Variablennamens sein (*erste_int_variable*).
- Variablennamen sollten nicht mit einem oder zwei Unterstrichen beginnen, da der Compiler Bezeichner für den internen Gebrauch auf diese Art kennzeichnet.

Im folgenden sehen Sie einige gültige Variablennamen:

summe
xyz
switch_8
Ein_sehr_langer_Name
SummeDerKunden

C-Programmierer benutzen bei ihren Variablennamen häufig den Unterstrich (ein_langer_variablenname), um sie besser lesbar zu machen. Bei ehemaligen Pascal-Programmierern wird häufig eine gemischte Groß- und Kleinschreibung (MeinSehrLangerUndAuchGutLesbarerName) bevorzugt.

2.1.2 Ganzzahlvariablen

Ganzzahlvariablen dienen der Aufnahme von Zahlen ohne Nachkommateil, wie zum Beispiel 4711, 0 oder -1000000. Da die Größe einer Ganzzahl stark schwanken kann, je nachdem, ob zum Beispiel das Alter einer Person oder die Anzahl der Einwohner eines Landes gespeichert werden soll, bietet C++ verschiedene Arten von Ganzzahlvariablen an. Diese unterscheiden sich darin, wie groß (bzw. klein) die Zahl sein kann, die man in ihr speichern kann. Das folgende Programm benutzt eine Integer(Ganzzahl)-Variable, um einen Wert von der Tastatur einzulesen.

```
        // prg02_1.cpp
        #include <iostream.h>

/* 4*/ void main(void)
/* 5*/ {
/* 6*/    int x;
/* 7*/
/* 8*/    cout << "\nBitte x eingeben : ";
/* 9*/    cin >> x;
/*10*/    cout << "Der Wert von x ist " << x;
/*11*/ }
```

Geben Sie nach dem Start des Programms die Zahl 56 ein, so erscheint folgende Ausgabe auf dem Bildschirm:

```
Bitte x eingeben : 56
Der Wert von x ist 56
```

Starten Sie das Programm nochmals und geben diesmal 33000 ein, liefert das Programm die folgende Ausgabe:

```
Bitte x eingeben : 33000
Der Wert von x ist -32536
```

Was ist hier geschehen? Sie hatten die Variable *x* in **Zeile 6** als vom Typ int deklariert, was nichts anderes bedeutet, als daß Sie 2 Byte für die Aufnahme der Ganzzahl reserviert haben. In 2 Byte (16 Bit) lassen sich nur Zahlen zwischen -32768 und 32767 speichern. Dadurch, daß wir in unserem Beispiel versucht haben, den Wert 33000 in *x* zu speichern, haben wir den höchstmöglichen Wert überschritten und somit die unsinnige Ausgabe verursacht. Der angezeigte Wert hängt übrigens mit der intern binären Darstellung der Zahl zusammen.

Dieses Beispiel zeigt Ihnen deutlich, daß Sie einige Überlegung in die Wahl Ihrer Variablen stecken müssen, um vor solchen unliebsamen Überraschungen gefeit zu sein.

Die folgende Tabelle faßt die in C++ benutzten Ganzzahl-Variablentypen zusammen. Die Spalte *Bit* gibt an, wieviel Platz eine Variable dieses Typs im Speicher belegt. *Wertebereich* gibt an, wie groß bzw. wie klein die Zahlen für diesen Variablentyp werden können.

Typ (Ganzzahl)	Bit	Wertebereich
char	8	-128 bis 127
unsigned char	8	0 bis 255
int	16	-32768 bis 32767
unsigned int	16	0 bis 65535
short	16	-32768 bis 32767
unsigned short	16	0 bis 65535
long	32	-2147483648 bis 2147483647
unsigned long	32	0 bis 4294967295

Wie Sie sehen, bietet C++ eine Vielzahl verschiedener Variablentypen, mit denen man praktisch alle Fälle abdecken kann. Wenn nun bei Ihnen die Frage aufkommt, warum man nicht immer die größte Variable nimmt, um auf der sicheren Seite zu sein: als Faustregel kann man sich merken, daß mit der Größe der Variablen nicht nur der benötigte Speicherplatz, sondern auch die Zeit ansteigt, die benötigt wird, um diese Zahl zu verarbeiten. Wollen Sie also schnelle und kompakte Programme, suchen Sie immer den passenden Variablentyp für Ihren Anwendungsfall heraus.

Zu den Werten **char**, **int**, **short** und **long** sei noch angemerkt, daß diese Typen standardmäßig vorzeichenbehaftet sind, d. h., sie können sowohl positive als auch negative Zahlen darstellen. In der C++-Schreibweise könnte man sie auch als **signed char**, **signed int**, **signed short** und **signed long** schreiben. In der Praxis spart man sich jedoch das Vorwort signed. Kommt Ihr Programm mit positiven Werten aus, wie zum Beispiel bei Altersangaben oder beim Zählen von Dingen, kann man die **unsigned**-Variante des Variablentyps nutzen, um so den nutzbaren Wertebereich zu verdoppeln. Auf diese Weise hätten Sie auch das Problem mit dem Wert 33000 im Programm PRG02_1 umgehen können. Die Begriffe signed und unsigned sind sogenannte **Modifizierer**, da sie die Bedeutung des folgenden Begriffes ändern.

Wie Ihnen wahrscheinlich aufgefallen ist, haben die Typen int und short die gleiche Größe und den gleichen Wertebereich. Das liegt daran, daß auf einigen Computersystemen ein Integer nicht 2, sondern 4 Byte groß ist. Bei diesen Systemen wären int und short von unterschiedlicher Größe. Für den PC-Bereich soll uns diese Eigenschaft jedoch nicht stören. Man sollte nur im Hinterkopf behalten, daß int nicht auf jedem Rechner 2 Byte groß sein muß.

Zum Typ **char** sollte man wissen, daß er zur Speicherung von Buchstaben, Ziffern und Sonderzeichen dient. Da jedoch auch Buchstaben intern als Zahlenwerte gespeichert werden, haben wir es hier mit einer Ganzzahlvariablen zu tun. Mit einem Byte lassen sich 256 verschiedene Zahlen darstellen. Jede dieser Zahlen entspricht einem Zeichen. So steht zum Beispiel der Wert 65 im ASCII-Code für den Buchstaben A (siehe Anhang). Möchte man also den Buchstaben A speichern, steht in Wirklichkeit der Wert 65 in dieser Speicherstelle. Daß es sich hier in der Regel um ein Zeichen handeln soll, erkennt der Compiler nur daran, daß Sie die entsprechende Variable als vom Typ char deklariert haben!

Wie Sie erfahren haben, werden die Integertypen standardmäßig als signed behandelt. Wird eine Variable als int deklariert, bewertet der Compiler diese Angabe als *signed* int. Auch beim Typ char besteht diese Übereinkunft. Da man jedoch fast immer Zeichen in einer char-Variablen speichern möchte, sind negative Werte hier nicht sehr sinnvoll. Daher kann man den Standard für char von signed auf unsigned umstellen, ohne jedesmal das Schlüsselwort unsigned verwenden zu müssen. Die folgende Abbildung zeigt für den Borland-Compiler, wo man diese Einstellung vornehmen kann (*Optionen/Projekt/Compiler/Code-Generierung*). Zum Umstellen kreuzt man **Vorzeichenlose Zeichen** an. Der Microsoft-Compiler bietet die gleiche Funktion dadurch, daß man beim Compilieren den Schalter /J angibt.

VARIABLEN UND KONSTANTEN 35

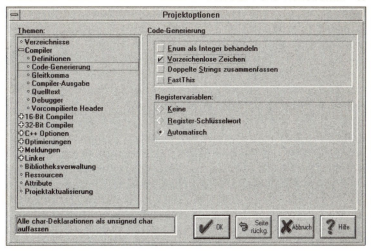

Obwohl das nächste Programmbeispiel nur aus einigen wenigen Programmzeilen besteht, enthält es doch eine ganze Reihe von Eigenschaften der Sprache C++, die wir erklären wollen.

```
         // prg02_2.cpp
         #include <iostream.h>

/* 4*/ void main(void)
/* 5*/ {
/* 6*/ int zahl;
/* 7*/ char x=65,y='B';
/* 8*/
/* 9*/   zahl=234;
/*10*/   cout << "\n" << x << " " << y << " ";
/*12*/   cout << "\n" << (x+y);
/*13*/   cout << "\n" << zahl;
/*14*/ }
```

Ein Start des Programms ergibt folgende Bildschirmausgabe:

```
A B
131
234
```

Nun zu den einzelnen Teilen des Programms:

Zeile 6 und 7: Wie Sie bereits erfahren haben, muß man eine Variable deklarieren, bevor man sie das erstemal benutzt. In C hatte das zu Beginn eines **Blocks** zu geschehen, sprich direkt hinter einer öffnenden geschweiften Klammer ({). In C++ kann die Deklaration an jeder Stelle innerhalb der Funktion erfolgen, vorausgesetzt, es ist vor der Stelle, an der die Variable das erstemal genutzt wird. Wir wollen uns an die C-Gepflogenheiten halten und alle Deklarationen zu Beginn der Funktion vornehmen. Wir finden, das ist übersichtlicher; Sie können natürlich ganz anderer Ansicht sein.

Zeile 6 + 9: In Zeile 6 sehen Sie die Deklaration der Variablen *zahl* als vom Typ Integer. In Zeile 9 wird dieser Variablen der Wert 234 zugewiesen. Als **Zuweisungsoperator** verwendet C++ das Gleichheitszeichen (=). Für die Abfrage auf Gleichheit werden übrigens zwei Gleichheitszeichen (==) benutzt. Mehr darüber werden Sie in Kapitel 2.2.1 erfahren.

Beachten Sie auch, daß eine Variable keinen definierten Wert hat, bevor ihr ein Wert zugewiesen wurde!

Zeile 7: C++ erlaubt bei der Deklaration auch gleichzeitig eine Initialisierung. *char x=65,y='B';* deklariert die Variablen *x* und *y* und weist ihnen gleichzeitig Werte zu. Diese Zeile könnte übrigens auch in zwei Zeilen:

char x=65;

char y='B';

geschrieben werden. Die dargestellte Form (durch Komma getrennt) erspart nur etwas Schreibarbeit.

Was an dieser Zeile wahrscheinlich am meisten auffällt, ist, daß der einen char-Variablen ein Buchstabe ('B') und der anderen eine Zahl (65) zugeordnet wird. Das ist allerdings gar nicht so verwunderlich, wenn Sie bedenken, daß ein Zeichen sowieso als Zahl gespeichert wird. C++ erlaubt Ihnen bei der Zuweisung beide Möglichkeiten. Man sollte sich jedoch angewöhnen, nur Zeichen zu benutzen, da der

VARIABLEN UND KONSTANTEN 37

Wert 65 nur für den ASCII-Code gilt. Benutzen Sie ein Zeichen, kann der Compiler den Code benutzen, der auf der aktuellen Maschine genutzt wird.
Wenn Sie genau hingeschaut haben, haben Sie bemerkt, daß die **Zeichenkonstante** 'B' in Hochkommata (') eingeschlossen wird. Diese Hochkommata dürfen an dieser Stelle nicht mit Anführungszeichen (") verwechselt werden! Anführungszeichen sind dafür da, **Zeichenketten** zu begrenzen! Zeichenketten werden wir in Kapitel 2.1.5 kennenlernen.
Zeile 10: Diese Zeile enthält keine Überraschungen. cout erkennt, daß es sich bei x und y um char-Variablen handelt, und druckt dementsprechend die Zeichen A und B (ASCII-Code 65 und 66) aus.
Zeile 11: Da das Addieren zweier Zeichen keinen Sinn macht, geht cout davon aus, daß die Werte dieser beiden Variablen zusammengezählt werden sollen, und gibt dann den so erhaltenen numerischen Wert (131) aus.

2.1.3 Fließkommazahlen

Wie der Name schon andeutet, dienen Fließkommazahlen der Aufnahme von Zahlen, die einen Nachkommateil benötigen, wie zum Beispiel PI (3,14159265...). Bei diesen Fließkommazahlen benutzt der Computer eine andere Form der internen Speicherung als bei den Integerzahlen. Ganzzahlen werden – in binärer Form – quasi Ziffer für Ziffer gespeichert. Da Fließkommazahlen einen sehr großen Vorkommateil und auch einen Nachkommateil haben können, wäre eine solche Form der Speicherung vom Platzbedarf her nicht sinnvoll. Statt dessen wird die Zahl in zwei Teilen gespeichert: Der erste Teil enthält den Zahlenwert, beispielsweise 0,314159265, und der zweite Teil einen Faktor, mit dem der erste Teil malzunehmen ist. In unserem Beispiel wäre das 10^1, was zusammen eben den Wert von PI ergibt. Bei dieser Form der Speicherung kann es jedoch vorkommen, daß man Genauigkeit verliert, da man für die Darstellung des Wertes nur eine begrenzte Stellenzahl zur Verfügung hat. Man muß daher immer im Auge behalten, welche Genauigkeit für spezielle Fälle nötig ist.
Die folgende Tabelle zeigt die gängigen Variablentypen, die C++ für Fließkommazahlen bereitstellt:

Typ (Fließkomma)	genau	Bit	Wertebereich
float	7	32	3.4*(10**-38) bis 3.4*(10**+38)
double	15	64	1.7*(10**-308) bis 1.7*(10**+308)
long double	17	80	3.4*(10**-4932) bis 1.1*(10**+4932)

Die Spalte *genau* gibt an, auf wieviel Stellen mindestens die Zahlen (Vor- und Nachkommastellen gemeinsam) **genau** dargestellt werden können. Bei Fließkommazahlen ist daher nicht nur die Größe der Zahl, sondern auch die Genauigkeit ein wichtiges Kriterium bei der Wahl des richtigen Variablentyps.

Das folgende Programm verdeutlicht noch einmal die unterschiedlichen Genauigkeiten von float und double:

```
       // prg02_3.cpp
       #include <iostream.h>

/* 4*/ void main(void)
/* 5*/ {
/* 6*/ float     a;
/* 7*/ double    b;
/* 8*/
/* 9*/  a=10.12345618901234567890;
/*10*/  b=10.12345678901234567890;
/*11*/
/*12*/  cout << "\n" << a;
/*13*/  cout << "\n" << b;
/*14*/
/*15*/  cout.precision(16);
/*16*/  cout << "\n" << a;
/*17*/  cout << "\n" << b;
/*18*/ }
```

Nach dem Starten erscheinen folgende vier Zeilen auf dem Bildschirm:

```
10.123457
10.123457
10.1234569549560547
10.1234567890123461
```

Zeile 9 + 10: In diesen Zeilen wird der float-Variablen *a* und der double-Variablen *b* jeweils der Wert 10.12345618901234567890 zugewiesen. Die Anzahl der Stellen ist in beiden Fällen zu groß, so daß bei der Zuweisung Stellen abgeschnitten werden müssen.

Zeile 12 + 13: Das Objekt cout zeigt bei der Ausgabe standardmäßig sechs Nachkommastellen an.

Zeile 15: Die Funktion cout.precision() erlaubt die Festlegung der Nachkommastellen. Was die seltsame Schreibweise der Funktion mit dem Punkt in der Mitte bedeutet, werden wir im Laufe der folgenden Kapitel erfahren.

Zeile 16 + 17: Bei genauem Hinsehen erkennen Sie, daß der float-Wert nur bis zur sechsten Nachkommastelle genau ist, während der double-Wert bis zur 14ten Stelle stimmt.

Konvertierung und casts

Zum Schluß dieses Kapitels wollen wir uns noch eine Eigenschaft von C++ ansehen, die man häufig nicht berücksichtigen muß, die man jedoch kennen sollte. Unter dem Begriff **Konvertierung** und **casts** versteht man die Eigenschaft von C++, Datentypen automatisch oder auf Wunsch in andere Typen umzuwandeln. Das folgende Programm zeigt, wie C++ mit Variablen von unterschiedlichem Typ in einem Ausdruck umgeht:

```
        // prg02_4.cpp
        #include <iostream.h>

/* 4*/ void main(void)
/* 5*/ {
/* 6*/ int      wert1;
```

```
/* 7*/  float     wert2;
/* 8*/  double    y;
/* 9*/
/*10*/    wert1=4;
/*11*/    wert2=7.3;
/*12*/    y=wert1+wert2;
/*13*/    cout << "\n" << y;
/*14*/    y=wert1+int(wert2);
/*15*/    cout << "\n" << y;
/*16*/ }
```

Die Ausgabe lautet:

```
11.3
11
```

Zeile 12: In dieser Zeile wird einer double-Variablen (y) die Summe einer int-Variablen (wert1) und einer float-Variablen (wert2) zugewiesen. Eine solche Zeile würde in vielen Sprachen ein Fehlermeldung hervorrufen; nicht so in C++. Hier erlaubt Ihnen die Sprache das Verarbeiten von gemischten Ausdrücken ohne große Probleme. Damit das klappt, hat C++ einen ganzen Satz von Regeln, nach denen es die für die Berechnung notwendige Konvertierung der unterschiedlichen Typen vornimmt. Als Grundregel gilt dabei, daß unterschiedliche Typen in den Typ der genauesten Komponente umgewandelt werden. Auf diese Weise wird sichergestellt, daß keine Informationen verlorengehen.

Zeile 14: Neben der automatischen Umwandlung kann man auch explizit eine Variable in einen anderen Typ umwandeln. Diesen Vorgang nennt man normalerweise **cast**. Bei den casts gibt es die alte C-Form und die neue C++-Form der Schreibweise. In C hätte man den Ausdruck in den cast in dieser Zeile so geschrieben:

(int)wert2

In C++ ist die Schreibweise

int(wert2)

üblich. Vom Ergebnis her sind beide Formen gleichwertig.

casts setzt man dann ein, wenn Variablen gezwungenermaßen in unterschiedlichen Typen vorliegen und dennoch zusammen verarbeitet werden müssen. Ansonsten sollte man es sich nicht zur Gewohnheit machen, mit unnötig vielen casts zu arbeiten.

2.1.4 Konstanten

Neben den Variablen, die wir bisher kennengelernt haben, werden in einem Programm häufig auch Konstanten benötigt. So ist zum Beispiel der Wert 512 im Ausdruck x=y+512 eine Konstante. In diesem Kapitel stellen wir Ihnen alle Konstantentypen vor und erläutern ihre Besonderheiten.

Ganzzahl-Konstanten
Ganzzahl-Konstanten können z.B. folgende Formen haben:

```
6815       (dezimal)
0x1A9F     (hexadezimal)
015237     (oktal)
```

Beginnt eine Zahl mit der Zeichenkombination 0X (bzw. 0x), dann handelt es sich bei den folgenden Zeichen um die hexadezimale Schreibweise dieser Zahl. Beginnt die Zahl mit einer Null (0) und folgen darauf direkt weitere Ziffern, so handelt es sich um eine Oktalzahl. Steht am Ende einer Konstanten der Buchstabe L (bzw. l) so handelt es sich um eine Zahl vom Typ long, bei U (bzw. u) ist die Zahl vom Typ unsigned.

```
6815U      (unsigned)
6815L      (long)
```

Fließkomma-Konstanten
Diese Konstanten lassen sich in C++ auf unterschiedlichste Weise darstellen. Die folgenden Beispiele zeigen einige der Möglichkeiten:

Darstellung	Wert
8.	8,0
-.4	-0,4
-24.0e-1	-2,4
-04.E+2	-400,0
18E-2	0,18
1.434E1	14,34

Diese so eingegebenen Konstanten haben automatisch den Typ double. Genau wie Ganzzahlen können auch die Fließkommazahlen durch Anhängen eines Suffixes zu einem bestimmten Typ gemacht werden. So bedeutet f (oder F) **float** und l (oder L) **long double**. Das folgende Beispiel demonstriert, welche Länge und damit auch welchen Typ die einzelnen Konstanten haben. Der Operator **sizeof** liefert übrigens die Größe eines Objektes.

```
#include <iostream.h>

void main(void)
{
cout << "\n" << sizeof(12.);
cout << "\n" << sizeof(12.f);
cout << "\n" << sizeof(12.l);
}
```

Das Programm liefert die Werte:
8   für double,
4   für float und
10 für long double.

Hinweis:
Benutzen Sie immer einen Dezimalpunkt, wenn Sie eine Fließkommazahl schreiben. Beispielsweise 4711.0 statt 4711, da die letztere als int betrachtet wird.

Zeichen-Konstanten
Wie Sie bereits wissen, werden Zeichenkonstanten durch Hochkommata (') begrenzt: 'A'. Verwechseln Sie nicht 'A' und "A"! Im ersten

Fall handelt es sich um eine Zeichenkonstante, im zweiten um eine Zeichenkettenkonstante.

Neben diesen Ein-Zeichen-Konstanten sind auch Konstanten mit zwei Zeichen ('ab', 'XY' etc.) möglich! Diese stellen Integer-Werte dar. Man sollte jedoch auf sie verzichten, um Kompatibilitätsprobleme zu vermeiden. Portabler und auch deutlicher wäre an dieser Stelle beispielsweise eine hexadezimale Schreibweise.

Escape-Sequenzen
Eine besondere Art von Zeichenkonstanten sind die Escape-Sequenzen. Sie dienen der Darstellung von nicht druckbaren Zeichen. Sie werden durch einen Backslash (\) eingeleitet und von einem Buchstaben, einem Oktal- oder einem Hex-Wert gefolgt. Intern werden sie jedoch als ein einziges Zeichen vom Typ char gespeichert.

'\n'	Neue Zeile (new line)
'\r'	Wagenrücklauf (Carriage Return)
'\t'	Horizontaler Tabulator
'\v'	Vertikaler Tabulator
'\b'	Backspace
'\f'	Neue Seite (Formfeed)
'\\'	Backslash
'\''	Apostroph
'\"'	Anführungszeichen
'\a'	Alarm

Hinweis:
Sollte Ihr Compiler nicht mit der Escape-Sequenz \a zurechtkommen, können Sie es mit oktal \007 versuchen.

Zeichenketten-Konstanten (String-Konstanten)
Zeichenkettenkonstanten werden in Anführungszeichen gesetzt und können aus beliebigen Zeichen bestehen. Ein String kann auch Escape-Sequenzen enthalten, wie im folgenden Beispiel dargestellt:

"Eine \tZeichenkettenkonstante\t mit Escape-Sequenzen"

Die Länge einer Zeichenkettenkonstanten kann laut ANSI-Norm bis zu 509 Zeichen betragen. Die meisten Compiler erlauben jedoch größere Werte (beispielsweise 2048 Bytes bei Visual C++). Sind in der Zeichenkette Escape-Sequenzen enthalten (z.B. \t), dann zählen diese nur als 1 Zeichen. Beim Ablegen im Hauptspeicher wird an die Zeichenkette eine binäre Null (\0) als Endemarkierung angehängt.

Schlüsselwort const

Neben der Möglichkeit, mit #define Konstanten zu definieren (siehe Kapitel 1.5), bietet C++ noch den Modifizierer **const**. Er sorgt dafür, daß eine Variable während des Programmlaufs nicht mehr geändert werden kann. Die allgemeine Form sieht so aus:

const typ name = wert;

Das Einsatzgebiet dieses Modifizierers ist das gleiche wie bei #define. Er ist jedoch dem #define vorzuziehen, da der Compiler hier die verwendeten Typen und Gültigkeitsbereiche besser kontrollieren kann.

Beispiel:

```
const int Apostel = 12;
const double PI = 3.14159265;
```

Der Operator sizeof

Der Operator **sizeof** ermittelt die Größe eines Datenobjektes. Er dient dazu, daß in einem Programm keine maschinenabhängigen Datengrößen verwendet werden. Soll beispielsweise für int-Werte Speicherplatz angefordert werden, kann mit sizeof ermittelt werden, wie groß int auf diesem speziellen System ist. Der Operator sizeof liefert seinen Wert nicht während des Programmlaufs, sondern bereits während des Compilierens! Die allgemeine Form lautet:

sizeof(typ_name)

Das Ergebnis von sizeof ist vom Typ **size_t**, was gleichbedeutend mit unsigned int ist. Das folgende Programm veranschaulicht den Gebrauch von sizeof:

```
#include <iostream.h>

void main(void)
{
int    x=1;
float  y=1.0;
double z=1.0;

  cout << '\n' << sizeof(x);
  cout << '\n' << sizeof(y);
  cout << '\n' << sizeof(z);
}
```

Es liefert auf einem PC die folgenden Ergebnisse:

```
2
4
8
```

Eine der häufigsten Anwendungen von sizeof ist die Berechnung der Anzahl der Elemente eines Arrays (siehe Kapitel 2.1.6).

2.1.5 Felder und Zeichenketten

Der Grund, warum in diesem Kapitel Felder und Zeichenketten gemeinsam behandelt werden, ist die Tatsache, daß C++ keinen eigenen Datentyp für Zeichenketten besitzt, sondern statt dessen Felder vom Typ char benutzt. Beginnen wir also mit den Feldern (Arrays).

Felder
Felder dienen dazu, eine Anzahl von Werten gleichen Typs zu speichern. Das können die Geburtsdaten einer Klasse, die Tagestemperaturen eines Jahres oder der monatliche Umsatz für ein Jahr sein. Die Felder werden folgendermaßen deklariert:

GRUNDLAGEN

```
int wert[6];
```

Zuerst geben wir den Variablentyp (hier: int) an, dann kommt der Name des Feldes und zum Schluß die Anzahl der Elemente in eckigen Klammern ([]). Bis hierhin gleicht die Deklaration dem, was man von anderen Sprachen her kennt. C++ hat jedoch die gewöhnungsbedürftige Eigenschaft, daß man die einzelnen Elemente beginnend mit dem Index 0 anspricht und nicht wie in anderen Sprachen mit 1! Die obige Deklaration legt somit ein Feld von 6 Elementen an, die folgende Indizes haben:

```
wert[0]
wert[1]
wert[3]
wert[4]
wert[5]
```

Das Programm PRG02_5.CPP demonstriert die Deklaration und Wertezuweisung eines Feldes.

```
        // prg02_5.cpp
        #include <iostream.h>

/* 4*/  void main(void)
/* 5*/  {
/* 6*/  int test[3];
/* 7*/
/* 8*/    test[0]=5;
/* 9*/    test[1]=62;
/*10*/    test[2]=7;
/*11*/
/*12*/    cout << '\n' << test[0] << " " << test[1]
  ↳          << " " << test[2];
/*13*/    cout << '\n' << (test[0]+test[1]+test[2]);
/*14*/    cout << '\n' << test[3];     // Ungültiger Index !
/*15*/ }
```

Als Ergebnis werden die folgenden Werte geliefert:

```
5 62 7
74
0
```

Besonders zu erwähnen ist die **Zeile 14**. Was wir hier gemacht haben, würde in den meisten anderen Sprachen eine Fehlermeldung hervorrufen. C++ erlaubt es jedoch, auch auf nicht deklarierte Felder zuzugreifen. Daß in unserem Beispiel der Wert 0 angezeigt wird, ist Zufall, bei Ihnen kann ein ganz anderer Wert angezeigt werden. Die Eigenschaft, über Feldgrenzen hinausgreifen zu können, kann in wenigen Fällen nützlich sein; in der Regel verursacht sie jedoch nur Probleme. Merken Sie sich also: **C++ überprüft die Grenzen eines Feldes nicht!** Im obigen Programm würde sogar eine Zeile wie:

```
test[1000]=815;
```

übersetzt und ausgeführt. Welche Programmteile im Speicher dabei überschrieben werden, können Sie nur raten. C++ macht in diesem Fall nichts anderes, als vom Startpunkt des Feldes aus (das Feld wird im Speicher ohne Lücken hintereinander abgelegt) 1000 mal 2 (int) Byte weiter zu gehen und dort den Wert hineinzuschreiben. Sie können sich vorstellen, was das für Auswirkungen haben kann. Auf jeden Fall handelt es sich hier um einen der unangenehmsten Fallstricke in C++.

Mehrdimensionale Felder
Natürlich sind Sie in C++ nicht auf eine Dimension für Felder beschränkt. Sie können auch zwei, drei oder mehr Dimensionen benutzen. Jede weitere Dimension wird in eckigen Klammern hinter dem Variablennamen angefügt.

```
// prg02_6.cpp
#include <iostream.h>

void main(void)
```

```
{
int test[2][3];

  test[0][0]=1;
  test[0][1]=2;
  test[0][2]=3;
  test[1][0]=4;
  test[1][1]=5;
  test[1][2]=6;

  cout <<"\n";
  cout << " " << int (test[0][0]);
  cout << " " << int (test[0][1]);
  cout << " " << int (test[0][2]);
  cout << " " << int (test[1][0]);
  cout << " " << int (test[1][1]);
  cout << " " << int (test[1][2]);
}
```

Das Programm gibt folgendes aus:

```
1 2 3 4 5 6
```

Wie Sie erkennen können, sind die Elemente des Feldes *test* im Speicher zeilenweise abgelegt. In einer graphischen Darstellung sieht das so aus:

0,0	0,1	0,2	1,0	1,1	1,2

Anders ausgedrückt kann man sagen, daß sich immer der letzte Index am schnellsten verändert.

Felder initialisieren

Bei großen Feldern, die unter Umständen auch noch mehrere Dimensionen haben, kann es recht mühselig werden, sie mit Werten zu versorgen. Bisher haben Sie nur den Weg kennengelernt, daß Sie jede

Feldvariable einzeln ansprechen und mit einem Wert versehen. C++ bietet jedoch auch die Möglichkeit direkt bei der Deklaration Werte zuzuweisen. Wie das geht, sehen Sie im nächsten Programm.

```
        // prg02_7.cpp
        #include <iostream.h>

/* 4*/  void main(void)
/* 5*/  {
/* 6*/  int test[][3][2]=
/* 7*/     {
/* 8*/     {{1},{3,4},{5,6}},
/* 9*/     {{7,8},{9,10},{11,12}}
/*10*/     };
/*11*/     cout <<"\n";
/*12*/     cout << " " << int (test[0][0][0]);
/*13*/     cout << " " << int (test[0][0][1]);
/*14*/     cout << " " << int (test[0][1][0]);
/*15*/     cout << " " << int (test[0][1][1]);
/*16*/     cout << " " << int (test[0][2][0]);
/*17*/     cout << " " << int (test[0][2][1]);
/*18*/     cout << " " << int (test[1][0][0]);
/*19*/     cout << " " << int (test[1][0][1]);
/*20*/     cout << " " << int (test[1][1][0]);
/*21*/     cout << " " << int (test[1][1][1]);
/*22*/     cout << " " << int (test[1][2][0]);
/*23*/     cout << " " << int (test[1][2][1]);
}
```

Die Ausgabe des Programmes lautet:

```
1 0 2 3 4 5 6 7 8 9 10 11 12
```

Zeile 6: Die Angabe *int test[][3][2]* deklariert ein Feld mit drei Dimensionen. Da sich der Compiler aus den anderen Angaben den ersten Wert (hier 2) berechnen kann, darf man ihn weglassen. Es ist durchaus üblich, auch bei einer oder zwei Dimensionen die eckigen Klammern leer zu lassen.

```
int werte[]={4,6,2,8,6,7};
```

Man erspart sich die Arbeit und kann sicher sein, daß der Wert stimmt.

Zeile 8+9: Die Gruppierung der Werte durch die geschweiften Klammern ist übrigens nur dann nötig, wenn Sie den ersten Wert in eckigen Klammern weglassen wollen. Ansonsten funktioniert auch die folgende Initialisierung, da der Compiler die Werte ab dem Beginn des Feldes in den Speicher schreibt. Sie erinnern sich, daß die Felder aufsteigend und ohne Lücken im Speicher abgelegt werden?

```
int test[2][3][2]={1,2,3,4,5,6,7,8,9,10,11,12};
```

Allerdings muß dann für jedes Feld ein Wert vorhanden sein, und es darf nicht wie in unserem Programm ein Wert (test[0][0][1]) ausgelassen werden.

Zeichenketten

Wie wir bereits zu Anfang des Kapitels gesagt haben, kennt C++ keinen eigenen Datentyp für die Speicherung von Zeichenketten (Strings). Statt dessen benutzt es Felder vom Typ char, um Texte zu speichern. Die Deklaration zur Aufnahme eines Wortes kann so aussehen:

```
char wort[10];
```

Was nichts anderes bedeutet, als daß Platz für 10 Zeichen reserviert wird. Halt! Genaugenommen sind es nämlich nicht 10, sondern nur 9 Zeichen. Der Grund hierfür liegt darin, daß C++ das Ende einer Zeichenkette durch eine binäre Null markiert. Eine binäre Null hat den ASCII-Code 0 und darf nicht mit der Ziffer Null verwechselt werden. Speichern wir also das Wort «Bild» in diesem Feld, muß hinter dem Buchstaben d noch eine binäre Null – dargestellt als \0 – folgen. Wir hätten also jetzt die Möglichkeit, auf folgende Weise eine Zeichenkette zu erzeugen:

```
#include <iostream.h>
void main(void)
{
char wort[10];
  wort[0]='B';
  wort[1]='i';
  wort[2]='l';
  wort[3]='d';
  wort[4]='\0';
  cout << wort;
}
```

Die binäre Null wird natürlich im Speicher nur als ein Zeichen abgelegt, die beiden Zeichen \0 benutzt man nur zur Eingabe. Im Speicher sieht die Zuweisung des Programms wie folgt aus:

Inhalt der Variable *wort*:

0	1	2	3	4	5	6	7	8	9
B	i	l	d	\0					

Lassen wir die Variable *wort* nun mit cout ausdrucken, erscheint tatsächlich das Wort «Bild» auf dem Bildschirm. Dennoch will keine rechte Freude aufkommen, wenn man sich vorstellt, man müßte jede Zeichenkette auf diese mühselige Weise erzeugen. Zum Glück hatten die Entwickler von C++ bzw. C ein Einsehen und haben eine ganze Reihe von Funktionen entwickelt, die das Arbeiten mit Zeichenketten vereinfachen. Drei dieser Funktionen werden wir gleich kennenlernen. Zuvor noch ein paar Worte zur Speicherung von Zeichenketten in C++. Die Benutzung der binären Null als Endemarkierung für eine Zeichenkette hat den Vorteil, daß man theoretisch beliebig lange Strings erzeugen kann. Man ist daher nicht so eingeschränkt wie in anderen Sprachen, die sich die Länge am Anfang des Strings in ein oder zwei speziellen Stellen merken. Man hat auf diese Art zwar schnell die Länge des Strings ermittelt, seine Gesamtlänge ist jedoch darauf beschränkt, welche Zahl man in dem Feld für die Länge maximal speichern kann.

| Länge | ZEICHENKETTE |

Bei C++ tritt im Gegensatz dazu immer das Problem auf, daß man die Länge eines Strings jedesmal durch Zählen der Zeichen bis zur binären Null ermitteln muß. Dennoch hat die Stringspeicherung in C++ einige Vorteile gegenüber anderen Formen.

Kommen wir nun zu unserer Zeichenkette *wort* zurück. Im Grunde müßten Sie jetzt schon erraten können, wie man eine solche Zeichenkette wieder löscht. Richtig, man schreibt einfach eine binäre Null an die erste Stelle des Strings. Mit

```
wort[0]='\0';
```

ist die Länge der Zeichenkette auf Null gekürzt, also gelöscht worden, da ja alle Zeichen hinter '\0' ignoriert werden.

strcp, strlen und strcat
Im Vorgriff auf Kapitel 2.3 sollen Sie hier kurz drei Funktionen kennenlernen, die der Bearbeitung von Zeichenketten dienen.

```
        // prg02_8.cpp
        #include <iostream.h>
        #include <string.h>
/* 4*/
/* 5*/ void main(void)
/* 6*/ {
/* 7*/ char test[15];
/* 8*/
/* 9*/   strcpy(test,"Hallo");
/*10*/   cout << "\n" << test;
/*11*/   cout << "\n" << strlen(test);
/*12*/   strcat(test," Welt!");
/*13*/   cout << "\n" << test;
/*14*/   cout << "\n" << strlen(test);
/*15*/ }
```

Nach dem Start wird folgendes ausgegeben:

```
Hallo
5
Hallo Welt!
11
```

Zeile 3: Neben dem altbekannten iostream benötigen wir jetzt zusätzlich die Header-Datei STRING.H für die Stringfunktionen strcpy, strlen und strcat.

Zeile 7 reserviert Platz für insgesamt 15 Zeichen. Die Speicherstellen dieses reservierten Bereiches sind nicht leer, wie in der Abbildung dargestellt, sondern können alle möglichen Werte enthalten, da durch die Deklaration noch keine Initialisierung erfolgt ist. Uns soll das hier nicht stören.

0	1	2	3	4	5	6	7	8	9	10	11	12	13	14

Zeile 9: Die Funktion strcpy kopiert das Wort «Hallo» in die Zeichenkette. Anschließend sieht der Speicher so aus:

0	1	2	3	4	5	6	7	8	9	10	11	12	13	14
H	a	l	l	o	\0									

Die Funktion strcpy hat uns Arbeit abgenommen und automatisch die binäre Null als Endemarkierung an unsere Zeichenkette angehängt.

Zeile 10: Zur Überprüfung des Inhalts wird hier der Text ausgedruckt.

Zeile 11: Die Funktion strlen ermittelt die Länge der Zeichenkette. Dabei zählt sie alle Zeichen bis zur binären Null. Die binäre Null wird nicht mitgezählt.

Zeile 12: Die Funktion strcat hängt eine Zeichenkette an eine andere an. Dabei überschreibt sie die binäre Null, hängt die zweite Zeichenkette an die erste an und schließt die gesamte Zeichenkette mit einer neuen binären Null ab.

0	1	2	3	4	5	6	7	8	9	10	11	12	13	14
H	a	l	l	o		W	e	l	t	!	\0			

Zeile 14 druckt zum Schluß nochmals die Gesamtlänge der Zeichenkette aus.

Bei der Arbeit mit Zeichenketten ist, genau wie bei den anderen Arrays, darauf zu achten, daß das aufnehmende Feld groß genug ist. **C++ überprüft die Grenzen eines Feldes nicht** und schreibt daher über diesen Bereich hinaus, was meist unangenehme Folgen für Ihr Programm hat.

Initialisieren von Zeichenketten
Wollen Sie einer Zeichenkette bereits bei der Deklaration einen Wert zuweisen, sie also initialisieren, so gibt es eine einfache Art, dies zu tun.

```
char farbe[]="Rot";
```

Mit dieser Zeile veranlassen Sie den Compiler, dem Feld *farbe* die einzelnen Zeichen des Wortes «Rot» zuzuweisen, eine binäre Null anzuhängen und die Länge des Feldes auf vier Zeichen festzulegen.

2.1.6 Strukturen und Verbunde

Genau wie die Felder sind Strukturen und Verbunde ebenfalls abgeleitete Datentypen. Das heißt, sie werden aus den einfachen Grundtypen zusammengesetzt. Während Verbunde nur relativ selten zum Einsatz kommen, werden Strukturen recht häufig benutzt. Dies um so mehr, als die Klassen von C++ im wesentlichen nichts anderes sind als Strukturen.
Ein Hinweis für diejenigen unter Ihnen, die PASCAL kennen: **Strukturen** sind das, was in PASCAL **Records** sind.

Strukturen

Strukturen werden mit dem Schlüsselwort **struct** deklariert. Diesem Schlüsselwort folgt der Name der Struktur. In geschweiften Klammern folgt dann die Liste der einzelnen Variablen, aus denen die Struktur besteht.

Beispiel:

```
struct artikel
{
  int ArtNr;
  double Umsatz;
};
```

Diese Deklaration legt fest, daß die Struktur aus der int-Variablen *ArtNr* und der double-Variablen *Umsatz* besteht. Die Gesamtlänge einer Variablen vom Typ *artikel* ist somit 2 Bytes (int) plus 8 Bytes (double) = 10 Bytes.

struct artikel								
ArtNr		Umsatz						

Um es klarzustellen, Sie müssen nicht mit Strukturen arbeiten, Sie können auch die einfachen Variablentypen benutzen. Allerdings können Ihnen die Strukturen helfen, die Übersichtlichkeit im Programm zu wahren. Außerdem erleichtern sie viele Dinge ganz erheblich.

Eingesetzt werden Strukturen zum Beispiel dann, wenn man zusammengehörende Informationen verschiedenen Typs bearbeiten möchte. Das können beispielsweise die Informationen zu einem Schüler sein. Hier will man vielleicht den Namen, das Geburtsdatum, die Klasse oder die Noten der Klausuren speichern. In solch einem Fall bietet es sich an, eine Struktur zu entwerfen, die diese Informationen speichern kann.

Das folgende Programm stellt im Zusammenhang vor, wie man mit Strukturen arbeiten kann.

```
        // prg02_9.cpp
        #include <iostream.h>

/* 4*/  void main(void)
/* 5*/  {
/* 6*/      struct artikel
/* 7*/      {
/* 8*/          int ArtNr;
/* 9*/          double Umsatz;
/*10*/      };
/*11*/
/*12*/      artikel xyz;
/*13*/
/*14*/      xyz.ArtNr=2277;
/*15*/      xyz.Umsatz=2345.85;
/*16*/
/*17*/      cout << "\n" << xyz.ArtNr;
/*18*/      cout << "\n" << xyz.Umsatz;
/*19*/  }
```

Das Programm deklariert eine Struktur (6–10), definiert eine Variable mit dem Typ dieser Struktur (12), weist den Komponenten der Variablen Werte zu (14–15) und druckt diese zur Kontrolle wieder aus (17–18). Im einzelnen geschieht dabei folgendes:

Zeile 6–10: Die Struktur *artikel* besteht aus einer int- und einer double-Variable. Achten Sie auf das Semikolon in Zeile 10!

Zeile 12: Hier wird eine Variable *xyz* als vom Typ *artikel* definiert. Diese Definition erfolgt genau wie bei den eingebauten Typen int, float oder char. Dies ist ein kleiner Unterschied zu C, wo das Schlüsselwort struct auch bei der Definition noch nötig ist (struct artikel xyz;).

Zeile 14 + 15: In diesen beiden Zeilen finden wir etwas ganz Neues: den **Struktur-Operator** (.). Wir müssen ihn benutzen, um dem Rechner mitzuteilen, auf welche Teile der Variablen *xyz* er zugreifen soll. Schließlich besteht sie ja aus mehreren Teilen. Sie können sich diese Form des Zugriffs so vorstellen, als würden Sie dem Compiler den Weg beschreiben, auf dem er an den Wert herankommt: zuerst die Variable selbst, dann den gewünschten Teil der Variablen.

_____ VARIABLEN UND KONSTANTEN 57

Zeile 17 + 18: Genau wie man bei der Wertezuweisung auf die einzelnen Komponenten zugreift, kann man auch bei der Ausgabe die einzelnen Teile ansprechen.
Weitere Informationen zu den Strukturen finden Sie im Kapitel 3, das sich mit den Klassen beschäftigt.

Verbunde
Verbunde oder Unions haben eine große Ähnlichkeit mit den Strukturen. Der einzige Unterschied ist, daß die einzelnen Komponenten der Union nicht hintereinander im Speicher liegen, sondern sozusagen übereinander. Alle Komponenten beginnen an der gleichen Stelle. Verbunde werden mit dem Schlüsselwort **union** deklariert. Diesem Schlüsselwort folgt der Name der Union. In geschweiften Klammern folgt dann die Liste der einzelnen Variablen, aus denen der Verbund besteht.

Beispiel:

```
/* 6*/    union test
/* 7*/    {
/* 8*/       long zahl;
/* 9*/       char zeichen[4];
/*10*/    };
```

Die Länge einer Union ist gleich der Länge der längsten Komponente. In unserem Beispiel beträgt die Länge vier Bytes, da beide Bestandteile diese Länge haben.

```
          // prg02_10.cpp
          #include <iostream.h>

/* 4*/    void main(void)
/* 5*/    {
/* 6*/       union test
/* 7*/       {
/* 8*/          long zahl;
/* 9*/          char zeichen[4];
/*10*/       };
/*11*/
```

```
/*12*/    test var01;
/*13*/
/*14*/    var01.zahl=99997977;
/*15*/
/*16*/    cout << var01.zeichen[0] << var01.zeichen[1]
              << var01.zeichen[2] << var01.zeichen[3];
/*18*/ }
```

Nach dem Start des Programms können Zeichen wie in der folgenden Abbildung erscheinen:

↓⌐J♣

Was das Programm gemacht hat, ist keine übermäßig sinnvolle Sache. Es soll nur demonstrieren, wie man auf die Komponenten einer Union zugreifen kann.

Zeile 6–10: Der Verbund *test* wird deklariert. Er besteht aus einer long-Variablen und einem char-Feld von 4 Zeichen. Die Gesamtlänge der Union beträgt somit 4 Zeichen. Im Speicher sieht das so aus:

Union test			
zahl			
zeichen[0]	zeichen[1]	zeichen[2]	zeichen[3]

Wird die Union unter dem Namen *zahl* angesprochen, werden alle vier Bytes als eine Einheit betrachtet. Als Variable *zeichen* können alle vier Bytes einzeln angesprochen werden.

Zeile 14: Der Union wird ein long-Wert zugewiesen. Auch hier wird, wie bei den Strukturen, mit Hilfe eines Struktur-Operators (.) auf die einzelnen Bestandteile der Union zugegriffen.

Strukturen als Parameter

Wie bei einfachen Variablentypen üblich, kann man auch Strukturmitglieder oder ganze Strukturen an eine Funktion übergeben. Zur Erläuterung dieser Technik wollen wir die folgende Struktur verwenden. Bei der Deklaration wird übrigens auch gleichzeitig die Variable *heute* definiert:

```
struct datum
{
  int jahr;
  char monat[10];
  int tag;
}heute;
```

Eine Funktion namens *druckeMonat* soll nun den Monatsnamen der Strukturvariablen *heute* ausgeben. Da es sich bei der Strukturkomponente *monat* um eine Zeichenkette handelt, sieht der Prototyp der Funktion *druckeMonat* folgendermaßen aus:

```
void druckeMonat(char *);
```

Beim Aufruf der Funktion wird die entsprechende Strukturvariable übergeben:

```
druckeMonat(heute.monat);
```

Die Funktion selbst behandelt den übergebenen Wert wie jede andere Zeichenkette auch.

```
void druckeMonat(char * m)
{
  cout << m << "\n";
}
```

Wird hingegen nicht nur eine Komponente, sondern die gesamte Struktur an die Funktion übergeben, steht im Prototyp als Variablentyp die Struktur *datum*:

```
void druckeAlles(datum);
```

Die Funktion wird mit dem Namen der Strukturvariablen *heute* aufgerufen:

```
druckeAlles(heute);
```

In der Funktion kann dann auf jedes Mitglied der Struktur separat zugegriffen werden:

```
void druckeAlles(datum abc)
{
  cout << abc.jahr << "\n";
  cout << abc.monat << "\n";
  cout << abc.tag << "\n";
}
```

Weitere Informationen zum Thema Strukturen finden Sie in Kapitel 2.3.4 (Pointer).

2.1.7 Zusammenfassung

- Variablen müssen vor dem ersten Gebrauch **deklariert** werden. Einen Typdeklaration beginnt mit dem Typbezeichner, der vom Variablennamen gefolgt wird. Mehrere Variablen können, durch Komma getrennt, gleichzeitig deklariert werden.
  Beispiele:
  int x, wert;
  char bst, EinZeichen;
- **Zeichenkonstanten** (z. B. 'X') werden durch Hochkommata begrenzt.
- Bei Fließkommazahlen ist nicht nur die Größe der Zahl, sondern auch ihre Genauigkeit zu berücksichtigen.
- **casts** dienen dazu, Variablen von einem Typ in einen anderen umzuwandeln. Die Syntax in C++ lautet dabei *NameDesTyps- (UmzuwandelnderWert)*.
  Beispiel:
  xyz = double(abc);
- Der Gebrauch von **const** ist dem #define des Präprozessors vorzuziehen.

2.1.8 Übungen

Aufgabe 6

Was ist an diesem Programm fehlerhaft?

```
//ueb02_1.cpp
#include <iostream.h>

void main(void)
{
int wert, ergebnis;
  wert=5891;
  ergebnis=wert*14;
  cout << "\nDas Ergebnis lautet: " << ergebnis << "\n";
}
```

Aufgabe 7

Was wurde in diesem Programm vergessen?

```
//ueb02_2.cpp
#include <iostream.h>

void main(void)
{
double zahl1, zahl2;

  zahl1=3.76;
  cout << "\nDas Ergebnis lautet: " << (zahl1+zahl2)
⇨        << "\n";
}
```

Aufgabe 8

Schreiben Sie ein Programm, das zwei Zeichenketten über die Tastatur einliest und sie zusammengefügt in einer dritten Variablen speichert.

Aufgabe 9

Ersetzen Sie die Kreuze ("XXX") in den drei Ausgabezeilen durch die richtigen Ausdrücke.

```
//ueb02_4.cpp
#include <iostream.h>

struct personal
{
  char Name[31];
  long PersNr;
};

void main(void)
{
static struct personal Mitarbeiter[3]=
  {"Meier",100922,"Gandermann",100873,"Schmatz",101920};

  cout << "\nPersonalnummer von Meier              "
       << "XXX" ;
  cout << "\nName von Mitarbeiter 1000873          "
       << "XXX" ;
  cout << "\nErster Buchstabe von Mitarbeiter 101920 "
       << "XXX" ;
}
```

2.2 Kontrollstrukturen

Um den Programmfluß zu kontrollieren, bietet C++ alle gängigen Kontrollstrukturen an, die Sie auch von anderen Programmiersprachen her kennen.

2.2.1 if

Um den Programmfluß, abhängig von einem zu bewertenden Ausdruck, verzweigen zu lassen, benutzt C++ die Anweisung **if**. Hinter dem Schlüsselwort if folgt in Klammern der zu bewertende Ausdruck. Ist dieser wahr, wird der folgende Anweisungsblock ausgeführt. Ist er falsch, wird hinter dem Block weitergemacht. Die if-Anweisung kann noch um einen **else**-Zweig erweitert werden. Dieser wird ausgeführt, wenn der Ausdruck hinter dem if falsch ist. Wie diese Regeln in einem Programm aussehen, sehen Sie im folgenden:

```
         // prg02_11.cpp
         #include <iostream.h>

/* 4*/ void main(void)
/* 5*/ {
/* 6*/   double wert=0.0;
/* 7*/
/* 8*/   cout << "\nBitte eine Zahl eingeben: ";
/* 9*/   cin >> wert;
/*10*/
/*11*/   if(wert == 10.0)
/*12*/   {
/*13*/      cout << "Der Wert ist zehn.";
/*14*/   }
/*15*/   else
/*16*/   {
/*17*/     if(wert > 10.0)
/*18*/     {
/*19*/        cout << "Der Wert ist größer als zehn.";
/*20*/     }
/*21*/     else
/*22*/     {
/*23*/        cout << "Der Wert ist kleiner als zehn.";
/*24*/     }
/*25*/   }
/*26*/ }
```

Zeile 11: Hinter dem Schlüsselwort if folgt in Klammern der zu bewertende Ausdruck. In unserem Beispiel wird auf Gleichheit abgefragt. C++ benutzt dafür ein doppeltes Gleichheitszeichen (==). Sollten Sie statt dieses doppelten Gleichheitszeichens nur ein einfaches nehmen, so wird der Compiler auch das übersetzen, allerdings nicht mit dem von Ihnen gewünschten Resultat, da es sich bei dem einen

64 GRUNDLAGEN

Gleichheitszeichen um den Zuweisungsoperator handelt! Zum Glück sind die meisten Compiler heute so nett und warnen den Programmierer, falls er eine solche Konstruktion benutzt. Dennoch dürfte das versehentliche Vertauschen von == und = eine der beliebtesten Fehlerquellen eines C++-Programmierers sein.

Zeile 21: Die Anweisung else ist optional, das heißt man kann sie weglassen. Wird sie benutzt, dann wird der Anweisungsblock hinter dem else ausgeführt, wenn die Bedingung hinter if nicht wahr ist.

Zu den geschweiften Klammern hinter if und else noch eine Bemerkung. Folgt hinter if oder else nur jeweils eine Anweisung, so kann man die geschweiften Klammern weglassen. Viele Programmierer setzen sie aber dennoch, um das Programm übersichtlicher zu machen. Daher ist die folgende Version des obigen Programms ebenfalls lauffähig.

```
#include <iostream.h>

void main(void)
{
double wert=0.0;

  cout << "\nBitte eine Zahl eingeben: ";
  cin >> wert;

  if(wert == 10.0)
    cout << "Der Wert ist zehn.";
  else
    if(wert > 10.0)
      cout << "Der Wert ist größer als zehn.";
    else
      cout << "Der Wert ist kleiner als zehn.";
}
```

Zeile 17–24: Wie man an diesen Zeilen sehen kann, können if-Anweisungen auch geschachtelt werden. Eine zu tiefe Verschachtelung macht das Programm jedoch unübersichtlich. In diesem Fall versucht man besser **switch** einzusetzen (siehe Kapitel 2.2.3).

Hinweis:
Achten Sie darauf, daß kein Semikolon hinter if folgen darf. Ein Programmausschnitt wie der folgende macht nämlich nicht das, was Sie beabsichtigt haben:

```
if(wert == 10.0);    //FALSCH!!!
   cout << "Der Wert ist zehn.";
```

Das Semikolon am Ende der ersten Zeile beendet das if, so daß die folgende Zeile immer gedruckt wird, egal welchen Wahrheitswert das if ermittelt hat!

2.2.2 Vergleichsoperatoren und logische Operatoren

Im vorigen Kapitel haben wir davon gesprochen, daß ein Ausdruck wahr oder falsch ist. Wenn C++ von wahr oder falsch spricht, benutzt es natürlich intern Zahlenwerte zur Darstellung dieser beiden Zustände. Hierbei werden für **falsch** der **Wert 0** und für **wahr** alle **Werte ungleich 0** benutzt. Als **Vergleichsoperatoren** benutzt C++ die folgenden Zeichenkombinationen:

<   kleiner als
\>   größer als
<= kleiner oder gleich
\>= größer oder gleich
!= ungleich
== gleich

Hinweis:
Verwechseln Sie nicht den Vergleichsoperator (==) und den Zuweisungsoperator (=)!

Neben den Vergleichsoperatoren, die zwei Werte miteinander vergleichen, benötigt man noch sogenannte **logische Operatoren**, die mehrere Vergleiche verknüpfen können. C++ kennt den **UND**-, **ODER**- und den **NICHT**-Operator. Es werden dafür folgende Zeichen benutzt:

66 GRUNDLAGEN

NICHT ! (höchster Vorrang)
UND &&
ODER || (niedrigster Vorrang)

Hinweis:
Die beiden Zeichen für ODER haben den ASCII-Code 124.

Der Einsatz dieser Operatoren wird im nächsten Programm vorgestellt.

```
        // prg02_12.cpp
        #include <iostream.h>

/* 4*/  void main(void)
/* 5*/  {
/* 6*/  int a,b;
/* 7*/
/* 8*/  a=b=0;
/* 9*/
/*10*/  cout << "\nBitte erste Ganzzahl eingeben  (a): ";
/*11*/  cin >> a;
/*12*/  cout << "Bitte zweite Ganzzahl eingeben  (b): ";
/*13*/  cin >> b;
/*14*/  if(a == 1 && b == 2)  cout << "\n a=1  und  b=2";
/*15*/  if(a == 3 || b == 6)  cout << "\n a=3  oder b=6";
/*16*/  if(a >= 1 && a <=49)  cout << "\n a>=1 und  a<=49";
/*17*/  if(!(a == 1))         cout << "\n a nicht
 ⇨       gleich 1";
/*18*/  if(a != 1)            cout << "\n a ungleich 1";
/*19*/  }
```

Zeile 8: Diese Zeile hat nichts mit den Vergleichsoperatoren zu tun. Sie soll Ihnen nur eine Möglichkeit der Wertezuweisung vorstellen, die Sie in vielen Programmen wiederfinden. Die Zuweisung erfolgt hierbei von rechts nach links, so daß erst *b* den Wert null hat und anschließend *a* ebenfalls gleich null ist. Außer daß man minimale Schreibarbeit spart, hat diese Form übrigens keinen wesentlichen Vorteil.

Zeile 14-16: In diesen drei Zeilen werden jeweils zwei Vergleiche

miteinander verknüpft. Wobei die UND-Verknüpfung nur dann wahr ergibt, wenn beide Bedingungen erfüllt sind. Bei der ODER-Verknüpfung reicht es, wenn eine Bedingung erfüllt ist (es können natürlich auch beide Bedingungen erfüllt sein).
Zeile 17 + 18: Die Wirkung dieser beiden Zeilen ist identisch. Beide sind wahr, wenn a ungleich 1 ist. In Zeile 17 wird dazu der **NOT-Operator** (!) verwendet, in Zeile 18 der **Ungleichheitsoperator** (!=). Vorzuziehen ist in diesem Fall der Ungleichheitsoperator, da die meisten Leute ihn einfacher verstehen können. Der NOT-Operator wird hingegen häufig dann eingesetzt, wenn der Wahrheitswert eines komplexen Vergleiches umgedreht werden soll.

Beispiel:

```
if !(a>b && a!=5 && (a<12 || b==17))
```

Wenn Sie das Programm übersetzen und starten und die Zahlen 5 und 6 eingeben, ergibt sich folgende Ausgabe auf dem Bildschirm:

```
Bitte erste Ganzzahl eingeben (a): 5
Bitte zweite Ganzzahl eingeben (b): 6

a=3  oder b=6
a>=1 und  a<=49
a nicht gleich 1
a ungleich 1
```

Zu den hier vorgestellten Operatoren ist noch zu erwähnen, daß sie nur einen kleinen Einblick in die Vielzahl derjenigen darstellen, die in C++ zur Verfügung stehen. Man könnte schon fast sagen, daß C++ berüchtigt für seine vielen Operatoren ist. Die vollständige Liste finden Sie im Anhang.

2.2.3 switch

Bei der Vorstellung der if-Anweisung haben wir erwähnt, daß es nicht sinnvoll ist, das if zu stark zu verschachteln, da die Konstruktionen unübersichtlich werden. Als Ersatz bietet sich die Anweisung

switch an. Die Hauptaufgabe eines switch ist es somit, den Programmfluß übersichtlicher zu gestalten. Ein Beispiel sehen Sie im folgenden:

```
        // prg02_13.cpp
        #include <iostream.h>

/* 4*/  void main(void)
/* 5*/  {
/* 6*/  int zahl;
/* 7*/
/* 8*/      cout << "\nBitte eine Zahl zwischen 1 und 5
  ⇨            eingeben :";
/* 9*/      cin >> zahl;
/*10*/
/*11*/      switch(zahl)
/*12*/      {
/*13*/        case 1:
/*14*/          cout << "Das ";
/*15*/        case 2:
/*16*/          cout << "ist ";
/*17*/        case 3:
/*18*/          cout << "ein ";
/*19*/        case 4:
/*20*/          cout << "kurzer ";
/*21*/        case 5:
/*22*/          cout << "Satz ";
/*23*/      }
/*24*/  }
```

Zeile 11: Hinter switch folgt in Klammern ein Integerwert. Dieser Wert wird nun im Anweisungsblock (Zeilen 12 bis 23) hinter der Anweisung **case** gesucht. Das Programm «hangelt» sich an den case-Anweisungen entlang, bis es die richtige findet. Ist die Stelle gefunden, läuft das Programm ab dieser Stelle normal weiter. Wie Sie am folgenden Programmlauf erkennen können, setzt das Programm seinen Lauf beginnend mit Zeile 15 bzw. 16 fort und läuft von da ab ohne Unterbrechung weiter.

```
Bitte eine Zahl zwischen 1 und 5 eingeben :2
ist ein kurzer Satz
```

Diese Eigenschaft unterscheidet C++ von den meisten anderen Sprachen. In diesen ist es üblich, daß hinter einem case nur die Befehle bis zum nächsten case ausgeführt werden und das Programm dann hinter dem gesamten case-Block weitermacht. Das können wir natürlich auch in C++ realisieren, wie Sie im nächsten Programm sehen können.

```
         // prg02_14.cpp
         #include <iostream.h>

/* 4*/ void main(void)
/* 5*/ {
/* 6*/ char zeichen;
/* 7*/
/* 8*/   cout << "\nBitte geben Sie einen Buchstaben
  ↳         ein :";
/* 9*/   cin >> zeichen;
/*10*/
/*11*/   switch(zeichen)
/*12*/   {
/*13*/     case 'A':
/*14*/     case 'a':
/*15*/        cout << "Buchstabe A";
/*16*/        break;
/*17*/     case 'B':
/*18*/     case 'b':
/*19*/        cout << "Buchstabe B";
/*20*/        break;
/*21*/     case 'C':
/*22*/     case 'c':
/*23*/        cout << "Buchstabe C";
/*24*/        break;
/*25*/     default:
/*26*/        cout << "Kenn ich nicht!";
```

```
/*27*/  }
/*28*/}
```

Die nächste Abbildung zeigt vier Programmdurchläufe mit ihren Ausgaben auf dem Bildschirm.

```
Bitte geben Sie einen Buchstaben ein :a
Buchstabe A
Bitte geben Sie einen Buchstaben ein :b
Buchstabe B
Bitte geben Sie einen Buchstaben ein :c
Buchstabe C
Bitte geben Sie einen Buchstaben ein :k
Kenn ich nicht!
```

In diesem Programm haben Sie eine weitere Anweisung kennengelernt: die **break**-Anweisung. Sie dient dazu, aus einem switch – wie hier gezeigt – oder aus einer for-, do- oder while-Schleife zu springen. Den weitaus häufigsten Einsatz findet break jedoch beim switch. Es beendet die Programmausführung und verzweigt hinter die Schleife, in der es steht, bzw. hinter den switch-Block.

Hinweis:
Vergessen Sie das break in einer switch-Anweisung nicht!

Neben dem Einsatz von break demonstriert das Programm zusätzlich noch, daß man als Sprungmarken (z.B. *case 'A':*) nicht nur int-Konstanten, sondern auch char-Konstanten verwenden kann. Damit hat man aber auch schon eine Einschränkung von C++ kennengelernt, da man in C++ eben nur solche Ganzzahlausdrücke benutzen kann und nicht vollständige Ausdrücke, wie es in einigen anderen Sprachen möglich ist.

2.2.4 for

Die for-Schleife wird benutzt, wenn man bestimmte Programmteile mehrfach ausführen will und bereits im voraus weiß, wie oft das zu geschehen hat. Im Gegensatz dazu stehen die while- und die do-Schleife, die wir in den nächsten Kapiteln vorstellen wollen.

Nun zu unserem Beispielprogramm:

```
        // prg02_15.cpp
        #include <iostream.h>

/* 4*/ void main(void)
/* 5*/ {
/* 6*/ int x;
/* 7*/     cout << "\n";
/* 8*/     for (x=10; x<13; x++)
/* 9*/     {
/*10*/        cout << x << " ";
/*11*/     }
/*12*/     cout << "\nZweite Schleife.\n";
/*13*/     for (; x<15; x++)
/*14*/     {
/*15*/        cout << x << " ";
/*16*/     }
/*17*/ }
```

Das Programm beinhaltet zwei for-Schleifen, die folgende Ausgabe produzieren:

```
10 11 12
Zweite Schleife.
13 14
```

Zeile 8: Im Klammerausdruck hinter dem for stehen alle drei Komponenten, die benötigt werden, um die Schleife zu steuern. Der erste Ausdruck (x=10) initialisiert die Zählvariable mit ihrem Startwert. Diese Anweisung wird daher nur einmal zu Beginn ausgeführt. Der zweite Ausdruck (x<13) prüft, ob der Rumpf der for-Anweisung weiter ausgeführt werden soll oder ob die Schleife zu beenden ist. Der letzte Ausdruck (x++) zählt die Zählvariable hoch. Der Ausdruck x++ ist neu für Sie. Es ist eine der in C++ möglichen verkürzten Schreibweisen. In der üblichen Schreibweise würden Sie *x=x+1* schreiben. Speziell für diesen Fall bietet C++ jedoch den **Inkrement-Operator** (++), der das gleiche leistet und Ihr Programm unter Umständen sogar einen Tick schneller machen kann.

Zeile 13: Die zweite Schleife zeigt Ihnen, daß innerhalb der Klammer einer oder auch alle Bestandteile der Schleifensteuerung leer bleiben können. In unserem Beispiel sorgt die fehlende Initialisierung dafür, daß der momentane *x*-Wert als Startwert für die Schleife genutzt wird. Lassen Sie übrigens alle drei Bestandteile weg, so haben Sie eine Endlosschleife produziert.

```
for(;;) { cout << "Endlosschleife"};
```

Hinweis:
Ein häufiger Fehler, den Anfänger bei der for-Schleife machen, ist, daß sie die for-Anweisung mit einem Semikolon beenden:

```
for (x=1;x<5; x++);    // FALSCH !!
```

Dies führt dazu, daß die for-Anweisung zwar durchlaufen wird, nicht jedoch der Rumpf der Schleife.

An dieser Stelle wollen wir noch eine Besonderheit für C-Programmierer erwähnen. Wie Sie bereits gelesen haben, kann C++ Variablen nicht nur zu Beginn eines Blocks deklarieren, sondern an jeder beliebigen Stelle. Von dieser Fähigkeit macht das folgende kurze Programm Gebrauch:

```
#include <iostream.h>
void main(void)
{
  cout << "\n";
  for (int x=10; x<13; x++)
  {
    cout << x << " ";
  }
}
```

Bei der Festlegung des Startwertes wird die Variable gleichzeitig initialisiert. Mit anderen Worten: sie hat bis zu diesem Zeitpunkt noch gar nicht existiert. Theoretisch ist es daher möglich, extrem platzsparende Programme zu erzeugen. Im allgemeinen ist das Platzsparen jedoch kein Kriterium für die Deklarierung von Variablen kurz vor ihrem ersten Einsatz.

2.2.5 while und do

Die while-Schleife und die do-Schleife sind eng verwandt, sie können das gleiche leisten wie die for-Schleife. Der wesentliche Unterschied ist, daß die Kontrollvariablen nicht an einer Stelle zusammengefaßt sind, sondern an mehreren Stellen des Programms gepflegt werden müssen.

Die **while**-Schleife im folgenden Programm macht nichts anderes, als die Variable *zaehler* hochzuzählen und auszudrucken. Ab einem bestimmten Wert wird die Schleife verlassen. Die **do**-Schleife läuft so lange, bis der Benutzer die Zahl Null eingibt und damit den Abbruch der Schleife bewirkt. do- und while-Schleifen werden häufig dann eingesetzt, wenn nicht von vornherein bekannt ist, wie oft sie durchlaufen werden sollen. Dies trifft allerdings in unserem Beispiel nur für die do-Schleife zu. Die while-Schleife ist hier so konstruiert, daß die Anzahl der Durchläufe bereits zu Beginn feststeht.

```
        // prg02_16.cpp
        #include <iostream.h>

/* 4*/  void main(void)
/* 5*/  {
/* 6*/  int zaehler=1;
/* 7*/     cout << "\n";
/* 8*/     while (zaehler < 5)
/* 9*/     {
/*10*/        cout << zaehler << " ";
/*11*/        zaehler++;
/*12*/     }
/*13*/     do
/*14*/     {
```

```
/*15*/      cout << "\nBitte eineZahl eingeben, 0 für
 ↳          Ende: ";
/*16*/      cin >> zaehler;
/*17*/   } while (zaehler != 0);
/*18*/ }
```

Zeile 8: Hinter dem Schlüsselwort **while** folgt in Klammern die Bedingung zum Weitermachen. Ist sie wahr, wird der Anweisungsblock abgearbeitet. Andernfalls setzt das Programm nach diesem Block fort.

Zeile 13+17: Die **do**-Schleife hat im Gegensatz zur while-Schleife die Eigenschaft, daß das Programm auf jeden Fall den Anweisungsblock einmal ausführt, da die Prüfung erst am Ende der Schleife erfolgt. Das **while** in Zeile 17 hat den gleichen Aufbau wie die while-Schleife. Nur ist hier zu beachten, daß hinter dem while ein Semikolon folgen muß. Dem PASCAL-Programmierer ist diese Schleifenkonstruktion als repeat-until bekannt.

2.2.6 continue

Die Anweisung **continue** zählt, wie break und goto, zu den Sprunganweisungen. Mit continue sorgen Sie dafür, daß der Programmfluß an die Schleifenfortsetzungsanweisung der innersten Schleife übergeben wird. Am Beispiel des folgenden Programms heißt das, daß in Zeile 8 – wenn die Bedingung erfüllt ist – an die Zeile 6 verzweigt wird. Hier wird überprüft, ob der Anweisungsrumpf weiter abgearbeitet werden soll. Es handelt sich hierbei um eine Möglichkeit, den Programmfluß unter Umständen zu beschleunigen.

```
        // prg02_17.cpp
        #include <iostream.h>

/* 4*/ void main(void)
/* 5*/ {
/* 6*/    for (int x=1; x<=5; x++)
/* 7*/    {
/* 8*/       if (x==3) continue;
/* 9*/       cout << x << " ";
```

```
/*10*/    }
/*11*/ }
```

Das Programm zeigt die folgenden vier Ziffern auf dem Bildschirm an.

```
1 2 4 5
```

2.2.7 goto

Die Anweisung **goto** ist bei vielen Programmierern verpönt, da ihr übermäßiger Einsatz ein Programm unübersichtlich macht. Ein Programm kommt auch immer ohne goto aus; die vorhandenen Kontrollstrukturen bieten hier genug Möglichkeiten. Dennoch kann es Fälle geben, wo es sogar sinnvoll ist, ein einzelnes goto einzusetzen. Dieser Fall tritt unter Umständen dann auf, wenn aus einer tief verschachtelten Schleifenkonstruktion an deren Ende verzweigt werden soll.

```
          // prg02_18.cpp
          #include <iostream.h>

/* 4*/ void main(void)
/* 5*/ {
/* 6*/   int zaehler,x;
/* 7*/   for (zaehler=0; zaehler<=100; zaehler++)
/* 8*/   {
/* 9*/      for (x=1000; x>0; x--)
/*10*/      {
/*11*/         if (zaehler==50 && x==999) goto ende;
/*12*/      }
/*13*/   }
/*14*/ ende:
/*15*/   cout << "\nProgramm wurde beendet mit ";
/*16*/   cout << "zaehler=" << zaehler << " und x=" << x;
/*17*/ }
```

76 GRUNDLAGEN

Zeile 11: Die Anweisung goto benötigt ein Sprungziel, an das sie verzweigen soll. Diese Sprungziele werden durch sogenannte **Labels** markiert. Ein Label besteht aus einem gültigen Namen, gefolgt von einem Doppelpunkt (MeinZiel:).
Zeile 14: Hinter diesem Sprunglabel wird die Programmausführung fortgesetzt.

Hinweis:
Ein Sprung mit einer goto-Anweisung ist nur innerhalb einer Funktion möglich. Außerdem kann es bei älteren Compilern vorkommen, daß diese hinter dem Sprunglabel noch mindestens eine Anweisung erwarten.

Das Programm liefert folgende Ausgabe:

```
Programm wurde beendet mit zaehler=50 und x=999
```

Soll in bestimmten Fällen ein nicht lokales goto ausgeführt werden, kann die Funktion **longjmp** benutzt werden. Diese Funktion wird allerdings nicht für die normale Steuerung des Programmflusses benutzt!

2.2.8 Zusammenfassung

- Als Kontrollstrukturen kennt C++: if, switch, for, while, do, break, continue und goto.
- Ein häufiger Fehler ist ein fehlendes **break** in einer **switch**-Struktur.
- Bei den **Vergleichsoperatoren** ist besonders zu berücksichtigen, daß man den Zuweisungsoperator (=) nicht mit dem Vergleichsoperator (==) verwechseln darf.
- Die **Rangfolge** der vielen Operatoren in C++ ist genau geregelt. Eine Liste finden Sie im Anhang.

2.2.9 Übungen

Aufgabe 10

Welche Ergebnisse liefert das folgende Programm? Benutzen Sie zur Lösung dieser Aufgabe die Tabelle mit den Operatoren und ihren Rangfolgen, die im Anhang zu finden ist.

```
//ueb02_5.cpp
#include <iostream.h>

void main(void)
{
int x,y,z;

 x=2;
 y=5;
 z=7;
 cout << "\n" << (x+y*z);
 cout << "\n" << (z++);
 cout << "\n" << (z);
 cout << "\n" << (++z);
 cout << "\n" << (z);
 cout << "\n" << (y%x+z);
}
```

Beachten Sie, daß die Position des Inkrement-Operators (++) und auch des Dekrement-Operators (--) einen Einfluß darauf hat, wann der Wert erhöht bzw. verringert wird. Steht der Operator **vor** der Variablen, wird ihr Wert erst erhöht, und dann werden die weiteren Operationen durchgeführt. Stehen die Operatoren **hinter** der Variablen, wird der Wert erst ganz zum Schluß erhöht bzw. verringert.
Der Modulo-Operator (%) ermittelt den Rest einer Integerdivision.

Aufgabe 11

Welches Wort gibt das folgende Programm aus?

```
//ueb02_6.cpp
#include <iostream.h>

void main(void)
{
int a=2,b=5,c=7;

  if (!(a < b && c <= a+b || a-b < c))
    cout << "\nROT";
  else
    cout << "\nGRÜN";
}
```

Aufgabe 12

Warum gibt dieses Programm nur den Wert *101* aus und sonst nichts?

```
//ueb02_7.cpp
#include <iostream.h>

void main(void)
{
int x;

  for (x=1; x<=100; x++);
  {
    cout << " " << x;
  }
  cout << "\n";
}
```

Aufgabe 13

Schreiben Sie ein Programm, das ein Wort über die Tastatur einliest und es rückwärts wieder ausdruckt. Benutzen Sie eine for-Schleife.

2.3 Funktionen und Pointer

Eine der wichtigsten Eigenschaften von C++ ist die Möglichkeit, eigene Funktionen zu entwerfen. Wenn man es genau betrachtet, sind Funktionen sogar der Kernpunkt der Sprache. Möchte man Funktionen benutzen, so kann man diejenigen aus den mitgelieferten Bibliotheken benutzen, oder man schreibt sie sich selbst. Zum Lieferumfang des Compilers gehören einige hundert fertige Funktionen für alle möglichen Anwendungsfälle. In Kapitel 2.3.2 zeigen wir, wie man sie verwenden kann. Zuerst aber wollen wir selbst unsere eigenen Funktionen schreiben.

2.3.1 Parameterübergabe und Rückgabewerte

Funktionen kann man sich in einem Programm als Spezialisten vorstellen, die immer wiederkehrende Aufgaben möglichst effektiv lösen können. Damit Funktionen ihre Aufgabe erledigen können, benötigen sie in der Regel zusätzliche Angaben darüber, was oder womit sie etwas tun sollen. So kann man sich eine Funktion vorstellen, die Grundstücksflächen berechnet und dazu Länge und Breite des Geländes bekommt. Als Ergebnis bzw. Rückgabewert liefert sie die Fläche. An dieser Stelle sei darauf hingewiesen, daß Funktionen nicht unbedingt Parameter bekommen oder Werte zurückliefern müssen. Sie können als Programmierer die jeweils günstigste Form wählen.
Das nächste Programm zeigt Ihnen mehrere Beispielfunktionen.

```
        // prg02_19.cpp
        #include <iostream.h>

/* 4*/ void nix(void);         // Funktionsprototyp
/* 5*/ void xMal(int);         // Funktionsprototyp
/* 6*/ long flaeche(int,int);  // Funktionsprototyp
/* 7*/
/* 8*/ void nix(void)
/* 9*/ {
/*10*/   cout << "\nFunktion nix";
/*11*/ }
/*12*/
/*13*/ void main(void)
```

```
/*14*/ {
/*15*/    nix();
/*16*/    xMal(17);
/*17*/    cout << flaeche(3,7);
/*18*/ }
/*19*/
/*20*/ void xMal(int x)
/*21*/ {
/*22*/ int y;
/*23*/    for (y=1; y<=x; y++) cout << "*";
/*24*/    return;
/*25*/ }
/*26*/
/*24*/ long flaeche(int a,int b)
/*28*/ {
/*29*/    return long(a*b);
/*30*/ }
```

Beginnen wir bei der Beschreibung des Programms mit der Funktion **main**. Wie Sie wissen, beginnt die Programmausführung immer an dieser Stelle. main hat jetzt die Aufgabe, den Fluß des Programms zu steuern. Dazu ruft es der Reihe nach unsere drei selbstgeschriebenen Funktionen auf. Der Aufruf erfolgt einfach durch den Namen der Funktion, dem ein Klammerpaar folgt. In diesen Klammern werden die Parameter übergeben. Benötigt die Funktion keine Übergabewerte, so müssen die Klammern dennoch gesetzt werden.

Rückgabewerte
Eine Funktion liefert in der Regel einen Wert zurück. So gibt die Funktion *flaeche* zum Beispiel einen long-Wert zurück. Der Typ des Rückgabewertes steht dabei vor dem Namen der Funktion. Liefert die Funktion keinen Wert zurück, wird **void** angegeben.

Parameter
In den Klammern hinter dem Funktionsnamen folgen die Parameter, die die Funktion benötigt. Einzelne Parameter werden durch Komma getrennt. Innerhalb der Funktion können die Parameter benutzt werden wie die anderen Variablen. Wird kein Wert an die Funktion übergeben, wird **void** in die Klammern eingetragen.

Funktionsaufrufe mit Vorgabewerten
Bei der Definition von Funktionen erlaubt C++ Ihnen, einen oder mehrere Parameter mit Standardwerten vorzubelegen. Diese Eigenschaft ist dann von Nutzen, wenn man Funktionen hat, die fast immer mit den gleichen Parametern aufgerufen werden.

Beispiel:

```
#include <iostream.h>

void Linie(char zeichen,int anzahl=10);

void main(void)
{
  Linie('=');
  Linie('=',5);
}

void Linie(char zeichen, int anzahl)
{
  for (int x=1; x<=anzahl; x++) cout << zeichen;
  cout << '\n';
}
```

Die Ausgabe sieht wie folgt aus:

```
==========
=====
```

Für die Funktion *Linie* wird festgelegt, daß der zweite Parameter den Standardwert 10 bekommt. Das heißt, wenn er beim Aufruf der Funktion weggelassen wird, benutzt die Funktion diesen Vorgabewert. Wird ein zweiter Parameter angegeben, dann wird der Vorgabewert ignoriert.
Beachten Sie, daß Vorgabewerte immer als letztes in der Liste der Parameter erscheinen müssen!

Call by value

In C++ erfolgt die Übergabe der Werte by value. Das bedeutet, daß eine Kopie des Wertes an die aufgerufene Funktion übergeben wird. Auf diese Weise ist sichergestellt, daß die Funktion keine unbeabsichtigten Änderungen am Original vornehmen kann, da sie ja nur mit dem Wert der Variablen und nicht mit ihr selbst arbeitet. C++ ist jedoch nicht auf diese standardmäßige Übergabe beschränkt, sondern kann bei Bedarf auch den Originalwert durch einen call by reference übergeben. Wie das geht, sehen Sie in Kapitel 2.3.4 und 2.3.5.

Prototypen

Bei der Durchsicht des Programms sind Ihnen mit Sicherheit die **Zeilen 4 – 6** aufgefallen. Wie man dem Kommentar entnehmen kann, handelt es sich hier um sogenannte Funktionsprototypen. Sie haben die Aufgabe, den Compiler auf das vorzubereiten, was an Funktionen im Programm auf ihn zukommen wird. Durch die Angabe, welche Werte die Funktion eventuell zurückgeben soll (z. B. die Funktion *flaeche*) oder welche Parameter sie braucht, hat der Compiler die Mittel an der Hand, um festzustellen, ob die Funktionen im Programm auch richtig benutzt werden. Ist das nicht der Fall, kann er den Programmierer entsprechend warnen. In C++ muß jede Funktion einen Funktionsprototyp haben. C ist da etwas lascher, was die Programme an dieser Stelle im Gegensatz zu C++ etwas fehleranfälliger macht.

Allgemein gibt ein Prototyp an, welchen Rückgabewert die Funktion hat, wie sie heißt und welche Parametertypen sie bekommt. Abgeschlossen wird die Angabe durch ein Semikolon. Der Funktionsprototyp muß immer vor der ersten Stelle auftreten, an der die Funktion genutzt wird. Sinnvollerweise sammelt man sie zu Beginn des Programms.

Stellung der Funktionen im Programm

Wie im Programm demonstriert, kann die Funktion an beliebiger Stelle im Programm erscheinen. Das heißt, es ist gleichgültig, ob sie vor oder hinter der Funktion main steht. Die einzige Bedingung ist, daß sie vor ihrem ersten Aufruf durch einen Prototypen bekanntgemacht wurde. Obwohl die Stellung der Funktion **main** grundsätzlich freigestellt ist, hat es sich eingebürgert, sie entweder als erste oder als letzte Funktion im Programm zu setzen.

Die return-Anweisung

Die Hauptaufgabe des return ist es, eine Funktion zu verlassen. Hat die Funktion keinen Rückgabewert, wie zum Beispiel die Funktion *nix*, wird es nicht gebraucht. Man kann es jedoch, wie in der Funktion *xMal*, benutzen, um das Ende der Funktion zu markieren. Wirklich benötigt wird es nur in Funktionen, die einen Wert zurückgeben, wie dies *flaeche* tut. Hierbei wird hinter dem Schlüsselwort return der Wert angegeben, den die Funktion zurückgeben soll. Wie Sie in **Zeile 29** sehen, kann die ganze Funktion unter Umständen auch nur aus einer einzigen return-Anweisung bestehen, in der der Rückgabewert berechnet wird.

2.3.2 Bibliotheksfunktionen

Die Benutzung der Bibliotheken gestaltet sich recht einfach. Zuerst schlägt man in den Handbüchern nach, welche Include-Datei für die jeweilige Funktion benötigt wird. Diese fügt man dann in sein Programm ein, wie im folgenden Programm in den Zeilen 2–4 zu sehen ist. Anschließend kann die gewünschte Funktion verwendet werden.

```
       // prg02_20.cpp
       #include <iostream.h>
       #include <math.h>
       #include <string.h>

/* 6*/ void main(void)
/* 7*/ {
/* 8*/ char eingabe[80];
/* 9*/ long wurzel;
/*10*/    cout << "\nBitte geben Sie einen Satz ein: ";
/*11*/    cin >> eingabe;
/*12*/    cout << strlen(eingabe);
/*13*/    cout << "\nBitte geben Sie eine Zahl ein: ";
/*14*/    cin >> wurzel;
/*15*/    cout << sqrt(wurzel);
/*16*/ }
```

Einen möglichen Dialog zeigt die folgende Abbildung:

```
Bitte geben Sie einen Satz ein: C++
3
Bitte geben Sie eine Zahl ein: 123
11.090537
```

In den Include-Dateien finden sich im wesentlichen die Prototypen für die Funktionen. Die Include-Dateien sind nach Funktionsgruppen zusammengefaßt. Als Gruppen gibt es zum Beispiel Zeichenkettenfunktionen, Speicherfunktionen und mathematische Funktionen. Die Funktionen selber befinden sich natürlich nicht in den Include-Dateien, sondern in den mitgelieferten Libraries (Bibliotheken).

2.3.3 Gültigkeitsbereich und Dauer

Einen wichtigen Punkt haben wir bisher noch ausgeklammert: den Gültigkeitsbereich und die Lebensdauer von Variablen. Lebensdauer heißt hier, wie lange eine Variable überhaupt existiert. Der Gültigkeitsbereich bestimmt, ob auf eine Variable während ihrer Existenz überhaupt zugegriffen werden kann, ob sie «sichtbar» ist.
Beginnen wir mit der Lebensdauer. Hier kann man sogenannte **automatische Variablen** und **statische Variablen** unterscheiden. Bisher haben wir nur automatische Variablen kennengelernt. Wenn wir nämlich innerhalb einer Funktion eine Variable anlegen, ist sie automatisch **automatisch**. Abgesehen von dem Wortspiel, bedeutet das nur, daß sie angelegt wird, sobald die Anweisung im Programm erreicht wird, und daß sie aufhört zu existieren, wenn der Block verlassen wird. Eine solche Variable kann ausdrücklich mit dem Schlüsselwort **auto** zu einer automatischen Variablen gemacht werden. Die meisten Programmierer benutzen dieses Schlüsselwort allerdings nicht, da es nicht zwingend nötig ist. Der Ort, an dem eine solche Variable abgelegt wird, nennt sich **stack**. Dieser Stapelspeicher dient den Funktionen dazu, Werte kurzfristig zu speichern, und ist typischerweise auf 2048 Bytes beschränkt. Eine Vergrößerung dieses Bereiches ist allerdings auch möglich. **Der Gültigkeitsbereich einer sol-**

FUNKTIONEN UND POINTER 85

chen Variablen ist auf den Block beschränkt, in dem sie deklariert wurde. Diesen Vorgang demonstriert das folgende Programm:

```
         // prg02_21.cpp
         #include <iostream.h>

         void Punkte(int);

/* 6*/ void main(void)
/* 7*/ {
/* 8*/ int x;
/* 9*/ int y=3;
/*10*/    cout << "\n";
/*11*/    for (x=1; x<4; x++)
/*12*/    {
/*13*/       int y=5;
/*14*/       cout << "Start";
/*15*/       Punkte(y);
/*16*/    }
/*17*/    cout << y;
/*18*/ }
/*19*/
/*20*/ void Punkte(int zeilen)
/*21*/ {
/*22*/ int x;
/*23*/    for (x=1; x<=zeilen; x++) cout << ".";
/*24*/    cout << "\n";
/*25*/ }
```

Bevor Sie weiterlesen, versuchen Sie vielleicht, herauszufinden, warum hinter den drei Zeilen (Start...) der Wert 3 ausgegeben wird.

```
Start.....
Start.....
Start.....
3
```

Des Rätsels Lösung liegt darin, daß wir im Programm zwei verschiedene Variablen mit dem Namen y haben. Das ist möglich, da jede in einem unterschiedlichen Block definiert wurde. Die erste Variable y beginnt ihr kurzes Leben in Zeile 9. Hier erhält sie den Wert 3. In Zeile 13 wird eine weitere Variable mit dem Namen y angelegt. Sie überlagert die erste Variable sozusagen. Dabei überschreibt sie diese jedoch nicht, sondern «drängt sie in den Hintergrund». Endet der Block, in dem y=5 initialisiert wurde, hört sie auch wieder auf zu existieren, und sofort wird die ursprüngliche Variable mit ihrem Wert 3 wieder sichtbar (Zeile 17).

Neben den automatischen Variablen, die einen lokalen Gültigkeitsbereich haben, kennt C++ die **statischen** Variablen, die entweder einen globalen oder einen lokalen Gültigkeitsbereich haben. Einen globalen Gültigkeitsbereich haben sie, wenn sie **außerhalb jeglicher Funktion** deklariert werden. Einen lokalen Gültigkeitsbereich haben sie, wenn sie **innerhalb einer Funktion** mit dem Schlüsselwort **static** deklariert werden.

```
         // prg02_22.cpp
         #include <iostream.h>

/* 4*/   int zaehler(void);  // Prototyp
/* 5*/   void eins(void);    // Prototyp
/* 6*/   void zwei(void);    // Prototyp
/* 7*/
/* 8*/   int xyz=12;         // globale Variable
/* 9*/
/*10*/   void main(void)
/*11*/   {
/*12*/     for (int x=1; x<6; x++)
/*13*/     {
/*14*/       cout << "\n" << zaehler();
/*15*/     }
/*16*/     eins();
/*17*/     zwei();
/*18*/     cout << "\n" << xyz;
/*19*/   }
/*20*/
```

```
/*21*/ int zaehler()
/*22*/ {
/*23*/ static wert=999;
/*24*/   wert++;
/*25*/   return wert;
/*26*/ }
/*27*/
/*28*/ void eins()
/*29*/ {
/*30*/   xyz++;
/*31*/ }
/*32*/
/*33*/ void zwei()
/*34*/ {
/*35*/   xyz++;
/*36*/ }
```

Das Programm liefert folgende Ausgabe:

```
1000
1001
1002
1003
1004
14
```

Zeile 8: Wie man dem Kommentar entnehmen kann, handelt es sich bei der Variablen *xyz* um eine globale Variable. Sie kann an jeder Stelle des Programms genutzt werden, da sie als globale Variable eben in allen Funktionen bekannt ist. Ihre Lebensdauer ist so lang, wie das Programm läuft. Sie hört erst auf zu existieren, wenn das Programm beendet wird.

Zeilen 30 + 35: In diesen beiden Funktionen wird der Wert der Variablen jeweils um eins erhöht. Das ist möglich, da sie im ganzen Programm gültig ist.

2.3.4 Pointer

Zeiger – der deutsche Ausdruck für Pointer – sind etwas, das viele andere Programmiersprachen nicht kennen. Zeiger enthalten nicht den Wert einer Variablen, sondern deren Adresse. Wie man an diese Adressen herankommt, zeigt das folgende Programm:

```
        // prg02_23.cpp
        #include <iostream.h>

/* 4*/  void main(void)
/* 5*/  {
/* 6*/  int eins=123;
/* 7*/  float zwei=1.1;
/* 8*/  double drei=2.2;
/* 9*/
/*10*/      cout << "\n" << &eins;
/*11*/      cout << "\n" << &zwei;
/*12*/      cout << "\n" << &drei;
/*13*/  }
```

Zeilen 6–8: In diesen Zeilen werden auf herkömmliche Art drei Variablen deklariert und initialisiert.
Zeilen 10–12: In diesen Zeilen begegnet uns etwas Neues. Der **Adreßoperator** (&) vor dem Variablennamen sorgt dafür, daß wir nicht den Wert der Variablen bekommen, sondern deren Adresse.
Das unten abgedruckte Ergebnis kann auf Ihrem Rechner übrigens ganz anders aussehen, da die Speicheraufteilung und damit die tatsächliche Speicheradresse immer unterschiedlich ausfallen kann.

```
0xfff4      (dezimal 65524, int)
0xfff0      (dezimal 65520, float)
0xffe8      (dezimal 65512, double)
```

Was Sie auf Ihrem System jedoch nachvollziehen können, ist die unterschiedliche Differenz zwischen den einzelnen Werten. Diese erklärt sich dadurch, daß für die unterschiedlichen Variablen auch verschieden große Speicherplätze benötigt werden.

FUNKTIONEN UND POINTER

	5525
int	5524
	5523
	5522
float	5521
	5520
	5519
	5518
	5517
	5516
double	5515
	5514
	5513
	5512

Um mit den so gewonnenen Adressen etwas Sinnvolles anfangen zu können, um sie also für die verschiedensten Aufgaben einsetzen zu können, muß man sie in Variablen speichern. Variablen, die Pointer aufnehmen sollen, müssen jedoch auf eine besondere Art deklariert werden. Im nächsten Programm sehen Sie, wie das gemacht wird.

```
          // prg02_24.cpp
          #include <iostream.h>

/* 4*/    void main(void)
/* 5*/    {
/* 6*/    char EinZeichen='X';
/* 7*/    char * ZeigerAufZeichen;
/* 8*/    double EineZahl=567.98;
/* 9*/    double * ZeigerAufZahl;
/*10*/
/*11*/        cout << '\n';
/*12*/        cout << sizeof(EinZeichen) << " "
  ⇨                << sizeof(ZeigerAufZeichen);
/*13*/        cout << '\n';
/*14*/        cout << sizeof(EineZahl) << " "
  ⇨                << sizeof(ZeigerAufZahl);
/*15*/    }
```

Zeilen 7 + 9: In diesen beiden Zeilen sehen Sie, wie Zeiger deklariert werden. Die Deklaration sieht beispielsweise so aus: **double ***. Damit wird festgelegt, daß die folgende Variable einen Pointer enthalten soll, und zwar einen Pointer auf eine double-Variable. Die Deklaration beginnt also mit dem Typ, auf den der Pointer zeigt, gefolgt von einem Sternchen (*). Das Sternchen wird meist mit einer Leerstelle vom Typ getrennt (float *), es kann aber auch ohne Leerstellen angehängt werden (float*).

Zeilen 12 + 14: Wenn Sie sich die Ausgabe dieser Zeilen genauer ansehen, werden Sie feststellen, daß die Pointervariablen gleich groß sind, egal, ob sie auf eine char-Variable (1 Byte) oder double-Variable (8 Byte) zeigen.

```
1 2
8 2
```

In beiden Fällen benötigt ein Pointer zwei Byte (das gilt für PCs). Daß beide Variablen gleich groß sind, ist auch verständlich, da ein Zeiger ja immer auf die erste Speicherstelle des entsprechenden Wertes zeigt und diese Adresse in einem Rechner natürlich immer gleich groß ist, gleichgültig wie lang die folgende Variable ist.

Vielleicht stellen Sie sich die Frage, warum man überhaupt Pointervariablen braucht. Anscheinend könnte man die Adressen ja auch in einer int-Variablen speichern. Grundsätzlich wäre das möglich. Es ist allerdings nicht sinnvoll, da Sie in diesem Fall die wesentliche Fähigkeit von Zeigervariablen nicht nutzen können, wie wir im folgenden sehen werden.

Bei der Besprechung der Zeichenketten und Felder haben wir Ihnen eine Tatsache noch nicht vor Augen geführt: **Der Name eines Feldes ist ein Zeiger auf das erste Element des Arrays**. Diese Eigenschaft hat ein paar nützliche Konsequenzen (siehe auch Kapitel 3.5). Eine davon sehen wir im Programm PRG02_25.CPP. Die Aufgabe des Programms, genaugenommen die der Funktion *ASCII_Text*, ist es, die ASCII-Codes eines Textes auszudrucken.

```
        // prg02_25.cpp
        #include <iostream.h>

/* 4*/ void ASCII_Text(char *);      // Prototyp
```

```
/* 5*/
/* 6*/ void ASCII_Text(char * text)
/* 7*/ {
/* 8*/   while(*text)
/* 9*/   {
/*10*/     cout << " " << int(*text);
/*11*/     text++;
/*12*/   }
/*13*/   cout << "\n";
/*14*/ }
/*15*/
/*16*/ void main(void)
/*17*/ {
/*18*/ char zeile[]="Eine Textzeile";
/*19*/ ASCII_Text(zeile);
/*20*/ }
```

Die ermittelten Codes sehen Sie unten:

```
69 105 110 101 32 84 101 120 116 122 101 105 108 101
```

Zeile 18: Hier wird die Zeichenkette *zeile* initialisiert. Hier kann man sehen, daß in einem solchen Fall die Größe des Feldes nicht angegeben werden muß; der Compiler ermittelt sie selbst.

Zeile 19: Der Aufruf der Funktion erfordert einen Zeiger (siehe Programmzeilen 4 + 6). Da wir gesehen haben, daß der Name eines Feldes bereits ein Zeiger ist, können wir hier einfach den Namen der Zeichenkette übergeben.

Zeile 8: Diese Zeile enthält etwas Neues. Das Sternchen vor dem Variablennamen (*text) ist keine Deklaration einer Pointervariablen und auch kein Multiplikationszeichen. Es handelt sich vielmehr um einen Inhalts- bzw. **indirection-Operator.** Welche Bedeutung das Sternchen hat, ermittelt C++ übrigens aus dem Kontext, sprich dem Zusammenhang, in dem es auftritt. Der Inhaltsoperator macht nun folgendes: Eine einfache Zeigervariable

```
int Test=4711;
int * ZeigerAufTest;
ZeigerAufTest = &Test;
```

wie *ZeigerAufTest* enthält als Wert die Adresse einer Variablen. Möchte man mit Hilfe des Zeigers nun auf den Wert der Variablen zugreifen, deren Adresse man hat, benutzt man den indirection-Operator (*). Das folgende Programmsegment druckt zuerst den Inhalt der Pointervariablen aus, zum Beispiel die Adresse 0xfff4. Die zweite Zeile druckt hingegen den Wert der Variablen aus, die unter der obigen Adresse gespeichert ist.

```
cout << ZeigerAufTest;
cout << *ZeigerAufTest;
```

In unserem Beispiel sind somit die Ausdrücke *Test* und **ZeigerAufTest* gleichbedeutend.

Diese Eigenschaft machen wir uns nun in Zeile 8 zunutze. **text* zeigt nämlich zu Beginn auf den ersten Buchstaben der Zeichenkette. Und da in C++ alle Werte ungleich null als wahr interpretiert werden, läuft das Programm immer wieder in die Schleife. Das endet erst, wenn der Zeiger *text* auf das Ende der Zeichenkette positioniert wurde. Hier steht eine binäre Null als Endemarkierung des Strings, und das wird als falsch interpretiert; die Schleife wird beendet.

Zeile 11: Die Aufgabe, den Zeiger hochzusetzen, übernimmt diese Zeile. An dieser Stelle ist eine weitere Besonderheit zu berücksichtigen. Das ++ bedeutet ja normalerweise, daß ein Wert um 1 erhöht werden soll. Bei Pointern kann das ++ aber mehr. Hier bewirkt der Inkrement-Operator (++), daß sich der Zeiger, je nach dem Datentyp, auf den er zeigt, erhöht. Hätten wir in unserem Beispiel nicht eine Zeichenkette aus char-Variablen, sondern beispielsweise aus float-Variablen, würde sich der Zeiger mit einem einfachen ++ um 4 Byte weiterbewegen, damit er auf dem Beginn des nächsten float-Elementes stünde! Diese Arbeitsweise hat die Bezeichnung **Pointer-Arithmetik**. Das ist auch der Grund, warum bei der Deklaration eines Zeigers angegeben werden muß, auf welchen Typ er zeigt.

Das letzte Beispiel dieses Kapitels zeigt Ihnen, wie man mit Zeigern zwei Zahlen vertauschen kann. Die hier vorgestellte Form der Parameterübergabe nennt sich übrigens call **by reference** und steht im Gegensatz zu dem in C++ normalerweise gebräuchlichen call by value. Zur Parameterübergabe durch Referenz finden Sie weitere Informationen im nächsten Kapitel.

```
         // prg02_26.cpp
         #include <iostream.h>

/* 4*/ void tausche(int *,int *);    // Prototyp
/* 5*/
/* 6*/ void tausche(int *a,int * b)
/* 7*/ {
/* 8*/ int temp;
/* 9*/    temp=*a;       // Merk dir den Inhalt von a in
  ↪          temp.
/*10*/    *a=*b;         // Ersetze Inhalt von a durch Inhalt
  ↪          von b.
/*11*/    *b=temp;       // Ersetze Inhalt von b durch temp.
  ↪          Fertig!
/*12*/ }
/*13*/
/*14*/ void main(void)
/*15*/ {
/*16*/ int x=2,y=7;
/*17*/    cout << x << " " << y << "\n";
/*18*/    tausche(&x,&y);
/*19*/    cout << x << " " << y << "\n";
/*20*/ }
```

Vor dem Tausch gibt das Programm

2 7

aus. Nach dem Tausch wird

7 2

angezeigt.

Zeile 18: Beim Aufruf der Funktion werden die Adressen der beiden Variablen *x* und *y* übergeben (&x,&y).

Zeile 6: Die Funktion *tausche* nimmt die beiden Adressen entgegen und merkt sie sich unter den Namen *a* und *b*.

Zeile 9: Der Variablen *temp* wird der Inhalt der Speicherstelle, auf die *a* zeigt, zugewiesen. Die folgende Tabelle zeigt die Werte, die die einzelnen Variablen zu diesem Zeitpunkt haben.

Adresse	Inhalt	Name
5010	2	x
5012	7	y
5014	2	temp
5016	5010	a
5018	5012	b

Beachten Sie, daß die Adressen willkürliche Werte sind.

Zeiger auf Strukturen

An dieser Stelle sollten wir nochmals kurz auf die Strukturen zurückkommen. Wie Sie wissen, benutzt C++ bei der Parameterübergabe die Übergabe **by value**. Das heißt, alles was die Funktion mit dem Variablenwert macht, hat keinen Einfluß auf die ursprüngliche Variable, da ja nur eine Kopie des Wertes übergeben wurde. Soll die Variable jedoch direkt geändert werden, müssen wir der Funktion einen Zeiger auf die Struktur übergeben. Da die Übergabe von Zeigern auf Strukturen relativ häufig verwendet wird, (ein Zeiger verursacht bei der Übergabe viel weniger Aufwand als eine ganze Struktur), stellt C++ sogar einen speziellen Operator dafür zur Verfügung: den **Struktur-Operator** (->). Ein Beispiel für seine Anwendung finden Sie im folgenden Programm. Dieses Programm soll zwei Werte tauschen. Dabei handelt es sich jedoch um eine Struktur.

```
#include <iostream.h>

struct koor
{
  double xk;
  double yk;
};
```

```
void tauschen(struct koor *);

struct koor position={3.6,11.983};

void main()
{
  cout << "\nVorher  " << position.xk << " "
↳       << position.yk;
  tauschen(&position);
  cout << "\nNachher " << position.xk << " "
↳       << position.yk;
}

void tauschen(koor *werte)
{
  double hilf;
  hilf=werte->xk;
  werte->xk=werte->yk;
  werte->yk=hilf;
}
```

Die Ausgabe des Programms lautet wie folgt:

```
Vorher   3.6 11.983
Nachher  11.983 3.6
```

Statt des Struktur-Operators hätte man hier auch:

```
(*werte).xk
```

schreiben können.

Die Klammern um *werte* sind notwendig, da der Punktoperator eine höhere Priorität als der Sternoperator hat. Da diese Schreibweise jedoch recht umständlich ist, wird meist vom Struktur-Operator Gebrauch gemacht:

```
werte->xk
```

Diese beiden Schreibweisen sind somit gleichwertig.

NULL-Zeiger
Viele Funktionen in C++ liefern Zeiger zurück. Dazu gehören zum Beispiel die Funktionen zur Speicherbereitstellung. Kann kein Speicher bereitgestellt werden, liefert die Funktion einen sogenannten NULL-Pointer zurück, also einen Zeiger, der auf keinen gültigen Speicherbereich zeigt. Mit einer Programmkonstruktion wie

if (zeiger == NULL) ...

kann man auf einen solchen Fall reagieren. NULL ist im übrigen eine vordefinierte Konstante, die den Wert null repräsentiert.

2.3.5 Referenzen

In C kann man über den Namen oder über einen Zeiger auf Variablen zugreifen. C++ kennt noch eine dritte Art: die Referenzen. Eine Referenz ist im wesentlichen ein anderer Name für die gleiche Variable. Die Vergabe eines Alias-Namens erfolgt so:

int xyz;
int & NeuerName=xyz;

Nach diesen beiden Zeilen beziehen sich die Namen *xyz* und *NeuerName* auf denselben Wert. Das kaufmännische Und (&) dient hier dazu, eine Referenzvariable zu deklarieren. Auch an diesem Beispiel sehen Sie wieder, daß C++ ein und denselben Operator mit ganz unterschiedlicher Bedeutung benutzen kann. So kann das & der Adreßoperator oder der bitweise UND-Operator sein oder, wie an dieser Stelle, dazu dienen, eine Referenzvariable zu deklarieren. Welche Bedeutung das & gerade hat, erkennt der Compiler am Zusammenhang, in dem er das Zeichen findet.

```
// prg02_27.cpp
#include <iostream.h>
```

```
/* 4*/ void main(void)
/* 5*/ {
/* 6*/   int xyz;
/* 7*/   int & NeuerName=xyz;
/* 8*/
/* 9*/   xyz=234;
/*10*/   cout << "\n" << xyz;
/*11*/   NeuerName--;
/*12*/   cout << "\n" << xyz;
/*13*/ }
```

Es folgt die Ausgabe:

```
234
233
```

Zeile 7: Referenzvariablen können nicht wie andere Variablen erst deklariert und dann irgendwann mit einem Wert versehen werden. Referenzvariablen müssen bei ihrer Deklaration sofort initialisiert werden!

Zeile 11: Der **Dekrement-Operator** (--) zählt den Wert einer Variablen um eins herunter. Da *NeuerName* nur ein anderer Name für *xyz* ist, wird der Wert von *xyz* auch heruntergezählt. Wobei man vielleicht genauer formulieren sollte, daß der Wert nur an einer einzigen Stelle gespeichert ist und die beiden Namen genau auf diese Stelle zeigen.

Jetzt wissen wir zwar, wie wir eine Referenz erzeugen können. Wir wissen allerdings noch nicht, wofür man sie braucht. Ein wichtiges Einsatzgebiet zeigt das folgende Programm. Es entspricht PRG02_26.CPP und dient ebenfalls dem Vertauschen zweier Werte, nur daß in diesem Fall nicht mit Zeigern, sondern mit Referenzen gearbeitet wird.

```
         // prg02_28.cpp
         #include <iostream.h>

/* 4*/ void tausche(int &,int &);    // Prototyp
/* 5*/
/* 6*/ void tausche(int &a,int & b)
/* 7*/ {
/* 8*/ int temp;
/* 9*/    temp=a;          // Merk dir den Inhalt von a in
 ⇨        temp.
/*10*/    a=b;             // Ersetze Inhalt von a durch Inhalt
 ⇨        von b.
/*11*/    b=temp;          // Ersetze Inhalt von b durch temp.
 ⇨        Fertig!
/*12*/ }
/*13*/
/*14*/ void main(void)
/*15*/ {
/*16*/ int x=2,y=7;
/*17*/    cout << x << " " << y << "\n";
/*18*/    tausche(x,y);
/*19*/    cout << x << " " << y << "\n";
/*20*/ }
```

Die hier vorgestellte Einsatzmöglichkeit von Referenzen hat den Vorteil, daß die Funktionen etwas leichter zu lesen sind, da man den indirection-Operator (*) nicht mehr benötigt. Auf der anderen Seite sollte man sich bewußt sein, daß man eben nicht mehr direkt sieht, daß eine Funktion Werte per Referenz ändert.

2.3.6 Zusammenfassung

- Die Parameterübergabe bei C++ erfolgt standardmäßig durch **call by value**.
- Jede Funktion muß einen **Prototyp** haben. Das erleichtert dem Compiler das Auffinden von Fehlern.
- Wird nichts anderes vereinbart, sind alle Variablen **automatisch**.

Das heißt, sie hören beim Verlassen der Funktion auf zu existieren.
- **Lokale** Variablen haben Vorrang vor **globalen** Variablen.
- Um einem Zeiger einen Wert zuzuweisen, benutzt man den **Adreß-Operator** (&).
- Zeiger können herauf- oder heruntergezählt werden. Dabei wird der Pointer um so viel verändert, wie das Objekt groß ist, auf das er zeigt. Haben wir also einen Zeiger auf eine double-Variable, bewirkt das Hinzuzählen von 1, daß der Zeiger 8 Byte weitergestellt wird. Diese Eigenschaft nennt man **Pointer-Arithmetik**.
- Der **indirection-Operator** (*) bewirkt, daß nicht die Adresse eines Zeigers genommen wird, sondern der Inhalt der Zelle, auf die der Pointer zeigt.
- **Arrays und Pointer** sind eng verwandt. So behandelt C++ in der Regel den Namen eines Feldes genauso wie das erste Feld dieses Arrays.

2.3.7 Übungen

Aufgabe 14

Erweitern Sie das folgende Programm so, daß es die Uhrzeit auch im Klartext ausgibt. Benutzen Sie dazu die Funktionen **localtime** und **asctime**. Zu deren Benutzung sehen Sie bitte im Handbuch oder der Online-Hilfe nach.

```
//ueb02_9a.cpp
#include <iostream.h>
#include <time.h>

void main(void)
{
time_t zeit;

  zeit=time(NULL);
  cout << "\nSekunden seit dem 1.1.1970 " << zeit;
}
```

Aufgabe 15

Was gibt das Programm aus?

```
//ueb02_10.cpp
#include <iostream.h>

void main(void)
{
char *satz="Hier bin ich!";

   satz++;
   cout << satz;
}
```

Aufgabe 16

Schreiben Sie ein Programm, das ein Wort einliest und die Adressen jedes einzelnen Buchstabens ausgibt.

3 KLASSEN

Ein zentraler Begriff bei der objektorientierten Programmierung ist die Klasse. Eine Klasse ist, vereinfacht gesprochen, eine Struktur (struct), in der nicht nur Daten abgelegt werden, sondern gleichzeitig auch die Funktionen, die auf diese Daten zugreifen.

3.1 Klassen definieren

Die Definition einer Klasse entspricht dem, was wir in Kapitel 2.1.6 über die Strukturen gelernt haben. Die Definition beginnt mit dem Schlüsselwort **class**, dem ein beliebiger Name für diese Klasse folgt. In den geschweiften Klammern werden die einzelnen **Variablen** aufgeführt, die Bestandteile der Klasse sein sollen. Als neues, zusätzliches Element folgen dann noch die **Prototypen von Funktionen**. Diese Funktionen haben die Aufgabe, alle Manipulationen an den Daten dieser Klasse vorzunehmen. Das heißt nichts anderes, als daß man auf diese Weise sehr genau kontrollieren kann, was mit den Daten überhaupt gemacht werden kann. Außerdem verbirgt man auf diese Art die Daten vor dem Rest des Programms, was die Änderbarkeit der Programme verbessert. Jetzt braucht man nämlich ein Programm nicht mehr an vielen Stellen anzupassen, wenn man zum Beispiel die Darstellungsform der Daten ändern möchte. Es reicht, wenn man nur die Klasse neu anpaßt.

Sehen wir uns nun die Definition einer Klasse an:

```
class test
{
  private:
```

```
    int nr;
    char bezeichnung[14];
    double preis;
  public:
    void eingeben();
    void anzeigen();
};
```

Im Beispiel finden Sie im wesentlichen drei neue Dinge: das erste ist das Schlüsselwort **class**, das die Definition einer Klasse einleitet. Die zweite Besonderheit sind die beiden Schlüsselwörter **private** und **public**. Sie legen fest, ob eine Komponente der Klasse von überall her (public) oder nur von innerhalb der Klasse (private) angesprochen werden kann. Der Wirkungsbereich von public und private beginnt mit dem Schlüsselwort und endet beim nächsten Schlüsselwort oder dem Ende der Klassendefinition. Obwohl alle Komponenten innerhalb einer Klasse standardmäßig privat sind, benutzt man das Schlüsselwort private, um die Einteilung deutlicher zu machen. public und private können beliebig oft in einer Klasse erscheinen. Es hat sich jedoch eingebürgert, die im Beispiel gezeigte Aufteilung zu verwenden. Eine weitere in der Regel sehr sinnvolle Aufteilung ist, daß die Daten im private-Bereich liegen und die Funktionen im public-Bereich. Als dritte Besonderheit kann eine Klasse Funktionen enthalten (*void eingeben(), void anzeigen()*). In unserem Beispiel sind in der Klasse nur die Prototypen der Funktionen enthalten, die eigentlichen Funktionen werden außerhalb der Klasse definiert. Es besteht allerdings auch die Möglichkeit, die Funktionsdefinitionen direkt in die Klasse mit aufzunehmen. Von dieser Möglichkeit macht man allerdings nur bei sehr kurzen Funktionen Gebrauch. Als Bezeichnungen für diese Klassenfunktionen sind auch Elementfunktion, Methode, Member-Function oder Schnittstellenfunktion gebräuchlich.

Um es nochmals zusammenzufassen: Schnittstellenfunktionen haben die Aufgabe, den Zugriff auf die Daten zu kontrollieren. Sie verbergen damit die Form der Daten vor dem Rest des Programms. Das bedeutet wiederum, daß man die Darstellung der Daten bei Bedarf ändern kann, ohne daß das restliche Programm etwas davon

KLASSEN DEFINIEREN 103

merkt. Man muß nur die Elementfunktion anpassen, und schon verhält sich die Klasse nach außen hin wie vorher. Jetzt wird auch klar, warum der Zugriff auf die Daten immer über die entsprechenden Elementfunktionen erfolgen sollte. Die Funktionen sind übrigens nicht auf den public-Bereich beschränkt, sondern können auch private sein. Das ist dann sinnvoll, wenn zum Beispiel eine public-Funktion ihrerseits mit Hilfe einer private-Funktion auf die Daten zugreifen soll.

Programm PRG03_1.CPP demonstriert die Definition und die Benutzung einer Klasse. Die Aufgabe der Klasse ist es, Temperaturen zu speichern und den Zugriff auf diese Temperatur als Celsius- oder als Fahrenheit-Wert zu ermöglichen.

```
        // prg03_1.cpp
        #include <iostream.h>

/* 4*/  class temperatur
/* 5*/  {
/* 6*/    private:
/* 7*/      double celsius;
/* 8*/      double fahrenheit;
/* 9*/    public:
/*10*/      double leseC(void) { return celsius; }
/*11*/      double leseF(void) { return fahrenheit; }
/*12*/      void speicherC(void);
/*13*/      void speicherF(void);
/*14*/  };
/*15*/
/*16*/  void temperatur::speicherC(void)
/*17*/  {
/*18*/    cout << "\nBitte Celsius eingeben: ";
/*19*/    cin >> celsius;
/*20*/    fahrenheit=9.0/5.0*celsius+32.0;
/*21*/  }
/*22*/
/*23*/  void temperatur::speicherF(void)
/*24*/  {
/*25*/    cout << "\nBitte Fahrenheit eingeben: ";
```

```
/*26*/    cin >> fahrenheit;
/*27*/    celsius=5.0/9.0*(fahrenheit - 32.0);
/*28*/ }
/*29*/
/*30*/ void main(void)
/*31*/ {
/*32*/ temperatur temp1;
/*33*/
/*34*/    temp1.speicherC();
/*35*/
/*36*/    cout << "\nWert in Celsius   : " <<
 ↳           temp1.leseC();
/*37*/    cout << "\nWert in Fahrenheit: " <<
 ↳           temp1.leseF();
/*38*/ }
```

Das Programm gibt folgendes aus, wenn Sie als Wert für Celsius 100 eingeben:

```
Bitte Celsius eingeben: 100

Wert in Celsius   : 100
Wert in Fahrenheit: 212
```

Zum Programm im einzelnen:
Zeile 4: Das Schlüsselwort **class** leitet die Definition einer Klasse ein. Unsere Klasse heißt *temperatur* und soll der Speicherung von Wärmeangaben dienen. Statt class kann man auch **struct** verwenden. Strukturen wurden in C++ so erweitert, daß sie sich ebenso verhalten wie Klassen. Der einzige Unterschied ist, daß Strukturen standardmäßig public und Klassen standardmäßig private sind. Für unser Beispielprogramm bedeutet das, daß wir auch *struct temperatur* hätten schreiben können. Aus Gründen der Lesbarkeit empfiehlt es sich jedoch, eine Klasse auch mit class zu definieren.
Zeile 7: Die Variable *celsius* soll die eingegebene Temperatur in Celsius speichern.

Zeile 8: Die Variable *fahrenheit* enthält die Temperatur in der Einheit Fahrenheit. *celsius* und *fahrenheit* sind im private-Bereich untergebracht, damit niemand «von außen» die Werte ändern kann, es sei denn, man benutzt die Funktionen im folgenden public-Bereich. Wenn Sie noch nicht ganz einsehen können, welche Vorteile das hat, werfen Sie einen kurzen Blick auf das nächste Programm.

Zeilen 10 + 11: Die Schnittstellenfunktionen *leseC* und *leseF* sind so kurz, daß ihr Funktionsrumpf (*return celsius* und *return fahrenheit*) in die Klasse aufgenommen werden kann. Die Aufgabe der Funktionen besteht darin, die Temperatur einmal in Celsius und das anderemal in Fahrenheit zurückzuliefern.

Zeilen 12 + 13: Mit den Funktionen *speicherC* und *speicherF* werden die Variablen *celsius* und *fahrenheit* mit Werten versorgt. Da sie zu groß sind, als daß sie **inline** sein könnten, stehen hier nur die Prototypen. Die eigentlichen Funktionen werden außerhalb definiert (Zeilen 16 und 23).

Zeile 16: Bei der Definition einer Schnittstellenfunktion (Methode, Elementfunktion) benötigen wir einen sogenannten Gültigkeitsoperator (::), um dem Compiler verständlich zu machen, zu welcher Klasse diese Funktion nun eigentlich gehört. Der prinzipielle Aufbau eines Funktionsheaders enthält den Rückgabetyp (void), den Klassennamen (temperatur), den Gültigkeitsoperator (::) sowie Namen und Parameter der Funktion (speicherC).

Zeile 19: Der Wert von *celsius* wird direkt eingelesen.

Zeile 20: *fahrenheit* wird aus *celsius* errechnet. Die Schreibweise mit dem Dezimalpunkt beim Ausdruck *9.0/5.0* ist übrigens nötig, damit nicht mit Integerzahlen gerechnet wird (siehe Kapitel 2.1.4, Fließkomma-Konstanten).

Zeile 32: In dieser unscheinbaren Zeile haben wir etwas Bemerkenswertes getan; wir haben ein Objekt erzeugt! Dieser Vorgang wird häufig auch als Erzeugen einer **Instanz** bezeichnet. Diese Tatsache hätte Sie vor zwei Kapiteln vielleicht noch in Erstaunen versetzt. Inzwischen wissen Sie, daß Sie damit einfach nur eine Variable angelegt haben. Beachten Sie hierbei, daß jedes Objekt nur Speicherbereich für seine Datenelemente benötigt und nicht jeweils auch für die Schnittstellenfunktionen. Würde man also noch ein weiteres Objekt vom Typ *temperatur* erzeugen, zum Beispiel *temp2*, würde nur Platz für die beiden privaten Variablen temp2.*celsius* und temp2.*fahrenheit* reserviert werden. Die vier Schnittstellenfunktionen würden nicht noch einmal erzeugt, da jedes Objekt problemlos auf die gemeinsamen Funktionen zugreifen kann.

Zeile 34: Dieser Ausdruck ruft die Elementfunktion *speicherC* des Objekts *temp1* auf.

Zeilen 36 + 37: Der Zugriff auf die Werte im Objekt erfolgt über die beiden Schnittstellenfunktionen. Der Aufruf der Funktion erfolgt mit Hilfe des Punktoperators (.).

Bei der näheren Betrachtung der Klasse ist Ihnen vielleicht die Idee gekommen, daß es unsinnig ist, den Temperaturwert zweimal vorrätig zu halten: einmal als Celsius und einmal als Fahrenheit. Eine verbesserte Klasse könnte so aussehen, daß sie die Temperatur nur einmal speichert und erst bei der Ausgabe den Wert in die gewünschte Einheit umrechnet. Das spart Speicherplatz.

```
        // prg03_2.cpp
        #include <iostream.h>

/*  4*/ class temperatur
/*  5*/ {
/*  6*/   private:
/*  7*/     double waerme;
/*  8*/   public:
/*  9*/     double leseC(void);
/* 10*/     double leseF(void);
/* 11*/     void speicherC(void);
/* 12*/     void speicherF(void);
/* 13*/ };
/* 14*/
/* 15*/ void temperatur::speicherC(void)
/* 16*/ {
/* 17*/   cout << "\nBitte Celsius eingeben: ";
/* 18*/   cin >> waerme;
/* 19*/ }
/* 20*/
/* 21*/ void temperatur::speicherF(void)
/* 22*/ {
/* 23*/   cout << "\nBitte Fahrenheit eingeben: ";
/* 24*/   cin >> waerme;
```

```
/*25*/   waerme=5.0/9.0*(waerme - 32.0);
/*26*/ }
/*27*/
/*28*/ double temperatur::leseC(void)
/*29*/ {
/*30*/   return waerme;
/*31*/ }
/*32*/
/*33*/ double temperatur::leseF(void)
/*34*/ {
/*35*/   return 9.0/5.0 * waerme + 32.0;
/*36*/ }
/*37*/
/*38*/ void main(void)
/*39*/ {
/*40*/   temperatur temp1;
/*41*/
/*42*/   temp1.speicherC();
/*43*/
/*44*/   cout << "\nWert in Celsius   : " <<
  ⇨        temp1.leseC();
/*45*/   cout << "\nWert in Fahrenheit: " <<
  ⇨        temp1.leseF();
/*46*/ }
```

Das Programm gibt folgendes aus, wenn Sie als Wert für Celsius 100 eingeben:

```
Bitte Celsius eingeben: 100

Wert in Celsius   : 100
Wert in Fahrenheit: 212
```

Wie Sie sehen, speichert und holt dieses Programm die Daten ganz anders als PRG03_1.CPP. Dennoch hat sich am Hauptprogramm und an der Ausgabe nichts geändert. Dies ist ein großer Vorteil der objektorientierten Programmierung. Sie erlaubt Ihnen, die Darstellung der Daten in Ihrem Programm zu ändern, ohne daß der Rest des Programms etwas davon wissen muß. In einer prozeduralen Sprache hätten Sie Ihr Programm jetzt an sehr vielen Stellen ändern müssen, damit es mit der veränderten Darstellungsform der Daten zurechtkäme.

Zeile 7: Die Verbesserung dieser Klasse besteht darin, daß man nur noch eine Variable benötigt, die die Temperatur speichert. Eine weitere Optimierung ist möglich, wenn man statt des Typs double einen Typ nimmt, der weniger Platz beansprucht und dennoch den benötigten Wertebereich abdeckt.

Zeilen 28 + 33: Im Gegensatz zum ersten Programm sind die Schnittstellenfunktionen zum Auslesen der Werte jetzt außerhalb der Klasse definiert worden. Diese Form – Definition der Schnittstellenfunktionen außerhalb der Klasse – sollte man in aller Regel beibehalten. Eine Definition innerhalb, als sogenannte **Inline-Funktion,** ist nur in Ausnahmefällen nötig und sinnvoll.

3.2 Konstruktor und Destruktor

Eine Eigenschaft der eingebauten Datentypen (int, char etc.) besitzen unsere Klassen zur Zeit noch nicht: Wir können sie noch nicht initialisieren! Da sich unsere selbstdefinierten Typen aber genauso verhalten sollen wie die eingebauten Typen, bietet C++ auch hierfür eine Lösung. Es sind die Spezialfunktionen mit den Namen **Konstruktor** und **Destruktor**. Diese Funktionen haben die Aufgabe, Klassen bei ihrer Erzeugung zu initialisieren und bei ihrer Zerstörung «aufzuräumen». Das heißt, daß jedesmal, wenn ein Objekt erzeugt wird, der Konstruktor aufgerufen wird und jedesmal, wenn ein Objekt aufhört zu existieren, der Destruktor. Bei der Definition einer Klasse muß kein zugehöriger Konstruktor bzw. Destruktor definiert werden, da C++ in diesem Fall Standardfunktionen benutzt. Es ist jedoch in jedem Fall ratsam, mindestens einen Konstruktor zu benutzen, da er die Sicherheit der Klasse verbessert. Weitere Informationen zu Konstruktoren und Destruktoren finden Sie in Kapitel 4.3.

Bei der Definition eines Konstruktors bzw. eines Destruktors ist folgendes zu berücksichtigen:
- Der Name des Destruktors ist gleich dem Namen der Klasse. Im Programm PRG03_3.CPP ist das der Name *test*.
- Der Name des Destruktors entspricht dem Namen der Klasse, vor dem eine Tilde (~) steht. In unserem Beispiel ist das der Begriff *~test*.
- Weder Konstruktor noch Destruktor haben einen Rückgabewert (auch nicht void)!

Mit Hilfe eines Konstruktors lassen sich Objekte gleich bei ihrer Erzeugung initialisieren. Auf diese Weise wird dafür gesorgt, daß kein Objekt uninitialisiert bleibt bzw. unerlaubte Werte enthält. Das Programm PRG03_3.CPP demonstriert den Einsatz von Konstruktoren und Destruktoren.

```
        // prg03_3.cpp
        #include <iostream.h>

/* 4*/ class test
/* 5*/ {
/* 6*/ private:
/* 7*/   int abc;
/* 8*/ public:
/* 9*/   test(int i=9);      // Konstruktor
/*10*/   ~test();            // Destruktor
/*11*/   int ausgabe() {return abc;}
/*12*/ };
/*13*/
/*14*/ test::test(int)       // Konstruktor
/*15*/ { cout << "Konstruktor\n";
/*16*/   if (i > 12) abc=12;
/*17*/   else abc=i;
/*18*/ }
/*19*/
/*20*/ test::~test()         // Destruktor
/*21*/ { cout << "Destruktor\n";
/*22*/ }
/*23*/
```

```
/*24*/ void main()
/*25*/ {
/*26*/   test x(7);
/*27*/   test y;
/*28*/   test z(13);
/*29*/   cout << " " << x.ausgabe() << "\n";
/*30*/   cout << " " << y.ausgabe() << "\n";
/*31*/   cout << " " << z.ausgabe() << "\n";
/*32*/ }
```

Die Zeilen 29–31 geben folgende Zahlen auf dem Bildschirm aus:

```
Konstruktor
Konstruktor
Konstruktor
 7
 9
 12
Destruktor
Destruktor
Destruktor
```

Sehen wir uns den Konstruktor und den Destruktor etwas genauer an:

Zeile 9: Der Konstruktor hat denselben Namen wie die Klasse, zu der er gehört. Konstruktoren haben keinen Rückgabewert, auch nicht void. Daher ist auch keine return-Anweisung in einem Konstruktor erlaubt.

Zeile 10: Der Destruktor hat ebenfalls den gleichen Namen wie die Klasse, nur daß vor dem Namen noch eine Tilde (~) steht. Auch der Destruktor hat keinen Rückgabewert. Außerdem kann er auch keine Argumente übernehmen.

Zeile 14: Ab hier erfolgt die Definition des Konstruktors. Der Konstruktor kann einen oder keinen Parameter übergeben bekommen. Wird beim Anlegen des Objektes kein Parameter übergeben, wird der Standardwert 9 benutzt (siehe auch Kapitel 2.3.1).

Zeile 15: Das cout ist für den Konstruktor natürlich nicht nötig. Wir

KONSTRUKTOR UND DESTRUKTOR 111

wollten nur zeigen, wann der Konstruktor automatisch aufgerufen wird.

Zeilen 16 + 17: Diese if-Abfrage sorgt dafür, daß die Variable *abc* nicht mit einem ungültigen Wert vorbelegt werden kann. In unserem Beispiel war das der willkürliche Wert 12, der nicht überschritten werden soll.

Zeile 20: In unserer Klasse hat der Destruktor keine Aufgabe. Wir haben ihn trotzdem benutzt, um zu zeigen, an welcher Stelle er aufgerufen wird.

Statische Variablen
Das letzte Beispiel in diesem Kapitel stellt ein Klasse vor, bei der ein Datenelement statisch (static) ist. Wird eine Variable als static deklariert, so legt der Compiler nur eine Version dieser Variablen an, gleichgültig wie viele Objekte Sie erzeugt haben. Das hat zur Folge, daß alle Objekte auf diesen Wert gemeinsam zugreifen können.

```
       // prg03_4.cpp
       #include <iostream.h>

/* 4*/ class statisch
/* 5*/ {
/* 6*/ private:
/* 7*/         int mWert;
/* 8*/   static int lfd_nr;
/* 9*/ public:
/*10*/   statisch() { lfd_nr++; mWert=lfd_nr;}
/*11*/   void LeseWert(void);
/*12*/ };
/*13*/
/*14*/ void statisch::LeseWert(void)
/*15*/ {
/*16*/   cout << "\nWert von lfd_nr. " << lfd_nr;
/*17*/   cout << "  lfd_nr bei Erzeugung des Objekts: "
 ⇨            << mWert;
/*18*/ }
/*19*/
/*20*/ int statisch::lfd_nr=0;
/*21*/
```

```
/*22*/ void main(void)
/*23*/ {
/*24*/   statisch A;
/*25*/   A.LeseWert();
/*26*/   statisch B;
/*27*/   A.LeseWert();
/*28*/   B.LeseWert();
/*29*/   statisch C;
/*30*/   A.LeseWert();
/*31*/   B.LeseWert();
/*32*/   C.LeseWert();
/*33*/ }
```

Die Funktion *LeseWert()* wird insgesamt sechsmal aufgerufen und druckt folgendes aus:

```
Wert von lfd_nr. 1    lfd_nr bei Erzeugung des Objekts: 1
Wert von lfd_nr. 2    lfd_nr bei Erzeugung des Objekts: 1
Wert von lfd_nr. 2    lfd_nr bei Erzeugung des Objekts: 2
Wert von lfd_nr. 3    lfd_nr bei Erzeugung des Objekts: 1
Wert von lfd_nr. 3    lfd_nr bei Erzeugung des Objekts: 2
Wert von lfd_nr. 3    lfd_nr bei Erzeugung des Objekts: 3
```

Zeile 8: Die Variable *lfd_nr* wird als statisch deklariert. Damit sie ordnungsgemäß initialisiert werden kann, wird ein Ausdruck wie in Zeile 20 benötigt.

Zeile 20: Eine statische Variable kann nicht innerhalb der Klassendefinition initialisiert werden, da diese Definition nur eine «Schablone» für zukünftige Objekte ist. Sie selbst reserviert jedoch noch keinen Speicherplatz.

Zeile 10: Der Konstruktor zählt die Variable *lfd_nr* bei jedem neuen Objekt um eins hoch und merkt sich für jedes Objekt in *mWert*, welche Nummer es hat.

Statische Variablen kann man beispielsweise benutzen, um Werte zwischen einzelnen Objekten auszutauschen. Da die static-Variable ja nur einmal existiert, wird jede Änderung ihres Wertes sofort für alle anderen Objekte verfügbar. Neben diesem Datenaustausch besteht auch die Möglichkeit, die Anzahl der erzeugten Objekte zu überwachen. Diese Aufgabe hat die static-Variable im Programm PRG03_4.CPP.

3.4 Der this-Zeiger

Das Schlüsselwort **this** erlaubt den Zugriff auf das eigene Objekt. Es handelt sich bei *this* um einen konstanten Zeiger. Das nächste Programm gibt den Wert dieses Zeigers für zwei Objekte aus.

```
        // prg03_5.cpp
        #include <iostream.h>

/* 4*/ class WerBinIch
/* 5*/ {
/* 6*/ private:
/* 7*/   double irgendwas;
/* 8*/ public:
/* 9*/   void IchBin(void);
/*10*/ };
/*11*/
/*12*/ void WerBinIch::IchBin(void)
/*13*/ {
/*14*/   cout << "\n" << this;
/*15*/ }
/*16*/
/*17*/ void main(void)
/*18*/ {
/*19*/ WerBinIch x,y;
/*20*/   x.IchBin();
/*21*/   y.IchBin();
/*22*/ }
```

Die folgenden Adressen können auf Ihrem Rechner übrigens ganz andere Werte haben.

```
0xffee
0xffe6
```

Die Variable *irgendwas* in Zeile 7 hat für den Programmablauf keine Bedeutung. Sie sorgt nur dafür, daß die Differenz der beiden Adressen acht Stellen beträgt. Das Programm sollte ansonsten selbsterklärend sein. Die Benutzung des this-Pointers lernen Sie in den nächsten Kapiteln kennen.

3.5 Der new-Operator

Die Anforderung von Speicher während der Programmausführung war in C eine umständliche und fehleranfällige Sache. C++ hat hier mit dem **new**-Operator eine weitaus bessere Möglichkeit zu bieten. Obwohl wir new in diesem Kapitel über die Klassen behandeln, können Sie den Operator natürlich auch an anderer Stelle einsetzen. Eine solche Anwendung, die nichts mit Klassen zu tun hat, zeigt das folgende Programm. Es erwartet vom Benutzer die Angabe, wieviel Werte er eingeben möchte. An Hand dieser Angabe reserviert das Programm den nötigen Speicherplatz. Nach der anschließenden Eingabe werden die eingegebenen Werte zur Kontrolle ausgedruckt.

```
          // prg03_6.cpp
          #include <iostream.h>
          #include <process.h>
/* 4*/ void main(void)
/* 5*/ {
/* 6*/   int x,wieviel;
/* 7*/
/* 8*/   cout << "\nWie viele Daten wollen Sie einlesen?";
/* 9*/   cout << "\nGeben Sie 0 für Abbruch ein : ";
/*10*/   cin >> wieviel;
/*11*/   if (wieviel == 0) exit(0);
/*12*/   int * pFeld = new int [wieviel];
/*13*/   for (x=0; x<wieviel; x++)
/*14*/   {
/*15*/     cout << "\nFeld Nummer " << x << " eingeben
 ⇨            : ";
/*16*/     cin >> pFeld[x];
/*17*/   }
/*18*/   for (x=0; x<wieviel;x++)
```

```
/*19*/   {
/*20*/      cout << "\nMit Zeiger   > " << *(pFeld+x);
/*21*/      cout << "\nMit Feldname > " << pFeld[x];
/*22*/   }
/*23*/ }
```

Einen möglichen Dialog zeigt der folgende Ausdruck:

```
Wie viele Daten wollen Sie einlesen?
Geben Sie 0 für Abbruch ein : 3

Feld Nummer 0 eingeben : 134

Feld Nummer 1 eingeben : 213

Feld Nummer 2 eingeben : 555

Mit Zeiger   > 134
Mit Feldname > 134
Mit Zeiger   > 213
Mit Feldname > 213
Mit Zeiger   > 555
Mit Feldname > 555
```

Da in diesem Programm einige neue Dinge auftauchen, wollen wir uns die einzelnen Zeilen ausführlicher ansehen.

Zeile 10: In die int-Variable *wieviel* wird eingelesen, wieviel Werte der Benutzer eingeben will.

Zeile 11: Die Funktion **exit** beendet ein Programm. Dem Betriebssystem wird dabei ein Wert übergeben, der zum Beispiel unter DOS mit ERRORLEVEL abgefragt werden kann. Der Prototyp für diese Funktion findet sich in PROCESS.H bzw. STDLIB.H.

Zeile 12: Hier wurde der Operator **new** benutzt, um Speicher für ein Array bereitzustellen. Allgemein wird beim Einsatz von new folgende Schreibweise benutzt:

```
int * zeiger = new int;
```

Diese Zeile kann selbstverständlich auch in zwei einzelne aufgeteilt werden:

```
int * zeiger;
zeiger = new int;
```

Der rechte Teil des Ausdrucks (new int) legt fest, für welches Objekt Speicher bereitgestellt werden soll. In unserem Beispiel haben wir nicht nur für eine Variable, sondern gleich für ein ganzes Feld Platz angefordert (new int [wieviel]). Als Rückgabewert liefert new einen Zeiger auf das neue Objekt zurück, andernfalls einen NULL-Zeiger. Bei erfolgreicher Speicherallozierung enthält *pFeld* einen Zeiger auf das erste Element des Arrays. Der linke Teil des Ausdrucks (int * zeiger) deklariert einen Zeiger, der den von new gelieferten Wert aufnimmt.

Zeile 16: Diese Programmzeile wird Ihnen vielleicht auf den ersten Blick falsch oder zumindest seltsam vorkommen, hatten wir doch in Zeile 12 festgelegt, daß es sich bei *pFeld* um einen Zeiger handelt; hier jedoch benutzen wir ihn wie ein Array! Daß es dennoch funktioniert, demonstriert das Programm deutlich.

Was Sie hier sehen, ist die sehr nützliche Eigenschaft von C++, daß Felder und Pointer eng miteinander verwandt sind. Daher können Sie den Pointer so gebrauchen, als wäre er der Name eines Feldes, und mit Indizes auf die einzelnen Elemente zugreifen.

Zeilen 20+21: Beide Zeilen machen genau das gleiche, sie geben nämlich die gespeicherten Werte aus. Der Unterschied besteht nur darin, daß das in Zeile 20 mit Hilfe eines Pointers und eines indirection-Operators (*) erfolgt und in Zeile 21 mit Hilfe eines Indexes.

Zeile 20: Der Ausdruck *(pFeld+x)* ist wie folgt zu interpretieren: Der Zeiger *pFeld* wird schrittweise hochgezählt. Da es sich um einen Zeiger handelt, bewirkt das Hinzuzählen von 1, daß der Pointer auf dem nächsten Datenelement steht, in unserem Fall auf dem nächsten int-Element. Dieser Vorgang wird unter dem Begriff Pointer-Arithmetik (siehe Kapitel 2.3.4) zusammengefaßt. Als letztes sorgt nun der indirection-Operator dafür, daß beim Ausdruck nicht die Adresse, die im Zeiger gespeichert ist, ausgegeben wird, sondern der Inhalt der Zelle mit dieser Adresse.

delete

Als Gegenstück zu new kennt C++ den **delete**-Operator. delete wird benutzt, um Speicher, der mit new alloziert wurde, wieder freizugeben. Im vorigen Programm konnten wir darauf verzichten, da beim Programmende das Aufräumen automatisch erledigt wird. Wollen wir jedoch im laufenden Programm Speicher wieder freigeben, benutzen wir diesen Operator.

```
        // prg03_7.cpp
        #include <iostream.h>


/* 5*/ char * LiesText(void);
/* 6*/
/* 7*/ char * LiesText(void)
/* 8*/ {
/* 9*/ char tmp[81];
/*10*/
/*11*/    cout << "\nBitte Text eingeben: ";
/*12*/    cin >> tmp;
/*13*/    char * ZeigerAufText = new char [strlen(tmp)+1];
/*14*/    strcpy(ZeigerAufText,tmp);
/*15*/
/*16*/    return ZeigerAufText;
/*17*/ }
/*18*/
/*19*/ void main(void)
/*20*/ {
/*21*/ char * text;
/*22*/
/*23*/    text=LiesText();
/*24*/    cout << "Adresse von text = " << (int *) text;
/*25*/    delete text;
/*26*/
/*27*/    text=LiesText();
/*28*/    cout << "Adresse von text = " << (int *) text;
/*29*/    delete text;
/*30*/ }
```

Die Adressen, die in den Zeilen 24 und 28 augegeben werden, können bei Ihnen andere Werte haben.

118 KLASSEN

```
Bitte Text eingeben: cogito,
Adresse von text = 0x0e28
Bitte Text eingeben: ergo sum.
Adresse von text = 0x0e28
```

Zeile 3: Die Präprozessor-Anweisung *include <string.h>* wird in Zeile 13 für die Ermittlung der Textlänge benötigt.

Zeile 5: Der Prototyp der Funktion *LiesText*. Diese Funktion liefert einen Zeiger auf *char* zurück *(char *)* und bekommt keine Parameter übergeben *(void)*.

Zeile 9: Zur Aufnahme der Zeichenkette benötigt die Funktion einen temporären Puffer. Dieser Puffer wird mit *char tmp[81];* bereitgestellt. Der Wert 81 ist übrigens willkürlich. Er erlaubt das Eingeben einer Bildschirmzeile von 80 Zeichen.

Zeile 13: Ein Problem in der Funktion *LiesText* ist, daß der eingegebene Text an die aufrufende Funktion zurückgegeben werden soll. Das ist mit der Variablen *tmp* nicht möglich, da *tmp* ja nur so lange existiert, wie die Funktion *LiesText* ausgeführt wird (siehe auch Kapitel 2.3.3). Einen Ausweg bietet **new**. Der Operator new holt sich den freien Speicher nicht vom stack, sondern aus einem anderen Speicherbereich, der auch nach Verlassen der Funktion noch zugänglich ist. Die Größe dieses Bereichs ergibt sich aus der Länge der Zeichenkette *strlen(tmp)* plus einer Stelle für die binäre Null.

Zeile 14: Nachdem in Zeile 13 Platz für die Zeichenkette reserviert wurde und wir in *ZeigerAufText* den zugehörigen Pointer gespeichert haben, kann nun *tmp* auf diesen freien Platz kopiert werden. Wenn wir die Funktion jetzt verlassen, ist der Text, im Gegensatz zur *tmp*-Variablen, bleibend gesichert.

Zeile 16: Mit return wird der Zeiger auf den Text an die aufrufende Stelle zurückgegeben.

Zeile 23 ruft die Funktion *LiesText* auf und merkt sich den zurückgelieferten Zeiger in *text*.

Zeile 24 druckt zur Kontrolle die Adresse aus. Beachten Sie den cast *(int *)*.

Zeile 25: Der mit new allozierte Speicherbereich wird nun mit **delete** freigegeben. delete erwartet dazu einen Zeiger, den wir mit der Variablen *text* bereitstellen.

Zeilen 27–30: Um zu demonstrieren, daß der Speicherplatz wirklich freigegeben wurde und nun erneut vergeben werden kann, wiederholen wir die Schritte aus den Zeilen 23–25.

Die Operatoren new und delete sind in C nicht verfügbar. Dort wird mit den Funktionen malloc und free gearbeitet. In C++ sind jedoch auf jeden Fall new und delete vorzuziehen.

new in einer Klasse

Eine der häufigsten Anwendungen von new findet sich in den Konstruktoren von Klassen, während das zugehörige delete im Destruktor der Klasse plaziert ist. Ein Beispiel dafür finden Sie im nächsten Programm.

```
#include <iostream.h>
#include <string.h>

class zeichenkette
{
private:
  char * pText;
public:
  zeichenkette(char * s)   // Konstruktor
  {
    pText = new char[strlen(s)+1];
    strcpy(pText,s);
  }
  ~zeichenkette()          // Destruktor
  {
    delete pText;
  }
  void drucke()
  {
    cout << pText << '\n';
  }
};

void main(void)
{
zeichenkette x01="Eine Zeichenkettenklasseninitialisie-
```

```
⇨ rung.";
zeichenkette x02="Noch eine!";

  x01.drucke();
  x02.drucke();
}
```

Das Programm liefert folgende Ausgabe:

```
Eine Zeichenkettenklasseninitialisierung.
Noch eine!
```

Das Bemerkenswerteste an diesem Programm ist, daß der Destruktor endlich eine sinnvolle Aufgabe hat. Er muß den belegten Speicher wieder freigeben, wenn das Objekt aufhört zu existieren.

3.6 friend-Funktionen

Ein Ziel der objektorientierten Programmierung ist es, die Daten zu verbergen. Dadurch, daß man den Zugriff auf die Daten nur durch Schnittstellenfunktionen gestattet, kann man die Fehleranfälligkeit von Programmen entscheidend verringern. Was wir hier kennenlernen, ist wieder ein Schritt in die andere Richtung. Mit **friend**-Funktionen kann man nämlich auch auf die Daten zugreifen, die nicht zum Objekt gehören. Und da diese Fähigkeit naturgemäß Nachteile in bezug auf die Sicherheit der Daten hat, sollte man diese Möglichkeit von C++ sparsam einsetzen. Daß friend-Funktionen dennoch in den Sprachumfang von C++ aufgenommen wurden, liegt daran, daß sie an einigen Stellen doch beachtliche Vorteile bieten.

Das folgende Programm zeigt anhand eines einfachen Programms, wie man friend-Funktionen einsetzt. Es addiert die beiden privaten Daten der Klassen *eins* und *zwei* und liefert als Ergebnis den Wert 9423.1.

```
            // prg03_8.cpp
            #include <iostream.h>

/* 4*/ class zwei;
/* 5*/
/* 6*/ class eins
/* 7*/ {
/* 8*/ private:
/* 9*/   double wert_eins;
/*10*/ public:
/*11*/   eins() { wert_eins=4711.1; }    // Konstruktor
/*12*/   friend double freund(eins,zwei);
/*13*/ };
/*14*/
/*15*/ class zwei
/*16*/ {
/*17*/ private:
/*18*/   double wert_zwei;
/*19*/   friend double freund(eins,zwei);
/*20*/ public:
/*21*/   zwei() { wert_zwei=4712.0; }    // Konstruktor
/*22*/ };
/*23*/
/*24*/ double freund(eins x,zwei y)
/*25*/ {
/*26*/   return x.wert_eins+y.wert_zwei;
/*27*/ }
/*28*/
/*29*/ void main(void)
/*30*/ {
/*31*/ eins abc;
/*32*/ zwei def;
/*33*/
/*34*/   cout << "\n" << freund(abc,def);
/*35*/ }
```

Mit dem friend-Schlüsselwort werden Klassen oder Funktionen bezeichnet, die die gleichen Rechte haben wie die Schnittstellenfunktionen. Wie Sie im Programm PRG03_8.CPP sehen können, ist es auch gleichgültig, ob Sie friend im public- oder im private-Bereich gebrauchen. friend-Funktionen werden nicht als Mitglieder einer Klasse betrachtet; sie sind ganz normale Funktionen, nur daß sie besondere Rechte haben.

Zeile 4: An dieser Stelle muß dem Compiler mitgeteilt werden, daß es eine Klasse namens *zwei* gibt, da er in Zeile 12 diese Angabe benötigt.

Zeile 12: Hier wird eine Funktion mit Namen *freund* deklariert, die gleichzeitig auf Objekte der Klassen *eins* und *zwei* zugreifen soll. Damit dem Compiler die Klasse *zwei* zu diesem Zeitpunkt bekannt ist, haben wir in Zeile 4 eine unvollständige Deklaration eingefügt, die nur die Aufgabe hat, dem Compiler zu sagen, daß *zwei* eine Klasse ist.

Zeile 19: Hier taucht die gleiche Deklaration wie in Zeile 12 auf. Der einzige Unterschied ist, daß sie diesmal zu Demonstrationszwecken im private-Bereich steht. Das hat allerdings überhaupt keinen Einfluß auf die friend-Funktion. Sie können also friend-Funktionen an beliebiger Stelle innerhalb der Klasse deklarieren.

Zeile 26: Diese Zeile greift jetzt direkt auf die private-Variablen der beiden beteiligten Klassen zu, addiert sie und gibt das Ergebnis an die aufrufende Stelle zurück.

3.7 friend-Klassen

Neben der vorhin gezeigten Methode, einzelne Funktionen als friend-Funktionen festzulegen, kann man gleich alle Funktionen einer Klasse zu Freunden einer anderen machen.

```
        // prg03_9.cpp
        #include <iostream.h>

/* 4*/ class eins
/* 5*/ {
/* 6*/ private:
/* 7*/    double wert;
/* 8*/ public:
/* 9*/    eins() { wert=160; }    // Konstruktor
```

```
/*10*/    friend class zwei;    // Du bist mein Freund
/*11*/ };
/*12*/
/*13*/ class zwei
/*14*/ {
/*15*/ public:
/*16*/    double MalZwei(eins x) {return x.wert*2;}
/*17*/    double DurchZwei(eins x) {return x.wert/2;}
/*18*/ };
/*19*/
/*20*/ void main(void)
/*21*/ {
/*22*/ eins abc;
/*23*/ zwei def;
/*24*/
/*25*/    cout << "\n" << def.MalZwei(abc);
/*26*/    cout << "\n" << def.DurchZwei(abc);
/*27*/ }
```

Das Ergebnis des Programmlaufs:

```
320
80
```

Zeile 10: Die Klasse *eins* bestimmt, daß alle Funktionen der Klasse *zwei* auf ihre Daten zugreifen können.

Zeilen 13 – 18: Die Klasse *zwei* hat in unserem Beispiel keine privaten Daten, sondern nur zwei Funktionen, die auf die Daten von *eins* zugreifen können.

Zum Schluß sei noch einmal darauf hingewiesen, daß eine Klasse natürlich nur von sich aus festlegen kann, wen sie als Freund haben möchte. Es ist also nicht möglich, daß eine Klasse sich eigenmächtig zum Freund einer anderen macht. Somit ist zumindest wieder ein Teil der Datensicherheit gewahrt.

3.8 Zusammenfassung

- Eine der wichtigsten Konstruktionen bei der OOP ist die **Klasse**. Sie enthält Daten und Schnittstellenfunktionen.
- Eine Klasse wird in einen privaten (**private**) und einen öffentlichen (**public**) Bereich aufgeteilt.
- Daten werden in einer Klasse normalerweise im privaten Bereich abgelegt, Funktionen im öffentlichen.
- Schnittstellenfunktionen werden meist nur als **Prototypen** in die Klasse aufgenommen. Die eigentliche Funktionsdefinition erfolgt außerhalb der Klasse.
- Normalerweise werden die Klassendefinitionen in zwei Dateien aufgeteilt. Die erste Datei enthält die Klassendefinition mit den Funktionsprototypen. Die zweite enthält die zugehörigen Schnittstellenfunktionen. Diese Trennung haben wir aus Gründen der Übersicht iń unseren Programmen bis jetzt noch nicht benutzt.
- Der Operator **new** wird beim Entwurf von Klassen sehr häufig benutzt, da er eine große Flexibilität der Klassen erlaubt.

3.9 Übungen

Aufgabe 17

Entwickeln Sie eine Klasse, die Bezeichnung und Kalorien von Nahrungsmitteln verwaltet. Als Methoden sollen die folgenden Funktionen definiert werden:

```
void NameSetzen();
void NameLesen();
void KalSetzen();
void KalLesen();
void JouleLesen();
```

Der Brennwert soll in Kalorien gespeichert und ausgegeben werden. Er kann zusätzlich auch in der Einheit Joule geliefert werden.

Aufgabe 18

Entwickeln Sie eine Klasse namens *zeit*. Die Klasse soll Sekunden speichern können. Die zugehörigen Methoden sollen diese Sekunden zusätzlich in Minuten, Stunden und Tagen ausgeben können. Dabei sollen nur ganze Minuten, Stunden und Tage ausgegeben werden.

4 VERERBUNG

Häufig bestehen Ähnlichkeiten oder Zusammenhänge zwischen den verschiedenen Klassen eines Programms. Diese können in C++ durch die Methode der Ableitung dargestellt werden. Bei einer Ableitung beinhaltet die neue Klasse automatisch alle Daten und Methoden (Schnittstellenfunktionen) der Vorlage, ohne daß sie nochmals definiert werden müssen. Sie erbt quasi diese Elemente. Bevor wir uns diesen Sachverhalt jedoch genauer ansehen, möchten wir schon jetzt darauf hinweisen, daß dieses Erbe nicht im Sinne einer Erbfolge, sondern eher als Kopie zu verstehen ist. Abgeleitete Klassen sind keine Nachfolger, sondern Spezialisierungen.

4.1 Klassen ableiten

Ein Programm, das Grundstücke verwalten soll, wird in seiner zugehörigen Include-Datei folgende Klasse definieren:

Hinweis:
In den folgenden Beispielen sind die Klassendefinitionen zusammen mit den Schnittstellenfunktionen in einer Include-Datei (.H) gespeichert, während das eigentliche Programm in einer separaten Programm-Datei (.CPP) vorliegt.

```
        // PRG04_1.H
        //
        #include <string.h>
        #include <iostream.h>
/*  5*/
/*  6*/ class Grundstueck
```

```
/*    7*/ {
/*    8*/ public:
/*    9*/   Grundstueck();
/*   10*/   ~Grundstueck();
/*   11*/   void speichereGrunddaten(const char *n, int f,
⇨               int st, int g);
/*   12*/   void zeigeGrunddaten() const;
/*   13*/ private:
/*   14*/   char gemarkung[30];
/*   15*/   int flur, flurstueck, groesse;
/*   16*/ };
/*   17*/
/*   18*/ Grundstueck::Grundstueck()
/*   19*/ {
/*   20*/ }
/*   21*/
/*   22*/ Grundstueck::~Grundstueck()
/*   23*/ {
/*   24*/ }
/*   25*/
/*   26*/ void Grundstueck::speichereGrunddaten(const
⇨            char *n, int f, int st, int g)
/*   27*/ {
/*   28*/   strncpy(gemarkung, n, 39);
/*   29*/   flur=f;
/*   30*/   flurstueck=st;
/*   31*/   groesse=g;
/*   32*/ }
/*   33*/
/*   34*/ void Grundstueck::zeigeGrunddaten() const
/*   35*/ {
/*   36*/   cout << "\n" << "Gemarkung: " << gemarkung
⇨               << "\n"
/*   37*/        << "Flur:      " << flur << "\n"
/*   38*/        << "Flurstück: " << flurstueck << "\n"
/*   39*/        << "Größe:     " << groesse;
/*   40*/ }
```

Diese Klassendeklaration können Sie anhand des im vorherigen Kapitel Gelernten bereits interpretieren. Neben Standard-Konstruktor (Zeilen 9 und 18–20) und -Destruktor (Zeilen 10 und 22–24) werden noch zwei Methoden benutzt:

Zeile 11: Die Funktion *speichereGrunddaten* erhält vier Parameter, nämlich die Angaben zu Gemarkung, Flur, Flurstück und Grundstücksgröße.

Zeile 12: Die Funktion *zeigeGrunddaten* wird als const deklariert. Das Schlüsselwort const steht dabei hinter der Parameterliste und muß auch bei der Definition (Zeile 34–40) angegeben werden. Es bewirkt, daß die Funktion als nur-lesend (engl. read-only) vom Compiler eingestuft wird. Sie kann somit weder selbst die Objektdaten ändern, noch kann sie Funktionen aufrufen, die dies könnten.

Zeilen 14–15: Die privaten Daten der Klasse bestehen aus der Zeichenkette *gemarkung* und den int-Zahlen *flur*, *flurstueck* und *groesse*.

Zeilen 26–32: Die privaten Daten können ausschließlich durch die Funktion *speichereGrunddaten* geändert werden. Da der Standard-Konstruktor diese Daten nicht initialisiert, muß diese Funktion vor Verwendung eines Objektes dieser Klasse jedesmal aufgerufen werden.

Zeilen 34–40: Die Funktion *zeigeGrunddaten* benutzt cout, um die gespeicherten Angaben anzuzeigen.

Mit dem folgenden kleinen Programm kann diese Klasse getestet werden.

```
        // PRG04_1.CPP
        //
        #include "prg04_1.h"
/*  4*/
/*  5*/ void main(void)
/*  6*/ {
/*  7*/   Grundstueck Hauptstr81;
/*  8*/   Hauptstr81.speichereGrunddaten("Stadt",100,5,
 ⇨           321);
/*  9*/   Hauptstr81.zeigeGrunddaten();
/* 10*/ }
```

Zeile 7: Hier wird die Instanz *Hauptstr81* zur Klasse *Grundstueck* erzeugt. Das Programm benutzt den Standard-Konstruktor.
Zeile 8: Über die Schnittstellenfunktion *speichereGrunddaten* werden die privaten Objektdaten initialisiert.
Zeile 9: Mit Hilfe der Schnittstellenfunktion *zeigeGrunddaten* werden die Objektdaten angezeigt.

Ein Programm, das Grundstücksdaten verwalten soll, muß jedoch auch Informationen zu bebauten Grundstücken speichern. Diese Baugrundstücke sind spezielle Grundstücke, eben solche mit Grund <u>und</u> Gebäude. Es müssen somit lediglich zusätzliche Daten zu den Grundstücksdaten gespeichert werden. Diese Verwandtschaft wird in der objektorientierten Programmierung durch das folgende Diagramm dargestellt.

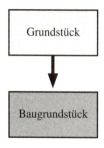

Vielfach wird der Pfeil im Diagramm auch nur als Linie dargestellt. Die Rechtecke symbolisieren die Klassen, wobei immer die jeweils obere als **Basisklasse** und die untere als **abgeleitete** Klasse bezeichnet wird. Bei der Klassendefinition wird dieser Zusammenhang durch folgende Zusatzzeilen in der Datei PRG04_1.H dargestellt:

```
/* 41*/ class Baugrund : public Grundstueck
/* 42*/ {
/* 43*/ };
```

Hier wird die Klasse *Baugrund* in einfachster Form definiert. Neu ist hier für Sie der Zusatz *: public Grundstueck* hinter dem Klassennamen. Durch den Doppelpunkt (:) wird eine Ableitung definiert. Dahinter stehen das Schlüsselwort public und der Name der Basisklasse. Durch diese Ableitung werden quasi alle Definitionen der Basisklasse in die abgeleitete Klasse übernommen. Diese verfügt nun sowohl über die privaten Daten als auch über die Schnittstellenfunktionen, ohne daß diese nochmals definiert wurden. Erweitern Sie nun die Datei PRG04_1.CPP um folgende Zeilen:

```
/*  9A*/    Baugrund Hauptstr82;
/*  9B*/    Hauptstr82.speichereGrunddaten("Stadt",100,
 ⇨          33,530);
/*  9C*/    Hauptstr82.zeigeGrunddaten();
```

Sie erzeugen die Instanz *Hauptstr82* aus der Klasse *Baugrund* (Zeile 9A) und speichern im Objekt Daten durch die in der Basisklasse definierte Funktion *speichereGrunddaten* (Zeile 9B). Mittels der ebenfalls dort definierten Funktion *zeigeGrunddaten* werden die gespeicherten Daten ausgegeben. Starten Sie das Programm! Das Ergebnis sieht folgendermaßen aus:

```
Gemarkung: Stadt
Flur:      100
Flurstück: 5
Größe:     321
Gemarkung: Stadt
Flur:      100
Flurstück: 33
Größe:     530
```

Sie sehen, Sie können nicht nur die public-Funktionen aufrufen, sondern auch die private-Variablen ansprechen. Beachten Sie jedoch, daß die Variablen nur über die Schnittstellenfunktionen anzusprechen sind. Außerdem müssen Sie den Objektnamen mit dem Punktoperator voranstellen, damit der Aufruf eindeutig ist.
Die Klasse *Baugrund* kann in der vorliegenden Definition jedoch noch keine Gebäudedaten speichern. Hierzu benötigen wir zusätzliche private-Variablen und Schnittstellenfunktionen zum Speichern und Anzeigen. Wir ändern bzw. erweitern deshalb die Klassendefinition in der Datei PRG04_1.H folgendermaßen:

```
/* 41*/ class Baugrund : public Grundstueck
/* 42*/ {
/* 43*/ public:
/* 44*/     void speichereHausdaten(int a, int b);
/* 45*/     void zeigeHausdaten() const;
/* 46*/ private:
/* 47*/     int baujahr,groesse;
/* 48*/ };
/* 49*/
/* 50*/ void Baugrund::speichereHausdaten(int a, int b)
/* 51*/ {
/* 52*/     baujahr=a;
/* 53*/     groesse=b;
/* 54*/ }
/* 55*/
/* 56*/ void Baugrund::zeigeHausdaten() const
/* 57*/ {
/* 58*/     cout << "\n" << "Baujahr des Hauses:     "
  ↳              << baujahr << "\n"
/* 59*/              << "Wohnfläche des Hauses: " <<
  ↳                 groesse;
/* 60*/ }
```

Jetzt können Baujahr und Wohnfläche des Hauses verwaltet werden. Wie Sie vielleicht schon selbst festgestellt haben, verwenden wir wiederum den Variablennamen *groesse*, der diesmal jedoch für die Speicherung der Wohnfläche benutzt wird. Obwohl dieser Name bereits von der Klasse *Grundstueck* für die Flächengröße verwendet wird, ist dies ohne Probleme möglich, da private-Variablen praktisch nur «innerhalb» einer jeden Klasse gültig sind. Innerhalb einer Klassendefinition darf ein Name selbstverständlich nur einmal verwendet werden.

Zum Schluß ergänzen wir unser kleines Testprogramm PRG04_1.CPP noch um die folgenden zwei Zeilen:

```
/*  9D*/     Hauptstr82.speichereHausdaten(1965,120);
/*  9E*/     Hauptstr82.zeigeHausdaten();
```

Wenn Sie das Programm nun starten, erhalten Sie zusätzlich zu den Grundstücksdaten von *Hauptstr82* auch die gespeicherten Gebäudedaten angezeigt.

Welchen Nutzen bringt nun eine solche Konstruktion aus Basisklasse und abgeleiteter Klasse? Erstens erspart eine Ableitung natürlich viel Schreibarbeit bei der Definition. Zweitens, was das Wesentliche ist, ermöglicht sie es, daß Daten und ihre Zugriffsmethoden in immer nur einer Klasse definiert sind. Werden beispielsweise die Flurbenennungen von numerisch auf alphanumerisch umgestellt, so wird unsere Klasse *Gebaeude* davon nicht berührt.

4.2 Auf Basisklassendaten zugreifen

Wie Sie bereits wissen, kann auf die private-Daten einer Klasse nur innerhalb der Klasse zugegriffen werden. Zugriffe aus main oder einer Funktion einer anderen Klasse, auch einer abgeleiteten Klasse, können nur über Schnittstellenfunktionen erfolgen. Manchmal ist es jedoch nötig, daß eine abgeleitete Klasse auf Daten der Basisklasse zugreifen kann. C++ verfügt für diesen Zweck über das Schlüsselwort **protected**.

Zur Demonstration wollen wir den Sachwert des Grundstückes mitspeichern. Er wird als Produkt aus der Grundstücksgröße und dem Quadratmeterpreis (im Beispiel 180 DM) berechnet und zusammen mit den Grundstücksdaten ausgegeben. Bei bebauten Grundstücken erhöht er sich um den Gebäudewert, der sich aus dem Produkt von Wohnfläche, Raumhöhe (im Beispiel 2,70 m) und dem Preis für den Kubikmeter umbauten Raumes (im Beispiel 320 DM) schätzungsweise ermitteln läßt.

Führen Sie folgende Ergänzungen in der Datei PRG04_1.H durch:

```
/*  12A*/ protected:
/*  12B*/    float sachwert;
```

```
/*  31A*/ sachwert=(float)g*180;
```

```
/*  53A*/ sachwert+=(float)groesse*2.7F*320;
```

Zeilen 12A+12B: Die Variable *sachwert* wird als protected deklariert. Alle protected-Daten und -Funktionen einer Klasse können nur von eigenen Funktionen und denen ihrer abgeleiteten Klassen angesprochen werden.

Zeile 31A: Beim Speichern der Grundstücksdaten wird der Grundstückswert ermittelt. Der cast (float) paßt den int-Wert *g* an.

Zeile 53A: Beim Speichern von Gebäudewerten wird der Gebäudewert ermittelt und zum Sachwert addiert. Der cast (float) paßt auch hier den int-Wert *groesse* an, und 2.7F legt 2.7 als float-Typ statt des standardmäßigen Typs double fest.

Vertauschen Sie in der Datei PRG04_1.CPP die beiden Zeilen 9C und 9D miteinander, damit die Hausdaten und damit auch der Gebäudewert bereits gespeichert sind, wenn die Grundstücksdaten ausgegeben werden. Nachdem Sie das Programm gestartet haben, erhalten Sie die folgende Anzeige:

```
Gemarkung: Stadt
Flur:       100
Flurstück:  5
Größe:      321
Wert:       57780
Gemarkung: Stadt
Flur:       100
Flurstück:  33
Größe:      530
Wert:       199080
Baujahr des Hauses:     1965
Wohnfläche des Hauses:  120
```

In unserem Beispiel wurde also die in der Klasse *Grundstueck* definierte Variable *sachwert* von der Klasse *Baugrund* direkt verändert. Dies hat jedoch den Nachteil, daß nun zwei Klassendefinitionen geändert werden müßten, wenn beispielsweise der Datentyp von *sachwert* geändert wird. Deshalb sollten Sie das Schlüsselwort protected so selten wie möglich einsetzen.

Es ist in jedem Fall besser, Zugriffsfunktionen zu definieren, soweit das möglich ist. In unserem Beispiel hätten wir auch für die Klasse *Grundstueck* die folgende Funktion definieren können:

```
float wert( float s)
{
  sachwert+=s;
  return sachwert;
}
```

Sie erlaubt es, den Gebäudewert zum Sachwert zu addieren, und liefert den neuen Sachwert sogar als Rückgabewert. Damit kann *sachwert* ebenfalls als private deklariert werden.

Zugriffsprivilegien bei Ableitungen
In Zeile 41 der Datei PRG04_1.H wurde bei der Klassenableitung das Schlüsselwort public vor den Namen der Basisklasse gesetzt. Auch hier können die Schlüsselwörter private und protected stehen, was jedoch selten vorkommt. Dadurch wird jeweils festgelegt, wie bei der Ableitung Zugriffsprivilegien verändert werden sollen. Die folgende Tabelle zeigt die Auswirkungen der drei Schlüsselwörter:

Ableitung	Privileg der Basisklasse	Privileg der abgeleiteten Klasse
public	public protected private	public protected kein Zugriff
private	public protected private	private private kein Zugriff
protected	public protected private	protected protected kein Zugriff

4.3 Konstruktoren und Destruktoren

In unserem kleinen Programm werden die Objektvariablen erst durch Aufrufe der entsprechenden Schnittstellenfunktionen in *main* initialisiert. Um Programmfehler zu vermeiden, ist es jedoch besser, sie bereits dann zu initialisieren, wenn sie angelegt werden. Wie Sie bereits im vorherigen Kapitel gesehen haben, geschieht dies durch den Konstruktor. Nun verfügt eine abgeleitete Klasse aber sowohl

KONSTRUKTOREN UND DESTRUKTOREN 135

über Daten der Basisklasse als auch über eigene. Da abgeleitete Klassen nicht auf private Daten der Basisklasse zugreifen können, sorgt C++ dafür, daß der Konstruktor der Basisklasse automatisch aufgerufen wird, wenn ein Objekt der Ableitung erzeugt wird. Sofern also jeder Konstruktor die private-Daten initialisiert, sind auch alle Objektdaten initialisiert.

Diesen Sachverhalt können Sie sehr einfach überprüfen. Fügen Sie hierzu in den Funktionskörper des Basiskonstruktors

```
cout << "\n" << "Basis konstr.";
```

und beim Basisdestruktor entsprechend

```
cout << "\n" << "Basis destr.";
```

oder ähnliches ein. Definieren Sie zusätzlich Konstruktor und Destruktor für die abgeleitete Klasse *Baugrund*, wobei Sie das Wort «Basis» durch «Ableitung» ersetzen. Das Programm erzeugt nun folgende Ausgabe:

```
Basis konstr.
Gemarkung: Stadt
Flur:      100
Flurstück: 5
Größe:     321
Wert:      57780
Basis konstr.
Ableitung konstr.
Gemarkung: Stadt
Flur:      100
Flurstück: 33
Größe:     530
Wert:      199080
Baujahr des Hauses:     1965
Wohnfläche des Hauses: 120
Ableitung dest.
Basis destr.
Basis destr.
```

Daß der Basiskonstruktor aufgerufen wird, wenn ein Basisobjekt erzeugt wird, wissen Sie bereits. Daher ist der Anfang der Programmausgabe auch unwesentlich. Sehen Sie sich jedoch die siebte und achte Zeile einmal an! An dieser Stelle wird das Objekt *Hauptstr82* erzeugt, wobei zuerst der Konstruktor der zugehörigen Basisklasse und danach der Konstruktor der eigenen Klasse aufgerufen wird.

Die letzten drei Zeilen zeigen, daß die Destruktoren genau in umgekehrter Reihenfolge aufgerufen werden: zuerst für das Objekt *Hauptstr82* der Destruktor der eigenen und danach der der Basisklasse. Zum Schluß wird noch der Destruktor für das Objekt *Hauptstr81* aufgerufen.

Aus dem vorherigen Kapitel wissen Sie, daß ein Konstruktor Parameter übernehmen kann, um damit die Variablen zu initialisieren. Das folgende Beispiel verwendet diese Technik.

```
        // prg04_2.h
        //
        #include <iostream.h>
        #include <string.h>
/*  5*/
/*  6*/ class Flaeche
/*  7*/ {
/*  8*/ public:
/*  9*/   Flaeche(char *n);
/* 10*/   ~Flaeche();
/* 11*/   void getFarbe() const;
/* 12*/ private:
/* 13*/   char farbe[10];
/* 14*/ };
/* 15*/
/* 16*/ Flaeche::Flaeche(char *n)
/* 17*/ {
/* 18*/   strncpy(farbe,n,10);
/* 19*/ }
/* 20*/
/* 21*/ Flaeche::~Flaeche()
/* 22*/ {
/* 23*/ }
/* 24*/
/* 25*/ void Flaeche::getFarbe() const
/* 26*/ {
```

```
/* 27*/    cout << "\n" << farbe;
/* 28*/ }
/* 29*/
```

Diese Definition der Klasse enthält für Sie nichts Neues mehr. Wenn wir nun eine Klasse, beispielsweise Kreis, aus *Flaeche* ableiten, wird der Compiler versuchen, einen Konstruktoraufruf für die Basisklasse *Flaeche* ohne Parameter einzubauen. Dies würde aber zu einem Fehler führen, da unser Konstruktor eine Zeichenkette als Parameter benötigt. Deshalb müssen wir dem Compiler mitteilen, wie der Basiskonstruktor aufzurufen ist. Ergänzen Sie die Datei PRG04_2.H um folgende Ableitung:

```
/* 30*/ class Kreis : public Flaeche
/* 31*/ {
/* 32*/ public:
/* 33*/    Kreis(char *n, float a);
/* 34*/    ~Kreis();
/* 35*/ private:
/* 36*/    float radius;
/* 37*/ };
/* 38*/
/* 39*/ Kreis::Kreis(char *n, float a) : Flaeche(n)
/* 40*/ {
/* 41*/    radius=a;
/* 42*/ }
/* 43*/
/* 44*/ Kreis::~Kreis()
/* 45*/ {
/* 46*/ }
```

Zeile 33: Der Konstruktor der Klasse *Kreis* übernimmt zwei Parameter: eine Zeichenkette für die Farbe und eine Zahl für den Kreisradius.

Zeilen 39–42: Diese Konstruktordefinition ist neu. Indem Sie hinter die Parameterliste einen Doppelpunkt, gefolgt vom Aufruf des Basiskonstruktors, setzen, wird der Compiler einen korrekten Aufruf beim Erzeugen eines Objektes vornehmen.

Mit folgendem kleinen Programm können Sie die abgeleitete Klasse testen:

```
        // prg04_2.cpp
        //
        #include <string.h>
        #include <iostream.h>
        #include "prg04_2.h"
/*   6*/
/*   7*/ void main()
/*   8*/ {
        // blauer Kreis r=5
/*  10*/    Kreis blau_kreis("BLAU",5);
/*  11*/    blau_kreis.getFarbe();
/*  12*/ }
```

4.4 Funktionen redefinieren

Wenn Klassen abgeleitet werden, so können die ererbten Funktionen der Basisklasse nicht immer in ihrer ursprünglichen Form eingesetzt werden. Sie müssen verändert werden, damit ihre Operation korrekt für die neue Klasse ausgeführt wird.

Wir zeigen dies am Beispiel der Flächenberechnung. Jedes geometrische Objekt kann einer Klasse zugeordnet werden. So bilden Kreise, Rechtecke und Ringe jeweils eigene Klassen. Jede muß zur Flächenbestimmung einen anderen mathematischen Ausdruck verwenden. Als erstes deklarieren wir die Funktion *berechneFlaeche*. Da sie keine Daten verändert, legen wir sie als const fest. Fügen Sie die folgende Zeile in die Datei PRG04_2.H ein.

```
/* 34A*/    float berechneFlaeche() const;
```

An das Ende der gleichen Datei fügen wir die Funktionsdefinition an:

```
/*  47*/ float Kreis::berechneFlaeche() const
/*  48*/ {
```

```
/*  49*/     return radius*radius*3.141593F;
/*  50*/ }
```

Die Flächenformel für einen Kreis (r²π) schreiben wir als *radius * radius * float*-Konstante 3,141593. Als nächstes definieren wir eine weitere Klasse *Ring*. Wir betrachten sie als spezialisierte Klasse für Kreise, nämlich für solche mit konzentrischen Löchern. Daher leiten wir die Klasse *Ring* von der Klasse *Kreis* ab. Das folgende Bild zeigt die vollständige Definition dieser Ableitung, die Sie an das Ende von PRG04_2.H anfügen müssen.

```
/*  51*/ class Ring : public Kreis
/*  52*/ {
/*  53*/ public:
/*  54*/   Ring(char *n, float aussen, float innen);
/*  55*/   ~Ring();
/*  56*/   float berechneFlaeche() const;
/*  57*/ private:
/*  58*/   float innenradius;
/*  59*/ };
/*  60*/
/*  61*/ Ring::Ring(char *n, float aussen, float innen) :
  ⇨         Kreis(n, aussen)
/*  62*/ {
/*  63*/   innenradius=innen;
/*  64*/ }
/*  65*/
/*  66*/ Ring::~Ring()
/*  67*/ {
/*  68*/ }
/*  69*/
/*  70*/ float Ring::berechneFlaeche() const
/*  71*/ {
/*  72*/   return (Kreis::berechneFlaeche()-
  ⇨           (innenradius*innenradius*3.141593F));
/*  73*/ }
```

Zeilen 61-64: Entsprechend der Klassenverwandtschaft ruft der Konstruktor den Basiskonstruktor auf, um den vollständigen Kreis zu initialisieren. Die Variablen für die Farbe und den Außenradius sind der Klasse nicht direkt zugänglich. Der Innenradius wird vom Ring-Konstruktor selbst initialisiert.

Zeile 72: Die Fläche eines Rings berechnet sich ja bekanntlich als Differenz aus der Fläche des Kreises und der Fläche des Lochs. Nun kann aber der Außenradius für die Kreisflächenberechnung nicht direkt angesprochen werden. Also wird die Version der Basisklasse von *berechneFlaeche* aufgerufen. Sie kann auf diese Variable zugreifen und liefert das Ergebnis, von dem dann die Lochfläche (*innenradius* * *innenradius* * 3,141593) abgezogen werden kann. Man erhält die Basisversion einer Funktion durch vorangestellten Klassennamen mit dem ::-Operator.

Wir testen die Klassen mit folgendem Programm:

```
          // prg04_3.cpp
          //
          #include <string.h>
          #include <iostream.h>
          #include "prg04_2.h"
/*  6*/
/*  7*/   void main()
/*  8*/   {
/*  9*/
          // blauer Kreis r=5
/* 11*/   Kreis blau_kreis("BLAU",5);
          // gelber Ring ra=10, ri=3
/* 13*/   Ring gelb_ring("GELB",10,3);
/* 14*/
/* 15*/   blau_kreis.getFarbe();
/* 16*/   cout << "\n" << blau_kreis.berechneFlaeche();
/* 17*/   gelb_ring.getFarbe();
/* 18*/   cout << "\nRingfläche: " << gelb_ring
↳                  .berechneFlaeche()
/* 19*/        << "\nFläche des Grundkreises: "
↳                  << gelb_ring.Kreis::berechneFlaeche();
/* 20*/   }
```

Auf den ersten Blick werden Ihnen die Anweisungen bekannt vorkommen. Betrachten Sie jedoch die **Zeilen 18 und 19** einmal genauer! Hier wird zunächst die Ringfläche berechnet und angezeigt. Dann benutzt das Programm jedoch die Basisversion der gleichen Funktion für das Objekt *gelb_ring*, um die Fläche des Grundkreises, also quasi «ohne Loch», zu berechnen. Ein solcher Aufruf hat immer die Form

Objektname.Basisklasse::Funktionsaufruf

Das Programm liefert folgende Ausgaben:

```
Blau
78,5398
Gelb
Ringfläche: 285.885
Fläche des Grundkreises: 314.159
```

Sie können es gerne nachrechnen, es stimmt.

4.5 Mehrfachvererbung

Zum Abschluß dieses Kapitels möchten wir Ihnen noch zeigen, daß eine Klasse nicht nur aus einer Basisklasse, sondern auch aus mehreren abgeleitet werden kann. Wir beschränken uns jedoch auf zwei Basisklassen und werden unsere bisherigen Definitionen aus PRG04_2.H zur Vorbereitung noch um eine Klasse *Rechteck* erweitern, die wir direkt aus der Klasse *Flaeche* ableiten.

```
/*  74*/ class Rechteck : public Flaeche
/*  75*/ {
/*  76*/ public:
/*  77*/    Rechteck(char *n, float a, float b);
/*  78*/    ~Rechteck();
/*  79*/    float berechneFlaeche() const;
/*  80*/ private:
/*  81*/    float laenge;
/*  82*/    float breite;
/*  83*/ };
```

```
/*  84*/
/*  85*/ Rechteck::Rechteck(char *n, float a, float b)
 ⇨         : Flaeche(n)
/*  86*/ {
/*  87*/   laenge=a;
/*  88*/   breite=b;
/*  89*/ }
/*  90*/
/*  91*/ Rechteck::~Rechteck()
/*  92*/ {
/*  93*/ }
/*  94*/
/*  95*/ float Rechteck::berechneFlaeche() const
/*  96*/ {
/*  97*/   return laenge*breite;
/*  98*/ }
```

Diese Klassendefinition bietet Ihnen nichts Neues. Wir werden als nächstes jedoch eine Klasse für Kreise mit rechteckigen Löchern definieren, nennen wir sie *Schablone*. Fügen Sie dazu die folgende Ableitung an das Ende der Datei PRG04_2.H an:

```
/*  99*/ class Schablone : public Kreis, public Rechteck
/* 100*/ {
/* 101*/ public:
/* 102*/   Schablone(char *n, float a, float b, float c);
/* 103*/   ~Schablone();
/* 104*/   float berechneFlaeche() const;
/* 105*/ };
/* 106*/
/* 107*/ Schablone::Schablone(char *n, float a, float b,
 ⇨          float c) : Kreis(n,a) , Rechteck("LEER",b,c)
/* 108*/ {
/* 109*/ }
/* 110*/
/* 111*/ Schablone::~Schablone()
/* 112*/ {
/* 113*/ }
```

```
/* 114*/
/* 115*/  float Schablone::berechneFlaeche() const
/* 116*/  {
/* 117*/      return(Kreis::berechneFlaeche()-Rechteck::
  ↪          berechneFlaeche());
/* 118*/  }
```

Diese Definition enthält nur geringe Abweichungen im Vergleich zu einer Ableitung aus nur einer Basisklasse. Zunächst einmal enthält sie keine private-Daten, da sie sich vollständig durch die beiden Basisklassen beschreiben läßt. Sie können die Klasse aber jederzeit um zusätzliche Daten erweitern. Ansonsten muß nur bei der Definition des Konstruktors und der Veränderung von Schnittstellenfunktionen darauf geachtet werden, daß alle notwendigen Basisversionen aufgerufen werden.

Zeile 107: Bei einer Mehrfachableitung werden die Basiskonstruktoren hinter dem Doppelpunkt durch Komma getrennt aufgerufen. Nur zu Demonstrationszwecken haben wir als ersten Parameter des Rechteck-Konstruktors die Konstante «LEER» statt des sinnvolleren *n* verwendet.
Zeile 117: Zur Flächenberechnung werden die Basisfunktionen der beiden Klassen herangezogen und ihre Differenz gebildet.

Welche Daten enthält diese Klasse? Am besten veranschaulicht dies die kleine Grafik auf der folgenden Seite.

Die Rechtecke repräsentieren in solchen Diagrammen die Klassen. Die Pfeile sollen die Herkunft der vererbten Daten andeuten. Da jede Basisklasse alle Daten an die von ihr abgeleitete Klasse vererbt, verfügt also die Klasse *Schablone* in unserem Beispiel über zwei Variablen *farbe*, die aber natürlich nur über die Schnittstellenfunktion anzusprechen sind. Daher entscheidet die Version der Schnittstellenfunktion darüber, welche Variable ausgelesen wird. *Kreis::getFarbe()* zeigt die eine, *Rechteck::getFarbe()* die andere an. Sie können dies mit dem folgenden Programm PRG04_4.CPP testen.

144 VERERBUNG

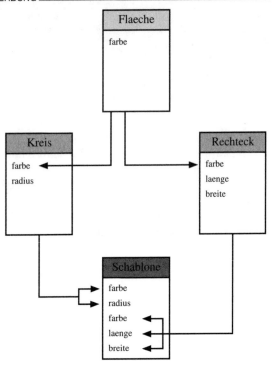

```
        // prg04_4.cpp
        //
        #include <string.h>
        #include <iostream.h>
        #include "prg04_2.h"
/*  6*/
/*  7*/ void main()
/*  8*/ {
        // grüner Kreis r=20 mit Loch 3 x 5
/* 10*/   Schablone k_r("GRÜN",20,3,5);
/* 11*/   k_r.Kreis::getFarbe();
/* 12*/   k_r.Rechteck::getFarbe();
/* 13*/   cout << "\n" << "Kreisfläche: " << k_r.Kreis
  ⇨              ::berechneFlaeche()
```

```
/*  14*/         << "\nLochfläche: " << k_r.Rechteck::
↪                berechneFlaeche()
/*  15*/         << "\nSchablonenfläche: "
↪                   << k_r.berechneFlaeche();
/*  16*/ }
```

Dieses Programm liefert folgende Ausgaben:

```
GRÜN
LEER
Kreisfläche: 1256.64
Lochfläche: 15
Schablonenfläche: 1241.64
```

Wie Sie aus den beiden ersten Zeilen ersehen, beinhalten die beiden Variablen *farbe* also tatsächlich verschiedene Daten.

4.6 Zusammenfassung

Zum Abschluß dieses Kapitels möchten wir noch einmal die wesentlichen Merkmale der Vererbung in der objektorientierten Programmierung zusammenfassen:

- Eine Klasse wird durch folgende Klassendefinition aus einer Basisklasse abgeleitet:
  class *abgeleitete_Klasse* : public *Basisklasse*{ ... };
- Eine abgeleitete Klasse enthält alle Daten ihrer Basisklasse und von deren Basisklassen.
- Auf Daten und Funktionen, die in einer Basisklasse als protected deklariert wurden, können abgeleitete Klassen direkt zugreifen.
- Bei der Ableitung kann mit den Schlüsselwörtern public, private und protected festgelegt werden, wie die public- und protected-Mitglieder der Basisklasse vererbt werden.
- Die Konstruktoren für Klassen, die aus Basisklassen ohne Standardkonstruktor abgeleitet werden, müssen explizit den Basiskonstruktor aufrufen. Dies geschieht durch Anhängen eines

Doppelpunktes und des Funktionsaufrufs an die Parameterliste des Konstruktors.

▪ Werden Schnittstellenfunktionen der Basisklassen in abgeleiteten Klassen umgeschrieben, so rufen sie normalerweise auch immer die Basisversion auf. Die Basisversion wird durch die dem Funktionsnamen vorangestellte Kombination von Klassennamen und dem Operator :: angesprochen. Auch in Programmen kann die Basisversion einer Funktion für ein Objekt aufgerufen werden.

▪ Bei Mehrfachableitungen enthält die abgeleitete Klasse oft doppelte Daten aus indirekten Basisklassen. In diesen Fällen muß bei jeder Zugriffsfunktion jeweils angegeben werden, welche Basisversion benutzt werden soll.

4.7 Übungen

Aufgabe 19

Leiten Sie aus der Basisklasse *Baugrund* die Klasse *Baudenkmal* ab, die zusätzlich das geschützte Gebäudeteil als Variable *schutz* speichern kann. Erzeugen Sie ein Objekt mit dem Namen *Apotheke*, speichern Sie die untenstehenden Daten, und lassen Sie sie zur Kontrolle anzeigen:

Gemarkung:	Heidetal
Flur:	120
Flurstück:	47
Grundstücksfläche:	325
Baujahr:	1749
Wohnfläche:	65
Geschütztes Gebäudeteil:	Fassade

Aufgabe 20

Ändern Sie in PRG04_1.H den Konstruktor für *Grundstueck* so, daß er alle Parameter entgegennimmt und die private-Daten initialisiert. Passen Sie die Konstruktoren für *Baugrund* und *Baudenkmal* an.

Aufgabe 21

Definieren Sie für die Klasse *Grundstueck* eine Variable *preis* für den Quadratmeterpreis mit zugehöriger Schnittstellenfunktion *setPreis* zum Speichern. Die Klasse *Baugrund* bekommt ebenfalls eine Variable *preis* für den Kubikmeterpreis mit der Speicherfunktion *setBaupreis*. Definieren Sie nun für jede Klasse die Funktion *berechneWert*. Schreiben Sie ein kleines Testprogramm ähnlich PRG04_3.CPP.

5 POLYMORPHISMUS

In diesem Kapitel werden Sie ein weiteres Grundkonzept der objektorientierten Programmierung kennenlernen. Es handelt sich dabei um die Möglichkeit, über denselben Funktionsaufruf aus einer Menge von gleichnamigen Funktionen **automatisch** die für das jeweilige Objekt richtige aufzurufen. Dabei erkennt das Programm selbst, welche Funktion für das spezielle Objekt gewählt werden muß. Da dies so aussieht, als ob hinter einem Funktionsnamen mehrere verschiedene Definitionen stecken, bezeichnet man diese Eigenschaft als Polymorphismus (griech. polýmorphos), was soviel wie Vielgestaltigkeit bedeutet. Polymorphismus steht in direktem Zusammenhang mit der Vererbung und ermöglicht es, verwandte Objekte gemeinsam zu verarbeiten, ohne switch-Anweisungen einsetzen zu müssen. Bevor wir jedoch die Polymorphie demonstrieren können, benötigen wir noch einige Voraussetzungen.

5.1 Klassenumwandlungen

Polymorphismus basiert auf zwei Techniken. Die erste besteht in der Möglichkeit, Objekte verwandter Klassen ineinander umzuwandeln. Für unsere Klassendefinitionen der geometrischen Objekte bedeutet dies, daß wir einen Ring im Programm so behandeln können, als wäre er ein Kreis. Betrachten Sie das folgende Beispiel.

Hinweis: Die Datei PRG05_1.H entspricht der Datei PRG04_2.H aus dem vorherigen Kapitel mit allen Ergänzungen. Wir haben hier auf einen erneuten Abdruck verzichtet. Kopieren Sie einfach PRG04_2.H nach PRG05_1.H.

```
         // prg05_1.cpp
         //
         #include <iostream.h>
         #include "prg05_1.h"
/*  5*/
/*  6*/  void main(void)
/*  7*/  {
/*  8*/     Kreis violett_kreis("VIOLETT",22);
/*  9*/     violett_kreis.getFarbe();
/* 10*/     cout << "\nFläche des Kreises: " <<
  ↳             violett_kreis.berechneFlaeche();
/* 11*/     Ring schwarz_ring("SCHWARZ",15,4);
/* 12*/     schwarz_ring.getFarbe();
/* 13*/     cout << "\nFläche des Ringes: " <<
  ↳             schwarz_ring.berechneFlaeche();
/* 14*/     violett_kreis = schwarz_ring;
/* 15*/     violett_kreis.getFarbe();
/* 16*/     cout << "\nFläche nach Umwandlung: " <<
  ↳             violett_kreis.berechneFlaeche();
/* 17*/  }
```

Dieses Programm liefert folgende Anzeige:

```
VIOLETT
Fläche des Kreises: 1520.53
SCHWARZ
Fläche des Ringes: 656.593
SCHWARZ
Fläche nach Umwandlung: 706.858
```

Zeilen 8–10: Ein Kreisobjekt mit dem Durchmesser 22 wird in violetter Farbe erzeugt. Zur Kontrolle werden die Farbe und das Ergebnis der Flächenberechnung ausgegeben.

Zeilen 11–13: Für einen schwarzen Ring mit einem Außendurchmesser von 15 und einem Innendurchmesser von 4 wird genauso verfahren.

Zeile 14: Hier wird die Umwandlung vorgenommen. Durch die Zuweisung erhalten alle Mitgliedsvariablen des Objektes *violett_kreis* die Werte der korrespondierenden Variablen von *schwarz_ring*. Wie bei jeder Zuweisung müssen auch bei Objekten allen Variablen der linken Seite auf der rechten Seite tatsächliche Werte gegenüberstehen. Daher ist eine Umkehrung nicht möglich, da dann der Variablen *innenradius* auf der rechten Seite kein Wert gegenübersteht. Sie würde daher nicht initialisiert. Bei derartigen Umwandlungen durch **Instanzenzuweisung** kann also nur ein Objekt einer abgeleiteten Klasse in ein Objekt einer Basisklasse umgewandelt werden.

Zeilen 15 + 16: Bei der Farbanzeige und der Flächenberechnung werden die Methoden der Kreis-Klasse angewendet. Die letzten beiden Zeilen der Ausgabe zeigen, daß dieser Kreis aus dem Ring entstanden ist. Seine Farbe ist schwarz, und seine Fläche ergibt sich aus einem Radius von 15.

Eine andere Variante der Klassenumwandlung benutzt **Pointer** auf die jeweiligen Objekte. Hierzu wandeln wir unser Beispielprogramm etwas ab:

```
         // prg05_1.cpp
         //
         #include <iostream.h>
         #include "prg05_1.h"
/*  5*/
/*  6*/  void main(void)
/*  7*/  {
/*  8*/     Kreis *zeiger;
/*  9*/     Ring schwarz_ring("SCHWARZ",15,4);
/* 10*/     schwarz_ring.getFarbe();
/* 11*/     cout << "\nFläche des Ringes: " <<
  ⇨              schwarz_ring.berechneFlaeche();
/* 12*/     zeiger=&schwarz_ring;
/* 13*/     zeiger->getFarbe();
/* 14*/     cout << "\nFläche: " << zeiger
  ⇨              ->berechneFla-eche();
/* 15*/  }
```

Zeile 8: Hier wird der Pointer *zeiger* deklariert. Er zeigt auf Objekte der Klasse *Kreis*.

Zeile 12: Dem Pointer *zeiger* wird durch den &-Operator die Adresse des Objektes *schwarz_ring* zugewiesen.

Zeilen 13+14: Mittels des Struktur-Operators -> wird die jeweilige Mitgliedsfunktion über den Pointer aufgerufen. Bitte beachten Sie, daß nicht die Methode des Objektes aufgerufen wird, sondern daß der Typ des Pointers die Version der Methode bestimmt. In unserem Beispiel werden über *zeiger* also immer die in der Klasse *Kreis* definierten Methoden benutzt. Das heißt auch, daß mit dieser Technik keine Methoden verwendet werden können, die nicht in dieser Basisklasse, sondern nur in der abgeleiteten Klasse definiert wurden.

Die Ausgabe des Programms zeigt auch hier, daß die Ringfläche als Kreisfläche berechnet wird:

```
SCHWARZ
Fläche des Ringes: 656.593
SCHWARZ
Fläche: 706.858
```

Die Umwandlung mittels Pointern ermöglicht im Gegensatz zur Instanzenzuweisung auch eine Konvertierung von der Basisklasse in die abgeleitete Klasse. Hierbei ist jedoch äußerste Vorsicht geboten, denn das Objekt, auf das der Pointer weist, muß auch wirklich zur entsprechenden Klasse oder zu einer von ihr abgeleiteten Klasse gehören. Wir demonstrieren dies an einer Rückumwandlung:

```
            // prg05_1.cpp
            //
            #include <iostream.h>
            #include "prg05_1.h"
/*  5*/
/*  6*/ void main(void)
/*  7*/ {
/*  8*/     Kreis *zeiger;
/*  9*/     Ring *zeiger2;
/* 10*/     Ring schwarz_ring("SCHWARZ",15,4);
/* 11*/     schwarz_ring.getFarbe();
```

```
/* 12*/    cout << "\nFläche des Ringes: " <<
  ↳                schwarz_ring.berechneFlaeche();
/* 13*/    zeiger=&schwarz_ring;
/* 14*/    zeiger->getFarbe();
/* 15*/    cout << "\nFläche: " << zeiger
  ↳                ->berechneFlaeche();
/* 16*/    zeiger2=(Ring *)zeiger;
/* 17*/    zeiger2->getFarbe();
/* 18*/    cout << "\nFläche: " << zeiger2
  ↳                ->berechneFlaeche();
/* 19*/ }
```

Zeile 9: Hier wird *zeiger2* als Pointer auf Ring-Objekte deklariert.
Zeile 16: Der Pointer *zeiger*, der ja auf Objekte der Klasse *Kreis* zeigt, wird in einen Pointer auf Ring-Objekte konvertiert. Hierzu muß unbedingt der entsprechende cast, hier *(Ring *)*, benutzt werden, da der Compiler sonst einen Fehler erzeugt. Der Pointer *zeiger2* behandelt das gleiche Objekt jetzt wieder als Ring. Die Ausgabe des Programms beweist dies mit den letzten zwei Zeilen:

```
SCHWARZ
Fläche des Ringes: 656.593
SCHWARZ
Fläche: 706.858
SCHWARZ
Fläche: 656.593
```

Welche Vorteile bringt diese Klassenumwandlung eigentlich? Nun, sie eröffnet die Möglichkeit, Objekte verschiedener Klassen quasi «auf einen gemeinsamen Nenner» zu bringen. Sie können dadurch beispielsweise in Schleifen ohne switch-Anweisungen verarbeitet und von Funktionen als einheitlicher Parameter übernommen werden. Für die Schnittstelle der Klassen ist dies ein wesentliches Leistungsmerkmal. Es hat nur noch einen Haken: Nach der Umwandlung wird immer die gleiche Methode aufgerufen, nämlich die der Klasse, zu der das umgewandelte Objekt bzw. der Pointer gehört, und nicht die der Klasse des Original-Objektes. Deshalb können unsere

Beispielprogramme die Flächenberechnung noch nicht wie gewohnt ausführen.

5.2 Virtuelle Funktionen

In diesem Kapitel stellen wir Ihnen die zweite Technik vor, die den Polymorphismus ausmacht. Mit ihrer Hilfe wird es möglich sein, nach Klassenumwandlungen immer die passende Version der gewünschten Methode aufzurufen. Für unser Beispielprogramm bedeutet dies, daß die Flächenberechnung immer korrekt ausgeführt wird, egal wie die Objekte umgewandelt werden.

Wenn ein Programm für eine Liste unterschiedlicher Objekte die Flächen errechnen und aufaddieren soll, so wird man immer versuchen, dies als Schleife zu programmieren. Dabei sollte die Liste vom ersten bis zum letzten Objekt durchgearbeitet werden, indem jedesmal die Fläche berechnet und zu einer Variablen addiert wird. Das folgende Beispielprogramm zeigt, wie dies mit einem Array als Liste aussehen kann.

```
          // PRG05_2.CPP
          //
          #include <iostream.h>
          #include "PRG05_1.H"
/*  5*/
/*  6*/ void main(void)
/*  7*/ {
/*  8*/   Flaeche *liste[8];
/*  9*/   int index=0;
/* 10*/   float sum_flaeche=0;
/* 11*/
/* 12*/   Ring blau_ring("BLAU",5,2);
/* 13*/   Kreis gelb_kreis("GELB",7);
/* 14*/   Rechteck gruen_rechteck("GRÜN",5,6);
/* 15*/   Kreis rot_kreis("ROT",8);
/* 16*/   Schablone weiss_schablone("WEIß",20,6,3);
/* 17*/   Rechteck schwarz_rechteck("SCHWARZ",10,20);
/* 18*/   Schablone blau_schablone("BLAU",30,5,5);
/* 19*/   Ring lila_ring("LILA",100,5);
```

```
/* 20*/
/* 21*/     liste[0]=&blau_ring;
/* 22*/     liste[1]=&gelb_kreis;
/* 23*/     liste[2]=&gruen_rechteck;
/* 24*/     liste[3]=&rot_kreis;
/* 25*/     liste[4]=(Kreis *)&weiss_schablone;
/* 26*/     liste[5]=&schwarz_rechteck;
/* 27*/     liste[6]=(Kreis *)&blau_schablone;
/* 28*/     liste[7]=&lila_ring;
/* 29*/
/* 30*/     while (index <= 7){
/* 31*/        (liste[index])->getFarbe();
/* 32*/        sum_flaeche+=(liste[index++])
                  ->berechneFlaeche();
/* 33*/     }
/* 34*/     cout << "\nDie Gesamtfläche beträgt " <<
                  sum_flaeche << " Einheiten";
/* 35*/ }
```

Zeile 8: Zum Speichern der Liste wird ein Array von Pointern auf Objekte der Klasse *Flaeche* deklariert. Diese Klasse ist quasi der gemeinsame Nenner, auf den wir alle Objekte durch Pointerumwandlung bringen können.

Zeile 9: Für die Schleifenverarbeitung der Liste benötigen wir eine Zählvariable. Sie wird hier als Integer-Variable *index* definiert.

Zeile 10: Die Fließkomma-Variable *sum_flaeche* dient der Berechnung der Gesamtfläche.

Zeilen 12–19: Wir erzeugen in willkürlicher Folge acht unterschiedliche Objekte aus unserer Klassenfamilie.

Zeilen 21–28: Hier werden die Objekte umgewandelt, indem die Pointer der Liste die Adressen der Objekte zugewiesen bekommen. Eine Besonderheit sehen Sie in den **Zeilen 25 + 27**. Die Objekte der Klasse *Schablone* enthalten ja, wie Sie im vorherigen Kapitel gelernt haben, die Daten der Klasse *Flaeche* aufgrund der Mehrfachableitung doppelt. Deshalb muß die Konvertierung hier durch einen cast eindeutig gemacht werden.

Zeile 30: Die Schleife benutzt die Zählvariable, um alle acht Elemente der Liste zu verarbeiten.

Zeilen 31 + 32: Über die umgewandelten Pointer werden die Methoden zur Farbanzeige und Flächenberechnung aufgerufen. Diese rufen nach dem bisher Gelernten die Methoden der Klasse *Flaeche* auf. Die Methode *berechneFlaeche* ist dort aber nicht deklariert und führt daher noch zu einem Compilerfehler, der im nächsten Schritt behoben wird.
Zeile 34: Das Ergebnis wird angezeigt.

Um den soeben beschriebenen Compilerfehler zu beheben, muß die Methode *berechneFlaeche* in der Klasse *Flaeche* deklariert sein. Fügen Sie deshalb folgende Zeile in die Datei PRG05_1.H ein:

```
/* 11A*/        virtual float berechneFlaeche() const=0;
```

Wenn Sie das so geänderte Programm starten, werden Sie die folgende Ausgabe erhalten:

```
BLAU
GELB
GRüN
ROT
WEIß
SCHWARZ
BLAU
LILA
Die Gesamtfläche beträgt 36029.4 Einheiten
```

Das Programm funktioniert also. Was hat diese eingefügte Deklaration nun bewirkt?
Erstens hat sie formal die Methode *berechneFlaeche* deklariert, wodurch der Aufruf *(liste[index++])->berechneFlaeche()* erst zulässig geworden ist.
Zweitens sorgt der Zusatz *=0* dafür, daß die Deklaration quasi als Platzhalter wirkt und keine Definition der Funktion für die Klasse *Flaeche* erfolgen muß. Dies spart einerseits Speicherplatz, andererseits wird die Klasse *Flaeche* dadurch zu einer sogenannten **abstrakten Klasse**. Da abstrakte Klassen Methoden enthalten, deren Funktionskörper nicht definiert wurde, kann logischerweise auch kein

Objekt dieser Klasse erzeugt werden. Für unser Beispiel ist auch dieser Effekt durchaus wünschenswert, da ein geometrisches Objekt, das nur durch seine Farbe beschrieben wird, unrealistisch ist.

Achtung:
Jede aus einer abstrakten Klasse abgeleitete Klasse, die keine Definition aller virtuellen Funktionen enthält, wird ebenfalls zu einer abstrakten Klasse.

Drittens enthält die eingefügte Deklaration das für Sie neue Schlüsselwort **virtual**. Eine auf diese Weise als virtuell deklarierte Funktion wird bei einem Aufruf anders behandelt. Während normalerweise bei einem Aufruf der Methode über Pointer der Pointertyp bestimmt, welche Version der Methode ausgeführt wird, so wird bei virtuellen Funktionen immer die Methode des Objektes benutzt. Für unser Beispielprogramm bedeutet dies, daß für jedes geometrische Objekt die eigene Flächenberechnung angewendet wird. Dies war ja auch unser Ziel. Diese Funktionsdeklaration leistet jedoch noch mehr. Sie sorgt dafür, daß der Compiler auf die Version der jeweiligen Basisklasse zurückgreift, wenn keine eigene Version definiert wurde.

Als Beispiel wollen wir eine neue Klasse *Quadrat* definieren. Die Flächenberechnung erfolgt prinzipiell genauso wie beim Rechteck, lediglich sind beide Seiten gleich lang. Die Klassendefinition könnte also folgendermaßen aussehen:

```
/* 119*/ class Quadrat : public Rechteck
/* 120*/ {
/* 121*/ public:
/* 122*/   Quadrat(char *n, float a);
/* 123*/   ~Quadrat();
/* 124*/ };
/* 125*/
/* 126*/ Quadrat::Quadrat(char *n, float a) :
 ↳       Rechteck(n, a, a)
/* 127*/ {
/* 128*/ }
/* 129*/
/* 130*/ Quadrat::~Quadrat()
/* 131*/ {
/* 132*/ }
```

Zeile 126: Weil ein Quadrat aus zwei gleich langen Seiten besteht, wird der Konstruktor der Klasse *Rechteck* aufgerufen und erhält als Parameter zweimal die Seitenlänge, sowohl für die Breite als auch für die Länge, übergeben.

Da die Flächenberechnung für Quadrate sich durch nichts von der für Rechtecke unterscheidet, wird die Funktion *berechneFlaeche* nicht neu definiert.

Damit unser Beispielprogramm ein Objekt der Klasse *Quadrat* verarbeitet, müssen Sie noch folgende Änderungen bzw. Ergänzungen vornehmen:

(1) Ändern Sie in **Zeile 8** die Größe des Pointerarrays und in **Zeile 30** die Schleifenbedingung, indem Sie die Werte um 1 erhöhen. Die beiden Zeilen sehen danach folgendermaßen aus:

```
/*  8*/    Flaeche *liste[9];

/* 30*/    while (index <= 8){
```

(2) Fügen Sie die folgende Zeile ein, um ein Quadrat-Objekt zu erzeugen:

```
/* 19A*/   Quadrat rosa_q("ROSA",5);
```

(3) Schreiben Sie die folgende zusätzliche Zeile, damit das Array auch die Adresse des neuen Objektes enthält:

```
/* 28A*/   liste[8]=&rosa_q;
```

Starten Sie nun das Programm, und Sie werden sehen, daß die Berechnung korrekt vorgenommen wird.

5.3 Virtuelle Destruktoren

Die Tatsache, daß bei virtuellen Funktionen immer die Objektversion bei Pointeraufrufen benutzt wird, macht man sich auch bei der

Zerstörung von Objekten zunutze. Die Destruktoren von Klassen, die virtuelle Funktionen enthalten, werden üblicherweise ebenfalls als virtuell definiert. Unsere Definition sieht dann folgendermaßen aus:

```
/* 10*/    virtual ~Flaeche();
```

Ist in einer Basisklasse ein Destruktor auf diese Weise als virtuell definiert, so sind auch die Destruktoren aller abgeleiteten Klassen automatisch virtuell.

Selbst dann, wenn alle Destruktoren, wie auch in unserem Beispiel, leere Funktionskörper enthalten, sollte man eine Basisklasse mit virtuellen Funktionen auch mit einem virtuellen Destruktor versehen. Dies ermöglicht es, zu einem späteren Zeitpunkt neue Klassen mit speziellen Destruktoren für beispielsweise die Freigabe von Arbeitsspeicher abzuleiten. Wären diese jetzt nicht automatisch virtuell, so würde, je nach Pointertyp, zum Beispiel vom delete-Operator ein Basisklassen-Destruktor mit vielleicht leerem Funktionskörper aufgerufen werden. Dies würde dann unweigerlich zu schweren Programmfehlern führen.

Anmerkung:
Das Schlüsselwort virtual kann nicht auf Konstruktoren angewendet werden.

5.4 Virtuelle Basisklassen

In Kapitel 5.3 haben Sie gelernt, daß bei einer Mehrfachvererbung eine Klasse mehrmals als indirekte Basisklasse zur abgeleiteten Klasse auftreten kann. In solchen Fällen enthält sie die Mitglieder dieser indirekten Basisklasse mehrfach. In unserem Programm PRG05_2.CPP mußte deshalb in den Zeilen 25 und 27 ein cast eingesetzt werden, damit eindeutig festgelegt war, welche Adresse benutzt werden sollte.

Wir können diese Eindeutigkeit von vornherein herstellen, indem wir die Klasse *Flaeche* als virtuelle Basisklasse definieren. Dies muß nur bei jenen Klassenableitungen geschehen, die *Flaeche* als direkte Basisklasse benutzen. In unserer Datei PRG05_1.H müssen also die Ableitungen der Klassen *Kreis* und *Rechteck* durch das Schlüsselwort virtual ergänzt werden. Die Deklarationen beginnen dann jeweils folgendermaßen:

```
/*  30*/ class Kreis : public virtual Flaeche

/*  74*/ class Rechteck : public virtual Flaeche
```

Wenn Sie nach dieser Änderung das Programm kompilieren, erhalten Sie einen Compilerfehler, der meldet, daß bei den Konstruktoren für *Ring*, *Rechteck* und *Schablone* kein Standard-Konstruktor für *Flaeche* definiert wurde. Warum wird nun plötzlich trotz Aufruf der jeweiligen Basis-Konstruktoren ein Standard-Konstruktor benötigt?

Um diese Frage zu beantworten, schauen wir uns am besten an, in welcher Reihenfolge die Konstruktoren in der Klasse *Schablone* aufgerufen werden. Das folgende Bild veranschaulicht den Ablauf.

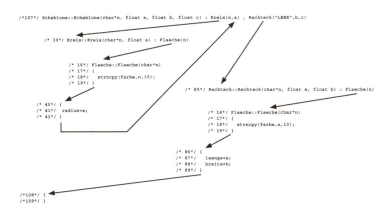

Der Konstruktor für die Klasse *Schablone* ruft zuerst den Konstruktor für Kreise auf. Dieser wiederum ruft den Flächenkonstruktor auf, bevor er seine eigenen Aktionen durchführt. Danach ist der Konstruktor für Rechtecke an der Reihe. Auch er ruft als erstes den Flächenkonstruktor auf und führt danach seine Aufgaben durch. Erst zum Schluß wird der Konstruktor für *Schablone* durchgeführt. Diese Verschachtelung sorgt dafür, daß alle Konstruktoren in der notwendigen Reihenfolge aufgerufen werden. Sie sehen ebenfalls,

daß durch den zweifachen Aufruf des Flächenkonstruktors zwei Farben gespeichert werden.
Die Konstruktoren von virtuellen Basisklassen werden jedoch anders aufgerufen. Sie können nur von jenen Klassenkonstruktoren direkt aufgerufen werden, die ihre Klasse auch als direkte Basisklasse benutzen. Bei allen anderen Konstruktoren werden sie vor allen anderen Konstruktoren und auch nur einmal aufgerufen. Das folgende Bild veranschaulicht die Aufruffolge bei virtuellen Basisklassen.

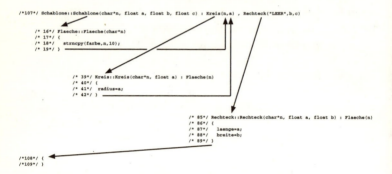

Jetzt läßt sich auch der Compilerfehler erklären. Denn jedesmal, wenn beim Übersetzen kein expliziter Konstruktoraufruf im Programm gefunden wird, wird ein Aufruf für einen Standardkonstruktor vom Compiler erzeugt, also ein Aufruf ohne Parameter. In unserem Beispiel erwartet der Compiler also einen Konstruktor *Flaeche()*. Wenn wir einen expliziten Aufruf für den Flächenkonstruktor festlegen, ist dieses Problem behoben. Hierzu ändern wir die Definition der drei problematischen Konstruktoren folgendermaßen:

Konstruktor *Ring*:

```
/*  61*/  Ring::Ring(char *n, float aussen, float innen) :
             Flaeche(n),Kreis(n, aussen)
/*  62*/  {
/*  63*/     innenradius=innen;
/*  64*/  }
```

Konstruktor *Schablone*:

```
/* 107*/ Schablone::Schablone(char *n, float a, float b,
  ⇨      float c) : Flaeche(n),Kreis(n,a) ,
  ⇨      Rechteck("LEER",b,c)
/* 108*/ {
/* 109*/ }
```

Konstruktor *Quadrat*:

```
/* 126*/ Quadrat::Quadrat(char *n, float a) : Rechteck(n,
  ⇨      a, a),Flaeche(n)
/* 127*/ {
/* 128*/ }
```

Egal an welcher Stelle der Konstruktor *Flaeche* steht, er wird immer zuerst aufgerufen. Danach folgen die anderen Konstruktoren in der hinter dem Doppelpunkt (:) aufgeführten Reihenfolge.

Löschen Sie jetzt in den **Zeilen 25 und 27** den cast *(Kreis *)*, und starten Sie das Programm! Wie Sie sehen, wird sowohl die richtige Farbe ausgegeben als auch die Flächenberechnung korrekt durchgeführt.

5.5 Zusammenfassung

Lassen Sie uns die wesentlichen Punkte dieses Kapitels noch einmal zusammenfassen:

- Polymorphismus beruht auf zwei Techniken: der Klassenumwandlung und den virtuellen Funktionen.
- Die Klassenumwandlung ermöglicht es, in Programmen für verschiedene Objekte gleiche Aufrufe zu formulieren. Dabei wird immer die gleiche, zur jeweiligen Klasse gehörende Methode aufgerufen.
- Werden bei einer Klassenumwandlung direkt Instanzen umgewandelt, so können nur Objekte einer abgeleiteten Klasse in Objekte einer Basisklasse umgewandelt werden.
- Bei einer Umwandlung über Pointer können auch Objekte der

Basisklassen in Objekte abgeleiteter Klassen umgewandelt werden. Hierbei ist der Programmierer selbst dafür verantwortlich, daß die Objekte auch über alle notwendigen Mitglieder verfügen.
- Virtuelle Funktionen ermöglichen es, über Basisklassenpointer die Version der abgeleiteten Klasse einer Methode aufzurufen statt der Basisklassenversion.
- Eine als virtuell deklarierte Funktion ist auch in allen abgeleiteten Klassen virtuell.

5.6 Übung

Aufgabe 22

Ergänzen Sie die Klassendefinitionen in PRG05_1.H um Methoden zur Umfangsberechnung *(berechneUmfang())*. Ändern Sie das Programm PRG05_2.CPP so ab, daß die Summe aus dem Umfang aller Objekte ermittelt und ausgegeben wird.

6 ÜBERLADEN

Programmiersprachen erlauben in der Regel nur, eine einzige Definition für ein und denselben Funktionsnamen festzulegen. Dies ist notwendig, da die jeweiligen Compiler eindeutig wissen müssen, welcher Code eingesetzt werden soll. C++ hebt diese Einschränkung auf. Sie können in dieser Sprache mehrere Funktionen mit gleichem Namen definieren. Diese Technik wird Überladen (engl. overloading) genannt. Überladen ist in C++ außerdem nicht auf Funktionen beschränkt, sondern kann auch auf Operatoren angewendet werden. Diese Möglichkeiten der objektorientierten Programmierung erlernen Sie in diesem Kapitel.

6.1 Funktionen überladen

Auch in C++ muß bei einem Funktionsaufruf darauf geachtet werden, daß die einer Funktion übergebenen Parameter den bei der Funktionsdefinition festgelegten Datentyp besitzen. Soll eine Funktion nun in gleicher Weise Zahlen und Text als Parameter akzeptieren, so erfordert dies normalerweise einen hohen Programmieraufwand. Anders ist es jedoch in C++. Hier wird einfach für jeden Parametertyp eine eigene Definition festgelegt.

Das folgende Programm benutzt eine Funktion mit Namen *WasIst*, um den Datentyp ihres Parameters anzuzeigen. Da zwei verschiedene Parametertypen verwendet werden, nämlich Integer-Zahl und Character-Array, werden zwei unterschiedliche Definitionen benötigt.

```
// PRG06_1.CPP
//
```

```
          #include <iostream.h>
/*   4*/
/*   5*/ void WasIst(double a)
/*   6*/ {
/*   7*/   cout << "\n'" << a << "' ist eine Zahl!";
/*   8*/ }
/*   9*/
/*  10*/ void WasIst(char *a)
/*  11*/ {
/*  12*/   cout << "\n'" << a << "' ist Text!";
/*  13*/ }
/*  14*/
/*  15*/ void main(void)
/*  16*/ {
/*  17*/   WasIst(1.23);
/*  18*/   WasIst("Hallo");
/*  19*/ }
```

Zeilen 5-9: Die Funktion *WasIst* arbeitet mit einem Parameter vom Typ double. Sie gibt nacheinander einen Zeilenvorschub, den Parameter selbst und den Text «ist eine Zahl» aus.

Zeilen 10-13: Hier wird *WasIst* ein zweitesmal definiert. Diesmal arbeitet die Funktion jedoch mit einem Pointer auf ein Character-Array. In einer Sprache wie C würde diese Redefinition nicht vom Compiler akzeptiert, in C++ wird jedoch nur der Name überladen.

Zeilen 17+18: Die Funktion *WasIst* wird zweimal aufgerufen, einmal mit einer Zahl und einmal mit einem Wort als Parameter.

Starten Sie nun das Programm. Es liefert folgende Bildschirmanzeige:

```
'1.23' ist eine Zahl!
'Hallo' ist Text!
```

Offensichtlich wird bei jedem Aufruf die passende Definition unserer Funktion *WasIst* benutzt. Der Compiler analysiert also den Auf-

ruf und ermittelt selbst, welche Definition für den jeweiligen Parameter paßt.
Er arbeitet dabei nach festen Regeln, die wir an dem folgenden Beispielprogramm demonstrieren wollen. Es verwendet eine überladene Funktion mit Namen *naechste*, die Zahlen und Buchstaben «hochzählen» soll. Es werden insgesamt vier Versionen definiert; je zwei für Buchstaben und Zahlen, wobei jeweils die erste mit nur einem Parameter und die zweite mit zwei Parametern arbeitet. Der zweite Parameter gibt dabei an, wie weit gezählt werden soll.
Das Beispielprogramm lautet wie folgt:

```
         // PRG06_2.CPP
         //
         #include <iostream.h>
/*  4*/
/*  5*/  int naechste(int a)
/*  6*/  {
/*  7*/     return (++a);
/*  8*/  }
/*  9*/
/* 10*/  int naechste(int a, int b)
/* 11*/  {
/* 12*/     return (a+b);
/* 13*/  }
/* 14*/
/* 15*/  char naechste(char a)
/* 16*/  {
/* 17*/     return (++a);
/* 18*/  }
/* 19*/
/* 20*/  char naechste(char a, int b)
/* 21*/  {
/* 22*/     return ((char)(a + b));
/* 23*/  }
/* 24*/
/* 25*/  void main(void)
/* 26*/  {
/* 27*/     cout << "\nNächste von 5 ist " << naechste(5);
/* 28*/     cout << "\nNächste von F ist " <<
```

```
⇨              naechste('F');
/* 29*/  cout << "\n4. Nächste von 5 ist " <<
⇨              naechste(5,4);
/* 30*/  cout << "\n4. Nächste von F ist " <<
⇨              naechste('F',4);
/* 31*/ }
```

Das Programm enthält nichts Neues für Sie. Der cast in **Zeile 22** sorgt für einen korrekten Rückgabetyp. Die Programmausgabe zeigt, daß der Compiler jeweils die richtige Funktionsversion benutzt:

```
Nächste von 5 ist 6
Nächste von F ist G
4. Nächste von 5 ist 9
4. Nächste von F ist J
```

Um sie zu ermitteln, bildet er für jeden Parameter des Aufrufs eine Liste von passenden Funktionsversionen. Aus diesen Funktionsmengen bildet er dann die Schnittmenge. Ist diese leer oder enthält sie mehr als eine Funktionsversion, so führt dies zu einem Fehler.

Beispiel:
Für den Aufruf *naechste('F',4)* bildet der Compiler folgende Listen:

Nr. des Parameters	1	2
passende Funktion	naechste(char, int)	naechste(char, int)
	naechste(char)	

Standardargumente
Sicher erinnern Sie sich daran, daß in C++ den Funktionen eine variable Anzahl Parameter übergeben werden kann, wenn Standardwerte für fehlende Parameter festgelegt wurden. Sie können also die Zeile 20 folgendermaßen ändern:

```
/* 20*/  char naechste(char a, int b=1)
```

Wenn der Compiler Funktionen mit Standardargumenten bei der Suche nach einer passenden Funktionsversion berücksichtigen muß, so stellt für ihn jede Aufrufmöglichkeit eine eigene Version dar. Bei n Standardargumenten sind dies also n+1 Versionen.

In unserem Beispiel steht die Zeile 20 also für die Versionen *naechste(char)* und *naechste(char, int)*. Für den Aufruf in Zeile 28 *naechste('F')* findet der Compiler also zwei passende Funktionsversionen und erzeugt einen Fehler. In unserem Fall ist dies natürlich kein Problem, da die Deklaration in der Zeile 15 jetzt in der Zeile 20 enthalten und damit wirklich überflüssig geworden ist. Dies ist jedoch meistens nicht der Fall. Beispielsweise würde der Compiler auch bei folgendem Sachverhalt einen Fehler erzeugen:

bspl(char b, int c=1, double d=1.23){ ... }
bspl(char b, char c='A'){ ...}
...
bspl('Z');

Hier wird die eine Funktion nicht vollständig durch die andere ersetzt. Bei Funktionen mit Standardargumenten ist also besondere Sorgfalt angebracht. Wenn bei der zweiten Version auf das Standardargument verzichtet werden könnte, wäre der Fehler behoben.

Konvertierung

Fügen Sie in unserem Programm PRG06_2.CPP einmal folgenden Aufruf ein:

```
/* 30A*/   cout << "\nD. Nächste von F ist " <<
 ↳              naechste('F','D');
```

Starten Sie das Programm, und sehen Sie sich das Ergebnis an:

```
D. Nächste von F ist è
```

Offensichtlich hat auch hier der Compiler eine passende Version gefunden. Durch eine interne Konvertierung wird der char-Wert 'D' in seinen entsprechenden int-Wert 68 umgewandelt. Jetzt paßt die Version *naechste(char, int)*.

Jedesmal, wenn der Compiler keine exakt passende Version findet, versucht er es mit Konvertierungen. Dabei kann er dann natürlich auch gleich mehrere passende finden und einen Fehler erzeugen, wie folgendes Beispiel zeigt:

bspl(char a, int b){ ... }
bspl(int a, char b){ ... }
...
bspl('X','Y');

Regeln
Aus dem bisher Gelernten lassen sich also folgende Regeln zusammenstellen. Funktionen können überladen werden, wenn
- der Funktionsname gleich ist,
- der Rückgabewert gleich oder unterschiedlich ist,
- die Argumentanzahl gleich oder unterschiedlich ist und
- die Argumenttypen sich immer in mindestens einem Parameter voneinander unterscheiden.

Bei Funktionen mit Standardargumenten muß dies auch für jeden einzelnen möglichen Aufruf gelten.
Werden Konvertierbarkeiten ausgenutzt, so gilt dies ebenfalls für die konvertierten Datentypen.

6.2 Klassenmethoden und Konstruktoren

Die Technik des Überladens wird natürlich auch bei den Konstruktoren und Methoden der Klassen eingesetzt. Durch Überladen von Konstruktoren können Objekte auf mehrere Arten erzeugt werden. Methodenüberladung erlaubt es, den Versionen unterschiedliche Zugriffsrechte zu geben. Wir demonstrieren dies an unserer Flächenklasse aus dem Kapitel 4.3. Sie können die Datei PRG04_2.H benutzen und ändern, um sich Eingabeaufwand zu sparen.
Zunächst werden wir den Konstruktor mit dem Standard-Konstruktor überladen. Auf diese Weise wird es nun möglich, auch uninitialisierte Flächen zu erzeugen. Deshalb benötigen wir zusätzlich eine Methode, um die Farbe nachträglich festzulegen. Diese Methode *setFarbe* wird aber als private deklariert und nur von Klassenmitgliedern benutzt. Sie wird ebenfalls überladen. Die zweite Version wird

jedoch als public deklariert und benötigt als zweites Argument ein Paßwort. Das folgende Listing zeigt unsere modifizierte Klassendefinition.

```
         // prg06_3.h
         //
         #include <iostream.h>
         #include <string.h>
/*  5*/
/*  6*/ class Flaeche
/*  7*/ {
/*  8*/ public:
/*  9*/    Flaeche(char *n);
/* 10*/    Flaeche();
/* 11*/    ~Flaeche();
/* 12*/    void getFarbe() const;
/* 13*/    void setFarbe(char *n, char *p);
/* 16*/ private:
/* 17*/    char farbe[10],pw[10];
/* 18*/    void setFarbe(char *n);
/* 19*/ };
/* 20*/
/* 21*/ Flaeche::Flaeche(char *n)
/* 22*/ {
/* 23*/    setFarbe(n);
/* 24*/    strcpy(pw,"PASSWORT");
/* 25*/ }
/* 26*/
/* 27*/ Flaeche::Flaeche()
/* 28*/ {
/* 29*/    strcpy(pw,"PASSWORT");
/* 30*/ }
/* 31*/
/* 32*/ Flaeche::~Flaeche()
/* 33*/ {
/* 34*/ }
/* 35*/
/* 36*/ void Flaeche::getFarbe() const
/* 37*/ {
```

```
/* 38*/      cout << "\n" << farbe;
/* 39*/   }
/* 40*/
/* 41*/   void Flaeche::setFarbe(char *n, char *p)
/* 42*/   {
/* 43*/      if(!strcmp(pw,p))
/* 44*/      {
/* 45*/         setFarbe(n);
/* 46*/      }
/* 47*/      else
/* 48*/      {
/* 49*/         cout << "\nFalsches Passwort!";
/* 50*/      }
/* 51*/   }
/* 52*/
/* 53*/   void Flaeche::setFarbe(char *n)
/* 54*/   {
/* 55*/      strncpy(farbe,n,10);
/* 56*/   }
```

Zeilen 9+10: Hier werden die beiden Konstruktoren deklariert. Wird beim Erzeugen des Objektes eine Farbe angegeben, so wird der erste, andernfalls der zweite aufgerufen.

Zeilen 13+18: Die Methode *setFarbe* wird hier überladen. Die beiden Versionen unterscheiden sich in der Zugriffsberechtigung und der Anzahl der Parameter. Dadurch kann *setFarbe* von außerhalb der Klasse nur aufgerufen werden, wenn neben der Farbe auch ein gültiges Paßwort angegeben wird.

Zeilen 24+29: Das Paßwort muß natürlich von jedem Konstruktor initialisiert werden.

Zeilen 23+45: Die private Methodenversion von *setFarbe* wird nur vom Konstruktor und von der öffentlichen Version benutzt.

Zeilen 41−51: Wenn der Vergleich der beiden Paßwörter durch die Funktion **strcmp** 0 liefert (entspricht dem logischen Falsch), stimmen sie überein. In diesem Fall wird die private Methode aufgerufen, die die Farbe ändert; sonst wird eine Fehlermeldung angezeigt.

Zum Testen benutzen wir das folgende Beispielprogramm. Es erzeugt zwei Flächen *f1* und *f2*. Während die Farbe von *f1* noch nicht initialisiert ist, erhält *f2* die Farbe Rot. Anschließend wird versucht, die Farbe zu ändern, wobei einmal ein falsches Paßwort verwendet wird. Jeweils vorher und nachher wird die Objektfarbe durch *getFarbe* abgefragt.

```
            //PRG06_3.CPP
            //
            #include "prg06_3.h"
/*   4*/
/*   5*/
/*   6*/   void main(void)
/*   7*/   {
/*   8*/      Flaeche f1;
/*   9*/      Flaeche f2("ROT");
/*  10*/      f1.getFarbe();
/*  11*/      f1.setFarbe("BLAU","GEHEIM");
/*  12*/      f1.getFarbe();
/*  13*/      f2.getFarbe();
/*  14*/      f2.setFarbe("BLAU","PASSWORT");
/*  15*/      f2.getFarbe();
/*  16*/      f1.getFarbe();
/*  17*/      f1.setFarbe("GELB","PASSWORT");
/*  18*/      f1.getFarbe();
/*  19*/   }
```

Hinweis:
Die Funktionsaufrufe in den Zeilen 10, 12 und 16 beinhalten einen Zugriff auf eine nichtinitialisierte Variable und führen deshalb zur Anzeige von Steuerzeichen. Diese Aufrufe dienen nur der besseren Kontrolle und dürften zu keinen Fehlern führen.

6.3 Operatoren überladen

Wie wir bereits zu Beginn dieses Kapitels erwähnt haben, können in C++ auch Operatoren überladen werden. Um jedoch gleich eine eventuell aufkommende Euphorie zu dämpfen, sei vorweggenommen, daß weder neue Operatoren erzeugt noch ihre Rangfolge und Operandenzahl verändert werden können.

Eine weitere Einschränkung besteht darin, daß die Operatoren entweder als Klassenmethode definiert werden müssen oder mindestens einer ihrer Operanden ein Objekt sein muß. Das Verhalten beispielsweise des +-Operators bei Zahlen kann also nicht verändert werden, 1 + 1 bleibt also 2.

Bevor wir den ersten Operator überladen, möchten wir Ihnen zeigen, wie die gleiche Lösung mittels Funktionsüberladung aussieht. Stellen Sie sich einmal vor, Sie hätten zwei Speicher. Sie sollen Daten übernehmen, indem Zahlen addiert und Zeichenketten aneinandergehängt werden. Ein solches Programm zeigt das folgende Listing:

```
            // PRG06_4.CPP
            //
            #include <iostream.h>
            #include <string.h>
/*  5*/
/*  6*/     class a
/*  7*/     {
/*  8*/     friend void uebernehme(a &obj,char *t);
/*  9*/     public:
/* 10*/        a(char *t);
/* 11*/        void zeigeinhalt();
/* 12*/     private:
/* 13*/        char text[50];
/* 14*/     };
/* 15*/
/* 16*/     a::a(char *t)
/* 17*/     {
/* 18*/        strncpy(text,t,50);
/* 19*/     }
/* 20*/
/* 21*/     void a::zeigeinhalt()
/* 22*/     {
/* 23*/        cout << "\nInhalt von A: " << text;
/* 24*/     }
/* 25*/
/* 26*/     class b
/* 27*/     {
/* 28*/     friend void uebernehme(b &obj,int z);
```

```
/* 29*/   public:
/* 30*/     b(int x,int y);
/* 31*/     void zeigeinhalt();
/* 32*/   private:
/* 33*/     int _x,_y;
/* 34*/   };
/* 35*/
/* 36*/   b::b(int x,int y)
/* 37*/   {
/* 38*/     _x=x;
/* 39*/     _y=y;
/* 40*/   }
/* 41*/
/* 42*/   void b::zeigeinhalt()
/* 43*/   {
/* 44*/     cout << "\nInhalt von B: _x=" << _x <<
              " _y=" << _y;
/* 45*/   }
/* 46*/
/* 47*/   void uebernehme(b &obj, int z)
/* 48*/   {
/* 49*/     obj._x+=z;
/* 50*/     obj._y+=z;
/* 51*/   }
/* 52*/
/* 53*/   void uebernehme(a &obj,char *t)
/* 54*/   {
/* 55*/     strncat(obj.text,t,50);
/* 56*/   }
/* 57*/
/* 58*/   void main(void)
/* 59*/   {
/* 60*/     a a1("TESTTEXT");
/* 61*/     b b1(10,20);
/* 62*/     a1.zeigeinhalt();
/* 63*/     b1.zeigeinhalt();
/* 64*/     uebernehme(a1,"ZUSATZ");
/* 65*/     uebernehme(b1,5);
/* 66*/     a1.zeigeinhalt();
```

```
/*  67*/        b1.zeigeinhalt();
/*  68*/    }
```

Zeile 8: Die Klasse *a* deklariert die Funktion *uebernehme* als *friend*. Sie verwendet zwei Argumente, eine Referenz auf ein Objekt der Klasse vom Typ *a* und einen Pointer auf char-Werte.

Zeile 28: Die Klasse *b* deklariert ebenfalls eine *friend*-Funktion *uebernehme*. Hier werden als erstes Argument eine Referenz auf ein Objekt der Klasse *b* und als zweites eine Ganzzahl erwartet.

Zeilen 47–56: Die beiden Funktionsversionen werden hier global definiert. Sie greifen direkt mittels Mitgliedoperator (.) auf die private-Daten der Objekte zu.

Wenn Sie das Programm starten, erhalten Sie das folgende Ergebnis:

```
Inhalt von A: TESTTEXT
Inhalt von B: _x=10 _y=20
Inhalt von A: TESTTEXTZUSATZ
Inhalt von B: _x=15 _y=25
```

Derartige Programme werden oft lesbarer, wenn anstelle von Funktionen Operatoren eingesetzt werden. In unserem Fall bietet es sich an, statt der Funktion

```
uebernehme(a1,"ZUSATZ")
```

eine Operatorschreibweise in der Form

```
a1+="ZUSATZ"
```

zu benutzen. Entsprechendes gilt für die Operation mit der Klasse *b*. Im folgenden Programm sind die Funktionen *uebernehme* durch den Operator += ersetzt worden.

```
        // PRG06_5.CPP
        //
```

```
          #include <iostream.h>
          #include <string.h>
/*   5*/
/*   6*/ class a
/*   7*/ {
/*   8*/ friend void operator+=(a &obj,char *t);
/*   9*/ public:
/*  10*/    a(char *t);
/*  11*/    void zeigeinhalt();
/*  12*/ private:
/*  13*/   char text[50];
/*  14*/   };
/*  15*/
/*  16*/ a::a(char *t)
/*  17*/ {
/*  18*/    strncpy(text,t,50);
/*  19*/ }
/*  20*/
/*  21*/ void a::zeigeinhalt()
/*  22*/ {
/*  23*/    cout << "\nInhalt von A: " << text;
/*  24*/ }
/*  25*/
/*  26*/ class b
/*  27*/ {
/*  28*/ friend void operator+=(b &obj,int z);
/*  29*/ public:
/*  30*/    b(int x,int y);
/*  31*/    void zeigeinhalt();
/*  32*/ private:
/*  33*/   int _x,_y;
/*  34*/   };
/*  35*/
/*  36*/ b::b(int x,int y)
/*  37*/ {
/*  38*/    _x=x;
/*  39*/    _y=y;
/*  40*/ }
/*  41*/
```

```
/* 42*/    void b::zeigeinhalt()
/* 43*/    {
/* 44*/       cout << "\nInhalt von B: _x=" << _x <<
 ⇨                  " _y=" << _y;
/* 45*/    }
/* 46*/
/* 47*/    void operator+=(b &obj, int z)
/* 48*/    {
/* 49*/       obj._x+=z;
/* 50*/       obj._y+=z;
/* 51*/    }
/* 52*/
/* 53*/    void operator+=(a &obj, char *t)
/* 54*/    {
/* 55*/       strncat(obj.text,t,50);
/* 56*/    }
/* 57*/
/* 58*/    void main(void)
/* 59*/    {
/* 60*/       a a1("TESTTEXT");
/* 61*/       b b1(10,20);
/* 62*/       a1.zeigeinhalt();
/* 63*/       b1.zeigeinhalt();
/* 64*/       a1+="NOCH EINER";
/* 65*/       b1+=5;
/* 66*/       a1.zeigeinhalt();
/* 67*/       b1.zeigeinhalt();
/* 68*/    }
```

Geändert wurden nur die Definitions**zeilen 8, 28, 47 und 53** sowie die Aufrufe in den **Zeilen 64 + 65**. Die Definitionszeilen lassen sich besser verstehen, wenn man weiß, daß in C++ Operatoren als Funktionen definiert sind. Dabei besteht der Name einer jeden Operatorfunktion aus dem festen Bestandteil «operator» und seinem Zeichen. Der Funktionsname für den Operator += lautet also operator+=, und für den Operator << lautet er operator<<.

Allgemein lautet eine Operatorfunktionsdefinition:

        <Rückgabetyp> **operator**<zeichen>(<Argumentliste>)

Entsprechend lassen sich die Aufrufe in den Zeilen 64 + 65 umformulieren in:

```
operator+=(a1,"NOCH EINER");
operator+=(b1,5);
```

Probieren Sie es einmal aus!

Statt den Operator global zu definieren und ihn zu überladen, kann er aber auch als Methode definiert werden. In diesem Fall enthält die Argumentliste genau einen Parameter weniger, denn der erste Parameter ist nun automatisch das Objekt der eigenen Klasse, auf das er angewendet wird. Das nächste Programm zeigt, wie dies in unserem Beispiel aussieht:

```
          // PRG06_6.CPP
          //
          #include <iostream.h>
          #include <string.h>
/*  5*/
/*  6*/   class a
/*  7*/   {
/*  8*/   public:
/*  9*/     a(char *t);
/* 10*/     void zeigeinhalt();
/* 11*/     void operator+=(char *t);
/* 12*/   private:
/* 13*/     char text[50];
/* 14*/   };
/* 15*/
/* 16*/   a::a(char *t)
/* 17*/   {
/* 18*/     strncpy(text,t,50);
/* 19*/   }
/* 20*/
/* 21*/   void a::zeigeinhalt()
/* 22*/   {
/* 23*/     cout << "\nInhalt von A: " << text;
/* 24*/   }
/* 25*/
```

178 ÜBERLADEN

```
/* 26*/    class b
/* 27*/    {
/* 28*/    friend void operator+=(b &obj,int z);
/* 29*/    public:
/* 30*/      b(int x,int y);
/* 31*/      void zeigeinhalt();
/* 32*/    private:
/* 33*/      int _x,_y;
/* 34*/    };
/* 35*/
/* 36*/    b::b(int x,int y)
/* 37*/    {
/* 38*/      _x=x;
/* 39*/      _y=y;
/* 40*/    }
/* 41*/
/* 42*/    void b::zeigeinhalt()
/* 43*/    {
/* 44*/      cout << "\nInhalt von B: _x=" << _x <<
                    " _y=" << _y;
/* 45*/    }
/* 46*/
/* 47*/    void operator+=(b &obj, int z)
/* 48*/    {
/* 49*/      obj._x+=z;
/* 50*/      obj._y+=z;
/* 51*/    }
/* 52*/
/* 53*/    void a::operator+=(char *t)
/* 54*/    {
/* 55*/      strncat(text,t,50);
/* 56*/    }
/* 57*/
/* 58*/    void main(void)
/* 59*/    {
/* 60*/      a a1("TESTTEXT");
/* 61*/      b b1(10,20);
/* 62*/      a1.zeigeinhalt();
/* 63*/      b1.zeigeinhalt();
```

```
/* 64*/    a1+="NOCH EINER";
/* 65*/    b1+=5;
/* 66*/    a1.zeigeinhalt();
/* 67*/    b1.zeigeinhalt();
/* 68*/    }
```

Zeile 11: Der erste Parameter ist ein Objekt der Klasse und wird nicht aufgeführt. Nur der zweite, die Zeichenkette, wird angegeben.
Zeilen 53-56: Die Definition der Operator-Methode kann, wie jede andere Klassenmethode auch, direkt auf die private-Daten zugreifen.
Zeile 64: Der Aufruf ist in diesem Fall äquivalent zu *a1.operator+=("NOCH EINER");*

Diese Methodendefinition hat den Vorteil gegenüber der globalen Definition, daß sie nicht umgeschrieben werden muß, wenn sich die Klassendefinition ändert. Sie werden außerdem an abgeleitete Klassen vererbt (außer =-Operator) und können dann redefiniert werden.

Damit die Lesbarkeit der Programme verbessert und nicht konfuser wird, sollten Sie einige Grundregeln beachten, wenn Sie Funktionen oder Operatoren überladen:
- Überladen Sie nur solche Funktionen, die auch in semantischem Zusammenhang stehen.
- Setzen Sie die Technik des Überladens nicht ein, um sich Tipparbeit zu ersparen.
- Verändern Sie nicht das Modell eines Operators. Überladen Sie also nicht den +-Operator, um etwas zu reduzieren oder zu entfernen.

Im Anhang finden Sie eine Liste der überladbaren bzw. nicht überladbaren Operatoren mit zugehöriger Deklaration.

6.4 Zusammenfassung

Fassen wir noch einmal das in diesem Kapitel Gelernte zusammen.
- In C++ können zu einer Funktion oder zu einem Operator meh-

rere Definitionen festgelegt werden. Diese Technik nennt man Überladen.

- Überladene Funktionen müssen unterschiedliche Parameterlisten haben, entweder eine unterschiedliche Anzahl oder andere Typen.
- Operatoren sind als Funktionen implementiert und tragen den Namen **operator**, gefolgt vom jeweiligen Operatorzeichen.
- Operatoren können nur überladen werden, wenn sie auf Objekte angewendet werden.

6.5 Übung

Aufgabe 23

Ergänzen Sie PRG06_1.CPP um den Aufruf *WasIst('x');*. Wie erklären Sie sich das Ergebnis? Überladen Sie *WasIst* so, daß ein korrektes Ergebnis geliefert wird.

7 EINGABE UND AUSGABE

In den bisherigen Kapiteln haben Sie bereits kennengelernt, wie Bildschirmausgaben in C++ programmiert werden. In diesem Kapitel beschäftigen wir uns detaillierter mit diesem Thema. Dabei lernen Sie auch, wie Dateien verarbeitet werden und wie der Drucker angesteuert wird.

Genau wie C verfügt auch C++ nicht über interne Mechanismen für Ein- und Ausgabeanweisungen wie beispielsweise COBOL oder BASIC. Während man in C jedoch Bibliotheksfunktionen wie etwa printf einsetzt, wird mit C++ statt dessen mit den sogenannten iostream-Klassen eine objektorientierte Bibliothek geliefert. Diese sind bereits vom Autor dieser Programmiersprache entwickelt worden und stellen somit gewissermaßen einen Standard dar, im Gegensatz zu vielen anderen Klassenbibliotheken der Compilerhersteller. Mit diesen iostream-Klassen beschäftigt sich dieses Kapitel.

7.1 Bildschirm und Tastatur

Wenn Sie bereits in anderen Sprachen programmiert haben, wissen Sie vielleicht schon, daß das Betriebssystem Ihres Computers dafür sorgt, daß drei Einheiten direkt von Ihren Programmen für die Ein- und Ausgabe angesprochen werden können. C-Programmierer kennen diese als stdin, stdout und stderr. Die erste ist für die Dateneingabe, und die beiden letzteren sind für die Datenausgabe bestimmt. In C++ entsprechen diesen die automatisch erzeugten Objekte cin, cout und cerr bzw. clog.

7.1.1 Einfache Ausgaben

Anhand des Beispielprogramms PRG07_1.CPP demonstrieren wir die Wirkungsweise der Ausgabeobjekte.

```
          // PRG07_1.CPP
          //
          #include <iostream.h>
/*  4*/
/*  5*/   void main(void)
/*  6*/   {
/*  7*/     cout << "\nDies geht nach stdout";
/*  8*/     cerr << "\nFehlermeldungen werden hier
 ⇨              ausgegeben";
/*  9*/     clog << "\nAndere Fehlermeldungen schicken
 ⇨              wir nach clog";
/* 10*/   }
```

Zeile 3: Immer, wenn Sie mit den Objekten cout, cerr, clog oder cin arbeiten wollen, muß die Include-Datei IOSTREAM.H in das Programm aufgenommen werden.

Zeile 7: Das Objekt cout entspricht dem Bildschirm. Über den **Einfügeoperator** << wird diesem Objekt eine Zeichenkette, beginnend mit der New-Line-Escape-Sequenz (\n), gesandt.

Zeile 8: Eine Fehlerausgabeeinheit kann mit cerr angesprochen werden. Bei MS-DOS ist dies normalerweise ebenfalls der Bildschirm, wie Sie am Ergebnis des Programms feststellen werden. Man kann jedoch Bildschirm oder Fehlerausgabe auf andere Geräte umlenken, so daß dann tatsächlich zwei verschiedene Geräte für Ausgaben zur Verfügung stehen.

Zeile 9: Hinter clog steckt das gleiche Gerät wie hinter cerr. Sie unterscheiden sich nur durch das Verfahren der Ausgabe.

Pufferung

Um diesen Verfahrensunterschied erkennen zu können, bauen wir in unser Programm hinter jeder Ausgabeanweisung eine Warteschleife ein, um eine Pause von etwa 5 Sekunden zu erzeugen. Die so geänderte Datei zeigt das nächste Listing.

```
        // PRG07_2.CPP
        //
        #include <iostream.h>
        #include <time.h>
/*  5*/
/*  6*/ void main(void)
/*  7*/ {
/*  8*/   time_t jetzt=time(NULL);
/*  9*/   cout << "\nDies geht nach stdout";
/* 10*/   while (time(NULL) < jetzt+5);
/* 11*/   cerr << "\nFehlermeldungen werden hier
 ⇨              ausgegeben";
/* 12*/   while (time(NULL) < jetzt+10);
/* 13*/   clog << "\nAndere Fehlermeldungen schicken
 ⇨              wir nach clog";
/* 14*/   while (time(NULL) < jetzt+15);
/* 15*/ }
```

Zeilen 4 + 8: Wir benutzen zur Zeitmessung die Funktion **time**. Sie benötigt die Include-Datei TIME.H, in der der Datentyp time_t deklariert ist. In der Variablen *jetzt* speichern wir mittels *time(NULL)* die aktuelle Zeit in Sekunden seit dem 1.1.1970 0:00 Uhr.

Zeilen 10, 12 + 14: Die Schleifen laufen so lange, bis jeweils 5 weitere Sekunden verstrichen sind.

Sie erwarten jetzt wahrscheinlich, daß die erste Ausgabezeile sofort nach dem Programmaufruf auf dem Bildschirm erscheint, die zweite nach etwa 5 und die dritte nach 10 Sekunden. Nach weiteren 5 Sekunden sollte wieder der Betriebssystem-Prompt erscheinen. Starten Sie nun das Programm, und achten Sie auf die zeitliche Folge der drei Ausgabezeilen. Wie Sie feststellen, werden die erste und zweite Zeile nach zirka 5 Sekunden und die dritte nach weiteren 10 Sekunden ausgegeben. Wie läßt sich dies erklären?

Die Ausgaben werden gepuffert, das heißt im Arbeitsspeicher zwischengespeichert. Erst wenn dieser Puffer geleert (engl. flush) wird, erscheinen die Daten auf dem Bildschirm. Dies geschieht bei Ausgaben über cout normalerweise erst, wenn beispielsweise cerr angesprochen oder das Programm beendet wird. Da erst nach 5 Sekunden eine Ausgabe an cerr geschickt wird, erscheint die erste Zeile erst nach Ablauf dieser Zeit. Ausgaben über cerr werden sofort ausgegeben, und dies bewirkt, daß die zweite Zeile zusammen mit der ersten erscheint. Nach weiteren 5 Sekunden wird erst die Ausgabeanweisung der dritten Zeile an clog verarbeitet und aufgrund der Pufferung dann am Programmende ausgegeben, also nach weiteren 5 Sekunden. Die beiden Objekte cerr und clog unterscheiden sich also nur durch die Pufferung.

Sie erreichen das ursprünglich erwartete Verhalten des Programms, indem Sie sogenannte **Manipulatoren** an das Ende der Ausgaben von cout und clog anhängen:

```
/*   9*/    cout << "\nDies geht nach stdout" << flush;
     .....
/*  13*/    clog << "\nAndere Fehlermeldungen schicken
 ⇨              wir nach clog" << endl;
```

Zeile 9: Nach der Zeile wird der Manipulator **flush** zum Objekt gesendet. Er erzwingt, daß der Puffer geleert wird. Dadurch erscheint der Text sofort auf dem Bildschirm.

Zeile 13: Hier wird der Manipulator **endl** (**end** of **l**ine) verwendet. Er hängt einen Zeilenvorschub wie \n an, leert jedoch zusätzlich den Puffer.

Achtung:
Wenn Sie den Puffer nicht leeren, gehen gepufferte Ausgaben von cout denen von clog vor. Dies können Sie leicht testen, indem Sie den Manipulator endl mit dem Einfügeoperator in Zeile 13 wieder entfernen und eine weitere Zeile über cout im Anschluß an Zeile 13 ausgeben lassen. Ausgaben können sich so quasi überholen!

7.1.2 Formatierte Ausgaben

Bildschirmausgaben erfordern fast immer einen hohen Aufbereitungsaufwand. So sollen beispielsweise Texte links- und Zahlen rechtsbündig dargestellt, Beträge kommastellengerecht untereinander gesetzt werden und anderes mehr. Die Standardausgabeobjekte verfügen über komfortable Methoden, die auszugebenden Rohdaten in die gewünschte Form zu bringen.

Da sich cout, cerr und clog bis auf die bereits beschriebenen Merkmale nicht unterscheiden, beschränken wir uns ab jetzt auf die Standardausgabe cout.

Das folgende Listing zeigt ein kleines Programm, das eine Preisliste ausgibt.

```
        // PRG07_3.CPP
        //
        #include <iostream.h>
        #define ANZAHL 10
/*  5*/
/*  6*/ void main()
/*  7*/ {
/*  8*/   float mwst=15.0;
/*  9*/   float preise[] = {0.3,0.15,5,7.6,8.89,15,17.
⇨                          4,23.45,120,105.03};
/* 10*/   char *artikel[] = {"Kabel","Knickschutz",
⇨                            "Farbband","Adapter",
/* 11*/                      "Disketten","Nullmodem",
⇨                            "Maus","Tastatur",
/* 12*/                      "Toner","Gehäuse"};
/* 13*/   cout <<"PREISLISTE\nArtikel\t\tNetto
⇨              \tBrutto" << endl;
/* 14*/   for (int i = 0; i < ANZAHL;i++)
/* 15*/     cout << artikel[i]
/* 16*/          << preise[i]
/* 17*/          << preise[i]*(1+mwst/100)
/* 18*/          << endl;
/* 19*/ }
```

Zeilen 8–12: Der Mehrwertsteuersatz und zwei Arrays für die Nettopreise und Artikelbezeichnungen werden definiert.

Zeile 13: Der Listenkopf wird als eine Zeichenkette an das Standard-Ausgabeobjekt cout gesandt. Sie enthält eine Zeilenschaltung (\n) und Tabulatoren (\t). Der Manipulator endl sorgt für eine abschließende Zeilenschaltung und sofortige Ausgabe.

Zeilen 14–18: Innerhalb einer Zählschleife werden alle Elemente der Arrays tabellarisch ausgegeben. Als dritte Spalte enthält die Ausgabe den Bruttopreis (inklusive Mehrwertsteuer). Auch hier wird der Manipulator endl eingesetzt, um Zeilenvorschub und sofortige Ausgabe zu bewirken.

Die Bildschirmanzeige sieht bei dieser ersten Programmversion noch recht unübersichtlich und unbrauchbar aus:

```
PREISLISTE
Artikel         Netto   Brutto
Kabel0.30.345
Knickschutz0.150.1725
Farbband55.75
Adapter7.68.74
Disketten8.8910.2235
Nullmodem1517.25
Maus17.420.01
Tastatur23.4526.9675
Toner120138
Gehäuse105.03120.785
```

Die Ausgabe besteht aus einer einzigen Kette direkt aneinandergefügter Zeichen, wenn Sie die Zeilenschaltungen und Tabulatoren als verborgene Spezialzeichen mitzählen. Dies verdeutlicht das Bild vom Datenstrom (engl. stream), von dem die Ein-/Ausgabeklassen ihren Namen haben. Im folgenden werden wir Klassenmethoden und Manipulatoren einsetzen, um die Lesbarkeit unserer Preisliste zu verbessern.

Allgemeine Formatierung
Zunächst werden wir die **Breite** eines jeden Datenfeldes festlegen. Dadurch sieht unsere Liste schon einer Tabelle ähnlicher. Im nächsten Bild sehen Sie das geänderte Programm. Es enthält eine neue Include-Anweisung, eine neue Ausgabe in Zeile 14 und modifizierte Ausgabezeilen 17–19.

```
// PRG07_4.CPP
//
#include <iostream.h>
#include <iomanip.h>
#define ANZAHL 10
```

```
/*   6*/
/*   7*/  void main()
/*   8*/  {
/*   9*/     float mwst=15.0;
/*  10*/     float preise[] = {0.3,0.15,5,7.6,8.89,15,17.
⇨                              4,23.45,120,105.03};
/*  11*/     char *artikel[] = {"Kabel","Knickschutz",
⇨                               "Farbband","Adapter",
/*  12*/                        "Disketten","Nullmodem",
⇨                               "Maus","Tastatur",
/*  13*/                        "Toner","Gehäuse"};
/*  14*/     cout.width(42);
/*  15*/     cout <<"PREISLISTE\nArtikel\t\tNetto\t
⇨                   Brutto" << endl;
/*  16*/     for (int i = 0; i < ANZAHL;i++)
/*  17*/        cout << setw(11) << artikel[i]
/*  18*/             << setw(10) << preise[i]
/*  19*/             << setw(9) << preise[i]*(1+mwst/100)
/*  20*/             << endl;
/*  21*/  }
```

Zeile 4: Die Include-Datei IOMANIP.H muß immer eingefügt werden, wenn ein Manipulator benutzt wird, der Argumente benötigt. Sie kennen bisher die argumentlosen Manipulatoren endl und flush. In den Zeilen 17–19 wird der Manipulator **setw** verwendet, der eine Ganzzahl als Argument verlangt.

Zeile 14: Die Klassenmethode **width** wird zum Objekt cout aufgerufen und erhält als Parameter die Zahl 42. Sie bewirkt, daß die folgenden über << eingefügten Daten in einer Breite von 42 Zeichen ausgegeben werden. Ist die entsprechende Datenbreite kürzer, so wird mit Leerstellen aufgefüllt, und zwar standardmäßig links. Dies führt zu einer rechtsbündigen Ausgabe. Die in Zeile 15 auszugebende Zeichenkette wird davon betroffen und sieht dann folgendermaßen aus:

Beachten Sie, daß die Escape-Sequenzen als jeweils genau ein Zeichen mitgezählt werden. Die Ausgabe beginnt nun mit den Leerstellen und führt durch das Escape-Zeichen \n zu einem Zeilenumbruch. Die zweite Zeile beginnt dadurch immer am linken Rand.

									P	R	E	I	S	L	I	S	T	E	\n
A	r	t	i	k	e	l	\t	\t	N	e	t	t	o	\t	B	r	u	t	t	o

Die Tabulatorzeichen \t rücken die Ausgabe immer bis zur nächsten durch 8 teilbaren Position vor. So ergibt sich das Bild der zwei Überschriftszeilen.

Zeilen 17–19: Der Manipulator setw wird mit der Datenbreite als Argument aufgerufen, **bevor** die zu formatierenden Daten eingefügt werden. Auch er füllt die Daten bis zur angegebenen Breite standardmäßig links mit Leerstellen auf.

Unsere Preisliste sieht nun folgendermaßen aus:

```
        PREISLISTE
   Artikel       Netto    Brutto
      Kabel        0.3     0.345
Knickschutz       0.15    0.1725
   Farbband          5      5.75
    Adapter        7.6      8.74
  Disketten       8.89   10.2235
   Nullmodem        15     17.25
       Maus       17.4     20.01
   Tastatur      23.45   26.9675
      Toner        120       138
    Gehäuse     105.03   120.785
```

Sie können also entweder mit der Methode width oder mit dem Manipulator setw die Datenbreite einstellen. Beide beeinflussen nur die nächste Einfügeoperation (<<) und stellen nur eine Mindestbreite ein. Sind die Daten bereits länger, so werden sie nicht abgeschnitten. Die Methode muß immer als separate Anweisung stehen, während der Manipulator nur in einen Datenstrom eingefügt werden kann.

Textspalten sind üblicherweise linksbündig ausgerichtet. Auch hier haben Sie die Wahl zwischen einer Methode und einem Manipulator, wenn Sie die **Ausrichtung** der Daten ändern wollen. Damit die Tabelle leichter zu lesen ist, verändert PRG07_5.CPP zusätzlich das Zeichen, mit dem die Daten der Textspalte auf die gewünschte Breite gefüllt werden. Als **Füllzeichen** wird der Punkt eingesetzt.

```
         // PRG07_5.CPP
         //
         #include <iostream.h>
         #include <iomanip.h>
         #define ANZAHL 10
/*  6*/
/*  7*/  void main()
/*  8*/  {
/*  9*/     float mwst=15.0;
/* 10*/     float preise[] = {0.3,0.15,5,7.6,8.89,15,17.
  ⇨                           4,23.45,120,105.03};
/* 11*/     char *artikel[] = {"Kabel","Knickschutz",
  ⇨                            "Farbband","Adapter",
/* 12*/                        "Disketten","Nullmodem",
  ⇨                            "Maus","Tastatur",
/* 13*/                        "Toner","Gehäuse"};
/* 14*/     cout.width(42);
/* 15*/     cout <<"PREISLISTE\nArtikel\t\tNetto
  ⇨              \tBrutto" << endl;
/* 16*/     for (int i = 0; i < ANZAHL;i++){
/* 17*/       cout.fill('.');
/* 18*/       cout << setiosflags(ios::left)
/* 19*/            << setw(11)  << artikel[i]
/* 20*/            << resetiosflags(ios::left)
/* 21*/            << setfill(' ') << setw(10) <<
  ⇨                   preise[i]
/* 22*/            << setw(9) << preise[i]*(1+mwst/100)
/* 23*/            << endl;
/* 24*/     }
/* 25*/  }
```

Zeile 17: Die Methode **cout.fill** definiert den Punkt als das neue Füllzeichen, das benutzt wird, um die gewünschte Breite einzustellen. Diese Einstellung bleibt so lange wirksam, bis eine neue Einstellung vorgenommen oder das Programm beendet wird. Als Argument muß der Datentyp char benutzt werden.

Zeile 18: Der Manipulator **setiosflags** verwendet das Argument ios::left, um die Ausrichtung der Daten zu verändern. Seine erlaubten Argumente sind in IOS.H definiert. Diese Datei muß jedoch nicht separat eingefügt werden, da sie bereits von IOSTREAM.H benutzt wird. Alle Einstellungen dieses Manipulators bleiben gültig, bis sie wieder aufgehoben werden oder das Programm beendet wird. Die diesem Manipulator entsprechende Methode heißt **setf** und benutzt die gleichen Argumente.

Zeile 20: Mittels **resetiosflags** wird die im Argument genannte Einstellung wieder aufgehoben. Es gilt nach der Artikelausgabe also wieder rechtsbündige Ausrichtung. Die korrespondierende Methode heißt **unsetf**.

Zeile 21: Innerhalb des Datenstroms einer einzelnen Ausgabe wird der Manipulator **setfill** benutzt, um hier wieder das Leerzeichen als Füllzeichen festzulegen. Auch setfill benutzt einen Datentyp char als Argument.

Das folgende Bild zeigt das Ergebnis:

```
          PREISLISTE
Artikel         Netto    Brutto
Kabel......       0.3     0.345
Knickschutz      0.15    0.1725
Farbband...         5      5.75
Adapter....       7.6      8.74
Disketten..      8.89   10.2235
Nullmodem..        15     17.25
Maus.......      17.4     20.01
Tastatur...     23.45   26.9675
Toner......       120       138
Gehäuse....    105.03   120.785
```

Uns bleibt also nur noch, die beiden Zahlenspalten aufzubereiten.

Zahlenformatierung

Zahlen bieten aufgrund ihres besonderen Datentyps weitere Formatierungsmöglichkeiten. Diese gehen über die Angabe der auszugebenden Nachkommastellen weit hinaus. Obwohl wir hier nur diese benötigen, stellen wir an diesem Beispiel auch die anderen Optionen vor, selbst wenn dadurch die Anzeige ein ungewöhnliches Aussehen erhält. Das folgende Programm führt umfangreiche Formatierungen mit den numerischen Daten durch.

```
            // PRG07_6.CPP
            //
            #include <iostream.h>
            #include <iomanip.h>
            #define ANZAHL 10
/*   6*/
/*   7*/ void main()
/*   8*/ {
/*   9*/    float mwst=15.0;
/*  10*/    float preise[] = {0.3,0.15,5,7.6,8.89,15,17.
  ⇨                           4,23.45,120,105.03};
/*  11*/    char *artikel[] = {"Kabel","Knickschutz",
  ⇨                            "Farbband","Adapter",
/*  12*/                       "Disketten","Nullmodem",
  ⇨                            "Maus","Tastatur",
/*  13*/                       "Toner","Gehäuse"};
/*  14*/    cout.width(42);
/*  15*/    cout <<"PREISLISTE\nArtikel\t\tNetto\t
  ⇨                Brutto" << endl;
/*  16*/    for (int i = 0; i < ANZAHL;i++){
/*  17*/       cout.fill('.');
/*  18*/       cout.precision(2);
/*  19*/       cout.setf(ios::fixed);
/*  20*/       cout << setiosflags(ios::left)
/*  21*/            << setw(11)   << artikel[i]
/*  22*/            << resetiosflags(ios::left)
/*  23*/            << setiosflags(ios::showpos)
/*  24*/            << setfill(' ') << setw(10)
  ⇨                 << preise[i]
/*  25*/            << setiosflags(ios::internal)
```

```
/*  26*/                  << setw(9) << preise[i]*(1+mwst/100)
/*  27*/                  << resetiosflags(ios::showpos |
 ⇨                           ios::internal)
/*  28*/                  << endl;
/*  29*/         }
/*  30*/  }
```

Zeile 18: Bei der Methode **cout.setprecision** bestimmt das Ganzzahlargument eine Ziffernanzahl, die je nach Darstellungsform einer Zahl unterschiedlich interpretiert wird. Für Zahlen in der wissenschaftlichen Exponentialschreibweise, beispielsweise 1.2e+ 002 für 120, wird dadurch festgelegt, wieviel Stellen von Bedeutung sind. Nachfolgende Nullen werden dabei nicht angezeigt. Bei der ansonsten üblicheren Festkommadarstellung bestimmt das Argument die Anzahl der Nachkommastellen. Die Einstellung der Funktion *precision* bleibt bestehen, bis sie geändert wird. Der korrespondierende Manipulator heißt *setprecision* mit gleichem Argument.

Zeile 19: Hier wird die zu *setiosflags* korrespondierende Methode gewählt, um mittels des Argumentes **ios::fixed** die Festkommadarstellung einzuschalten. Setzen Sie einmal die Kommentarzeichen // vor diese Anweisung, so erhalten Sie die standardmäßige Exponentialdarstellung.

Zeile 23: Das Argument **ios::showpos** bewirkt, daß *setiosflags* nun auch bei positiven Zahlen das Vorzeichen anzeigt, was standardmäßig nur bei negativen Zahlen geschieht. Das Vorzeichen steht dabei direkt vor der ersten Ziffer.

Zeile 25: Die Vorzeichenstellung ändert sich, wenn **ios::internal** als Argument von *setiosflags* benutzt wird. Die Füllzeichen werden nun zwischen Vorzeichen und Zahl eingeschoben.

Zeile 27: Mittels *resetiosflags* können gleichzeitig mehrere Formatierungen ein- bzw. ausgeschaltet werden. Sie werden dann durch den bitweisen Oder-Operator | miteinander verknüpft.

Nach diesen Änderungen hat unsere Preisliste folgendes Aussehen angenommen:

```
          PREISLISTE
Artikel          Netto    Brutto
Kabel......      +0.30+     0.35
Knickschutz      +0.15+     0.17
Farbband...      +5.00+     5.75
Adapter....      +7.60+     8.74
Disketten..      +8.89+    10.22
Nullmodem..     +15.00+    17.25
Maus.......     +17.40+    20.01
Tastatur...     +23.45+    26.97
Toner......    +120.00+   138.00
Gehäuse....    +105.03+   120.78
```

Das zweite +-Zeichen gehört zu den Bruttowerten. Hier sind, wie beschrieben, die Füllzeichen eingeschoben worden.

Zahlensysteme

Das Objekt cout stellt auch einfache Möglichkeiten zur Verfügung, Zahlen des Dezimalsystems in das Hexadezimal- oder Oktalsystem umzuwandeln und zu formatieren. Das Programm PRG07_7.CPP gibt über zwei geschachtelte Zählschleifen die Zahlen von 0 bis 15 zweimal nacheinander in unterschiedlicher Formatierung aus.

```
        // PRG07_7.CPP
        //
        #include <iostream.h>
        #include <iomanip.h>
/*  5*/
/*  6*/ void main(void)
/*  7*/ {
/*  8*/   for(int i=0; i < 2; i++){
/*  9*/     for(int j=0; j< 16; j++)
/* 10*/       cout << setw(4) << j
/* 11*/            << hex
/* 12*/            << setw(4) << j
/* 13*/            << oct
/* 14*/            << setw(4) << j
/* 15*/            << dec
/* 16*/            << endl;
```

```
/*  17*/       cout << setiosflags(ios::uppercase |
  ⇨                    ios::showbase);
/*  18*/     }
/*  19*/ }
```

Zeilen 11, 13 + 15: Die argumentlosen Manipulatoren **hex**, **oct** und **dec** sorgen dafür, daß die nächsten eingefügten Werte in das entsprechende Zahlensystem umgewandelt werden. Sie müssen explizit durch einen der beiden anderen wieder aufgehoben werden. Als Methode kann setiosflags(**ios::hex**) u. ä. verwendet werden.

Zeile 17: Die Argumente von *setiosflags* bewirken, daß die Werte beim zweiten Durchlauf der inneren Zählschleife in Programmierer-Notation (**ios::showbase**) geschrieben werden, wobei Großbuchstaben (**ios::uppercase**) verwendet werden. Hexadezimale Zahlen werden also als 0XA statt 0xa und Oktalzahlen als 012 statt 12 geschrieben. Daß in unserem Beispielprogramm nach dem zweiten Durchlauf überflüssigerweise diese Einstellung nochmals gesetzt wird, bevor das Programm endet, soll uns nicht weiter stören.

7.1.3 Eingaben

Den Eingaben liegt ebenfalls das Konzept eines Datenstroms zugrunde. Das Standardobjekt cin dient dabei dem Programm als Datenquelle. Es liefert die Eingaben der Tastatur, wobei jedoch der Strom bereits zerlegt wird, um einzelne Variablen zu füllen. Das Programm PRG07_8.CPP demonstriert dies an einem einfachen Beispiel.

```
         // PRG07_8.CPP
         //
         #include <iostream.h>
/*  4*/
/*  5*/  void main(void)
/*  6*/  {
/*  7*/     double zahl1, zahl2;
/*  8*/     cout << "Bitte 2 Zahlen eingeben, durch
  ⇨                   Leerstelle getrennt:" << flush;
/*  9*/     cin >> zahl1 >> zahl2;
/* 10*/      cout << zahl1 << "+" << zahl2 << "=" <<
```

```
  ⇩              zahl1+zahl2 << endl;
/* 11*/    }
```

Zeile 9: Der Datenstrom wird durch den **Extraktionsoperator >>** der Variablen *zahl1* zugewiesen. Sobald ein oder mehrere sogenannte White-Space-Zeichen (Leerstelle, Tabulator, Strg+M und andere) auftreten, wird diese Einfügung abgeschlossen und der Rest des Stromes bis zum nächsten White-Space-Zeichen der Variablen *zahl2* zugewiesen.

Das Verständnis dieser Arbeitsweise des Extraktionsoperators >> ist besonders wichtig. Enthält ein Programm nämlich mehrere Eingabeanweisungen bzw. wird eine mehrmals durchlaufen, so kommt es unweigerlich zu Programmfehlern, wenn die Eingabe die Daten dem Strom nicht entnehmen kann. Dies kann beispielsweise dann geschehen, wenn für eine int-Variable char-Daten extrahiert werden. Die Zuweisung wird dann abgebrochen und bei der nächsten cin << -Anweisung fortgesetzt. Innerhalb von Schleifen wäre dies jedoch die gleiche Anweisung, die diese Daten nicht annehmen kann. Das Programm tritt somit auf der Stelle, und die Endlosschleife wäre komplett.

Eingaberoutinen erfordern daher umfangreiche Fehlertests. Wir zeigen in PRG07_9.CPP anhand eines kleinen Additionsprogramms, wie Eingabefehler festgestellt und korrigiert werden können. Das Programm nimmt in einer Schleife so lange Zahlen entgegen und addiert sie, bis eine Null eingegeben wird. Auf Texteingaben reagiert es, indem eine Meldung ausgegeben und die Eingabe ignoriert wird.

```
         //PRG07_9.CPP
         //
         #include <iostream.h>
/*  4*/
/*  5*/  void main(void)
/*  6*/  {
/*  7*/     double zahl, summe=0;
/*  8*/     cout << "Bitte Zahl eingeben:" << flush;
/*  9*/     while (1){
/* 10*/        cin >> zahl;
/* 11*/        if (cin.fail()){
```

```
/* 12*/          cin.clear();
/* 13*/          cout << "#FEHLER!#" << endl;
/* 14*/          cin.seekg(0L,ios::end);
/* 15*/          continue;
/* 16*/       }
/* 17*/       if (zahl==0) break;
/* 18*/       summe+=zahl;
/* 19*/       zahl=0;
/* 20*/       cout << "Bitte Zahl eingeben:" << flush;
/* 21*/     }
/* 22*/     cout << "Gesamtsumme: " << summe;
/* 23*/ }
```

Zeile 11: Direkt nach der Eingabe wird hier mittels **fail()** ein Fehlertest durchgeführt. Diese Methode liefert als Ergebnis 0 und entspricht somit dem logischen Wahr, wenn ein schwerer oder behebbarer Fehler aufgetreten ist. Weitere Fehlertestmethoden sind

- bad()   für den Test auf schwere, nicht behebbare Fehler
- eof()   für den Test auf Dateiende bzw. 0x1A im Datenstrom
- good() für den Test auf Fehlerlosigkeit

Die Testmethode bad() wird in fail() eingeschlossen. Tritt also ein Fehler auf, so wird der folgende Block verarbeitet.

Anmerkung:
Oftmals finden Sie in Programmen auch Varianten. So bedeutet der Test *if(!cin)* das gleiche wie *if(cin.fail())*, und *if(cin)* entspricht dem Gegenteil *if(!cin.fail())*. Dies liefert jedoch unter Umständen etwas anderes als *if(cin.good())*, denn es schließt nicht EOF aus.

Zeile 12: Damit das Programm überhaupt erfolgreich weiterarbeiten kann, muß die Fehlerinformation zurückgesetzt werden. Dies ermöglicht der Aufruf von clear() ohne Argumente. Unter Verwendung der Argumente ios::failbit, ios::badbit und ios::eofbit können für Spezialanforderungen auch Fehler simuliert werden.

Zeile 13: Anschließend wird eine Fehlermeldung ausgegeben.

Zeile 14: Die noch im Datenstrom anstehenden fehlerhaften Daten müssen entfernt werden, damit sie beim nächsten Schleifendurchlauf nicht erneut denselben Fehler verursachen. Der Aufruf der Methode **seekg**(0L,ios::end) sorgt dafür, daß die Restdaten übersprungen werden. Wie C und andere Programmiersprachen benutzt auch C++ einen Zeiger bei der Verarbeitung von Datenströmen, um sich die

zu verarbeitende Position im Strom zu merken. Wir verschieben mit seekg diesen Zeiger einfach an das Ende des Datenstroms. Dabei gibt das erste Argument die relative Position, hier 0 (long), gemessen vom zweiten Argument an, hier ios::end, womit das Datenstromende festgesetzt wird. Der Aufruf seekg(0L,ios::beg) verschiebt den Zeiger an den Stromanfang (0 ab **beg**in) und seekg(0L,ios::cur) überhaupt nicht (0 ab **cur**rent).
Zeile 15: Der Schleifenrest wird mit **continue** übersprungen, um sofort einen neuen Durchlauf zu starten.

Starten Sie nun das Programm. Geben Sie statt einer einzelnen Zahl einmal die folgende oder eine ähnliche Zahlenfolge ein, bevor Sie die ⏎-Taste betätigen:

```
12    12    6    0
```

Die letzte Zahl sollte dabei auf jeden Fall eine Null sein. Abgesehen von den mehrfachen Eingabetexten ist das angezeigte Endergebnis korrekt. Das Programm hat also jetzt nicht einzelne Eingaben, sondern einen ganzen Datenstrom verarbeitet.
Bei Fehlern im Datenstrom, wie beispielsweise bei

```
12    12    abc    6    0
```

bricht das Programm die Verarbeitung bei den fehlerhaften Daten, hier abc, ab. Dies liegt an dem Aufruf seekg in Zeile 14 unseres Programms, der ja dafür sorgt, daß der Rest des Datenstroms nicht verarbeitet wird. Besser wäre natürlich eine Lösung, bei der nur die fehlerhaften Zeichen übersprungen werden. Ändern Sie Zeile 14 hierzu folgendermaßen ab:

```
/* 14*/    while((cin.peek())>57 || cin.peek()< 48)
 ↳            cin.ignore();
```

Diese Schleife holt jeweils ein Zeichen aus dem Datenstrom, ohne es weiterzuverarbeiten, solange sein Wert größer als 57 oder kleiner als 48 ist. Die Verarbeitung beginnt also erst wieder mit einer Ziffer. Das nächste Zeichen wird hier durch die Methode **peek** abgefragt. Sie ermittelt den Zeichencode. Mit **ignore** werden Zeichen dem Datenstrom entnommen, ohne sie Variablen zuzuweisen. Sie werden also quasi vernichtet. Diese Methode arbeitet mit zwei Argumenten, int nCount=1 und int delim=EOF. Das erste gibt die Anzahl zu vernichtender Zeichen an, das zweite den Code eines Stoppzeichens. Tritt es im Strom auf, so werden die ihm folgenden Zeichen darin belassen. Da wir diese Argumente nicht überschreiben, wird immer genau ein Zeichen gelöscht.

Nur wenige Manipulatoren haben Einfluß auf die Extraktion von Daten. Sie können jedoch schnell das Additionsprogramm ändern, so daß es mit hexadezimalen Zahlen rechnet. Fügen Sie dazu nur den Manipulator hex in die Zeilen 10 und 22 wie gezeigt ein.

```
/*  10*/    cin >> hex >> zahl;
```

```
/*  22*/    cout << "Gesamtsumme: " << hex << summe;
```

Häufig werden für die Tastatureingabe auch die Methoden get und getline verwendet. Diese stellen wir Ihnen später im Zusammenhang mit der Dateiverarbeitung vor.

Die bisher benutzten Ein- und Ausgabeobjekte gehören zu den Klassen istream_withassign (cin) und ostream_withassign (cout, cerr und clog). Beide Klassen sind indirekt von der abstrakten Basisklasse ios abgeleitet. Alle Manipulatoren und Formatierungsmethoden, die wir bisher benutzt haben, haben die Objekte von dieser Klasse geerbt. Falls Sie also weitergehende Informationen benötigen, so müssen Sie in der Dokumentation bzw. den Hilfedateien unter der Klasse ios nachschlagen. Die Zugriffsmethoden und -operatoren haben sie von der jeweiligen direkten Basisklasse istream bzw. ostream ererbt.

7.2 Dateien

Da C++ die Sprache C beinhaltet, können Dateien natürlich vollständig mittels C-Bibliotheksfunktionen wie fopen, fclose usw. bearbeitet werden. Sie können sie sogar mit objektorientierten Konzepten mischen. Wir wollen Ihnen an dieser Stelle jedoch nur die alleinige Verwendung der iostream-Klassen zur Dateiverarbeitung demonstrieren. Die Klassen, die dazu zur Verfügung stehen, heißen ifstream, ofstream und fstream. Sie sind aus den Klassen istream, ostream und iostream abgeleitet. Eine vollständige Übersicht der Klassenhierarchie finden Sie im Anhang.

7.2.1 Dateien öffnen und schließen

Ebenso wie beim Bildschirm und der Tastatur dienen auch bei Dateien Objekte als Datenquelle bzw. Datenziel. Die verschiedenen Methoden, die zur Dateiverarbeitung benötigt werden, sind in den Klassen ofstream für Ausgabedateien, ifstream für Eingabedateien und fstream für Ein- und Ausgabedateien zusammengefaßt. Unser Beispielprogramm PRG07_10.CPP zeigt zwei verschiedene Möglichkeiten, wie Dateien in C++ geöffnet werden können, ohne C-Bibliotheksfunktionen zu benutzen. Es verwendet dabei nur die Ausgabeklasse.

```
           // PRG07_10.CPP
           //
           #include <fstream.h>
/*  4*/
/*  5*/ void main(void)
/*  6*/ {
/*  7*/     char datei1[]="abc.rst";
/*  8*/     char datei2[]="def.uvw";
/*  9*/     char datei3[]="ghi.xyz";
/* 10*/       cout << "Programmstart!" << endl;
/* 11*/       ofstream Ausgabe;
/* 12*/       Ausgabe.open(datei1,ios::app,filebuf::
 ⇨              sh_none);
/* 13*/       if (Ausgabe.good())
/* 14*/          cout << "Datei " << datei1 << " konnte
 ⇨              geöffnet werden." << endl;
/* 15*/       Ausgabe.close();
/* 16*/       if (Ausgabe.good())
/* 17*/          cout << "Datei " << datei1 << " konnte
 ⇨                    geschlossen werden." << endl;
/* 18*/       Ausgabe.open(datei2,ios::out,filebuf::
 ⇨              sh_none);
/* 19*/       if (Ausgabe.good())
```

```
/* 20*/          cout << "Datei " << datei2 << " konnte
  ↪                     geöffnet werden." << endl;
/* 21*/          Ausgabe.close();
/* 22*/          if (Ausgabe.good())
/* 23*/             cout << "Datei " << datei2 << " konnte
  ↪                     geschlossen werden." <<endl;
/* 24*/          ofstream Ausgabe2(datei3,ios::ate,filebuf::
  ↪                     sh_compat);
/* 25*/          if (Ausgabe2.good())
/* 26*/             cout << "Datei " << datei3 << " konnte
  ↪                     geöffnet werden." << endl;
/* 27*/          Ausgabe2.close();
/* 28*/          if (Ausgabe2.good())
/* 29*/             cout << "Datei " << datei3 << " konnte
  ↪                     geschlossen werden." << endl;
/* 30*/          Ausgabe2.open(datei2,ios::out,filebuf::
  ↪                     sh_none);
/* 31*/          if (Ausgabe2.good())
/* 32*/             cout << "Datei " << datei2 << " konnte
  ↪                     geöffnet werden." << endl;
/* 33*/          Ausgabe2.close();
/* 34*/          if (Ausgabe2.good())
/* 35*/             cout << "Datei " << datei2 << " konnte
  ↪                     geschlossen werden." << endl;
/* 36*/          cout << "Programmende!" << endl;
/* 37*/       }
```

Dieses Programm benutzt zwei Objekte der Klasse ofstream. Jedes Objekt wird nacheinander für eine andere Datei verwendet. Dabei setzt es sowohl die Methode open als auch den Konstruktor ein, um eine Datei zu öffnen. Den Fehlertest good() kennen Sie ja bereits.

Zeile 11: Diese Definition benutzt den argumentlosen Konstruktor, um das Objekt *Ausgabe* zu erzeugen. Dadurch ist noch keine Datei zugeordnet.
Zeile 12: Die Klassenmethode **open** wird mit drei Argumenten aufgerufen. Das erste ist der Dateiname und muß immer angegeben werden. Als zweites folgt der Dateimodus **ios::app**, der den Zeiger auf die Ausgabeposition an das Dateiende bewegt. Das dritte Argu-

ment legt den Bearbeitungsschutz *filebuf::sh_none* fest, so daß kein anderes Programm die Datei zusätzlich öffnen kann. Das zweite und dritte Argument kann weggelassen werden. Dann wird vom Compiler *ios::out* respektive *filebuf::sh_compat* eingesetzt. Sollte Ihr Compiler an dieser Stelle Fehler melden, so entfernen Sie das dritte Argument.

Zeilen 15, 21, 27 + 33: Die Methode **close** schließt die Datei, so daß das Objekt jetzt für eine andere Datei benutzt werden kann.

Zeilen 18 + 30: Hier verwendet open den Dateimodus **ios::out**. Jetzt wird der alte Dateiinhalt, sofern vorhanden, abgeschnitten, und die Ausgabe beginnt am Dateianfang.

Zeile 24: Der **Konstruktor** erhält hier alle drei Argumente. Er übernimmt in diesem Fall das Öffnen der Datei. Ein Aufruf der Methode open ist nicht notwendig. Jedoch kann die Datei von der Methode close oder auch vom Destruktor (hier beim Programmende) geschlossen werden.

Die folgende Tabelle zeigt die verschiedenen Dateimodi und erläutert ihre Verwendung:

Dateimodus	Beschreibung
ios::in	Lesen, verhindert bei Ausgabedateien Löschen
ios::nocreate	Kein Anlegen fehlender Dateien
ios::out	Schreiben; ohne Angabe weiterer Modi werden vorhandene Dateien gelöscht
ios::app	Ausgabe an Datei anhängen
ios::ate	Ausgabe an Datei anhängen, erlaubt nach erster Schreibanweisung Verschieben des Dateipointers
ios::noreplace	Keine vorhandene Datei überschreiben
ios::trunc	Vorhandenen Dateiinhalt löschen

Als dritten Parameter benutzen open und Konstruktor eine Angabe für den Bearbeitungsschutz. Er legt fest, ob und wie andere Programme die gleiche Datei öffnen dürfen, solange unser Programm sie geöffnet hält. Aus der folgenden Tabelle ersehen Sie die möglichen Parameter für Microsoft-Compiler. Für Borland-Compiler können Sie *filebuf::openprot* einsetzen. Dies entspricht der Option *sh_compat*.

Bearbeitungsschutz	Beschreibung
filebuf::sh_compat	Mehrfachzugriff eines Programms (Einzelplatz)
filebuf::sh_none	Exklusive Nutzung
filebuf::sh_read	Nur Lesen anderer Programme erlaubt; kann durch I mit filebuf::sh_write verbunden werden.
filebuf::sh_write	Nur Schreiben anderer Programme erlaubt; kann durch I mit filebuf::sh_read verbunden werden.

Diese Parameter sind in einer Klasse mit Namen *filebuf* definiert. Ein Objekt dieser Klasse ist immer Mitglied eines Dateiobjektes. Es führt die eigentliche Dateiverarbeitung durch. Das folgende Bild veranschaulicht das Zusammenspiel der Objekte mit Dateien und Programm.

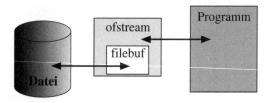

Benötigen Sie also Zusatzinformationen zu den verschiedenen Schutzoptionen, so schlagen Sie bitte in der Dokumentation unter der Klasse *filebuf* nach.

Eine häufige Anwendung, bei der eine Datei nur geöffnet und geschlossen wird, ist der Existenztest. Er prüft, ob eine Datei vorhanden ist oder nicht. Das folgende Programm prüft, ob der eingegebene Dateiname existiert.

```
            // PRG07_11.CPP
            //
            #include <fstream.h>
/*  4*/
/*  5*/ void main(void)
/*  6*/ {
/*  7*/    char datei[128];
```

```
/*   8*/    ifstream test;
/*   9*/    cout << "Dateiname: " << flush;
/*  10*/    cin.getline(datei,127);
/*  11*/    test.open(datei,ios::in | ios::nocreate);
/*  12*/    if (test.good()) cout << "Datei existiert!"
 ↳                               << endl;
/*  13*/    else cout << "Datei ist nicht vorhanden!"
 ↳                               << endl;
/*  14*/    }
```

Zeile 8: Das Objekt *test* gehört diesmal zur Eingabedateiklasse.
Zeile 10: Die Tastatureingabe des Dateinamens wird von der Methode **getline** extrahiert. Sie verwendet mindestens zwei, maximal drei Parameter: einen Pointer auf ein char-Array, die maximale Anzahl der Zeichen und ein Stoppzeichen. Wenn letzteres fehlt, wird der Standardwert \n eingesetzt. Im Gegensatz zum Extraktionsoperator >> überspringt getline keine Leerstellen und Tabulatoren!
Zeile 11: Für den Dateitest werden die beiden Modi ios::in und ios::nocreate durch den bitweisen Oder-Operator verknüpft. Dadurch wird sichergestellt, daß vorhandene Dateien weder gelöscht noch modifiziert und auch keine neuen Dateien angelegt werden.
Zeile 12: Falls kein Fehler beim Öffnen auftritt, muß die Datei also vorhanden sein.

Geschlossen wird die Datei jeweils wieder vom Destruktor bei Programmende.

7.2.2 Dateien lesen

Mit einem kleinen nützlichen Programm werden wir Ihnen nun zeigen, wie sie Dateien mit Hilfe der Objekte lesen können. Es kann Programmdateien lesen und die einzelnen Zeilen durchnumeriert am Bildschirm anzeigen. Als Überschrift gibt es den Namen und die Größe der Datei aus. Das folgende Listing zeigt unser Programm:

```
// PRG07_12.CPP
//
#include <fstream.h>
#include <iomanip.h>
```

```
/*  5*/
/*  6*/ void main()
/*  7*/ {
/*  8*/    int i=1;
/*  9*/    char zeile[250],datei[50];
/* 10*/    cout << "Dateiname: " << flush;
/* 11*/    cin.get(datei,50);
/* 12*/    ifstream eingabe(datei,ios::in | ios::
  ↳                nocreate);
/* 13*/    if (eingabe.good()){
/* 14*/       eingabe.seekg(0L,ios::end);
/* 15*/       cout << "Datei: " << datei << "\t"
/* 16*/            << eingabe.tellg() << " Bytes" <<
  ↳                endl;
/* 17*/       for(int j=0; j<80;j++) cout << "_";
/* 18*/       cout << endl;
/* 19*/       eingabe.seekg(0L,ios::beg);
/* 20*/       eingabe.getline(zeile,250);
/* 21*/       while (eingabe.good()) {
/* 22*/          cout << setw(2) << i++ << ":" << zeile
  ↳                << endl;
/* 23*/          eingabe.getline(zeile,250);
/* 24*/       }
/* 25*/    }
/* 26*/    else cout << "Dateifehler oder Datei nicht
  ↳                gefunden!" << endl;
/* 27*/ }
```

Zeile 11: Nach der Eingabeaufforderung wird die Methode **get** verwendet, um die Tastatureingabe des Namens der Datei im Array *datei* zu speichern. Der erste Parameter ist das Array, der zweite gibt die maximal einzulesenden Zeichen an, wobei ein abschließendes \0 mitzuzählen ist. Ein möglicher dritter Parameter gibt ein Stoppzeichen an, bei dem auf jeden Fall die Extraktion aus der Eingabe endet. Dieses Zeichen bleibt aber im Datenstrom. Da dieser Parameter hier fehlt, gilt der Standardwert \n.

Zeile 12: Das Objekt *eingabe* wird aus der Eingabeklasse ifstream erzeugt, wobei vom Konstruktor die eingegebene Datei geöffnet werden soll.

Zeile 13: Sofort nach dem Konstruktor wird die Testmethode *good* aufgerufen. Wenn kein Fehler beim Öffnen aufgetreten ist, liefert sie TRUE, und der Block für die Programmverarbeitung kann ausgeführt werden.

Zeile 14: Als erstes wird der Dateizeiger durch **seekg(0L,ios::end)** an das Ende der Datei positioniert. Das erste Argument bestimmt den relativen Abstand vom zweiten. Mit *-1L,ios::end* würden Sie den Pointer ein Byte vor das Dateiende stellen und mit *5L,ios::cur* fünf Bytes in Richtung Dateiende bzw. mit *-5L,ios::cur* fünf Bytes zurück zum Dateianfang.

Zeilen 15+16: Die Methode **tellg** ermittelt nun die Dateizeigerposition in Bytes ab Dateianfang. Ihr Ergebnis wird in den Ausgabestrom eingefügt und stellt die Dateigröße dar, da sich der Zeiger ja am Ende der Datei befindet.

Zeile 19: Mit *seekg(0L,ios::beg)* wird der Dateizeiger zurück zum Anfang der Datei gesetzt, damit nun gelesen werden kann.

Zeilen 20+23: Die Methode **getline** funktioniert wie get, jedoch wird das Stoppzeichen, hier der Standardwert \n, aus dem Datenstrom entfernt, so daß die nächste getline-Operation weiterlesen kann. Würden Sie hier ohne weitere Modifikation get einsetzen, so würde das Programm an dem ersten \n hängenbleiben.

Zeile 21: Die Schleifenbedingung wird ebenfalls mittels *good* ermittelt. Diese Methode erkennt Lesefehler und das Dateiende und liefert dann False. Sie erkennt nicht, wenn Sie zum Lesen beispielsweise get einsetzen und ständig \n gelesen würde, denn dies ist die normale Arbeitsweise von get!

Zeile 26: Hat nach dem Öffnen der Datei *good* False ergeben, so wird eine Fehlermeldung am Bildschirm angezeigt.

Auch dieses Programm schließt seine Datei durch den Destruktor am Programmende.

7.2.4 In Dateien schreiben

Damit PRG07_13.CPP seine Ausgabe nicht auf dem Bildschirm zeigt, sondern in einer Datei speichert, bedarf es keiner großen Programmänderungen. Es reicht schon, wenn Sie ein Ausgabeobjekt erzeugen und dabei eine Datei öffnen (Zeile 13A) und in den Zeilen 15, 17, 18 und 22 jeweils cout durch den Namen des erzeugten

Objektes ersetzen. Wir benutzen aber einige zusätzliche Methoden der Ausgabeklasse, um das Programm mit zusätzlichem Komfort zu versehen. Schauen Sie sich zunächst das folgende Programm an. Es speichert alle Ausgaben in einer Datei mit Namen PROGRAMM.LST, wobei neue Ausgaben an das Ende angehängt werden. Zu Beginn einer jeden neuen Ausgabe schreibt es die alte Größe der auszugebenden Programmdatei und die potentielle neue Größe, inklusive der hinzugefügten Zeilennummern, in die Ausgabe.

```
           // PRG07_13.CPP
           //
           #include <fstream.h>
           #include <iomanip.h>
/*    5*/
/*    6*/  void main()
/*    7*/  {
/*    8*/    int i=1;
/*    9*/    char zeile[250],datei[50];
/*   9A*/    streampos ausgabepos1,anfangpos,endepos;
/*   10*/    cout << "Dateiname: " << flush;
/*   11*/    cin.get(datei,50);
/*   12*/    ifstream eingabe(datei,ios::in | ios::
   ⇨                         nocreate);
/*   13*/    if (eingabe.good()){
/*   13A*/     ofstream ausgabe("programm.lst",ios::out |
   ⇨                         ios::ate);
/*   13B*/     if (ausgabe.good()){
/*   14*/        eingabe.seekg(0L,ios::end);
/*   15*/        ausgabe << "Datei: " << datei << "\t"
/*   16*/                << eingabe.tellg() << " Bytes";
/*   16A*/       ausgabepos1=ausgabe.tellp();
/*   16B*/       ausgabe << "                   "
   ⇨                    << endl;
/*   17*/        for(int j=0; j<80;j++) ausgabe << "_";
/*   18*/        ausgabe << endl;
/*   19*/        eingabe.seekg(0L,ios::beg);
/*   20*/        eingabe.getline(zeile,250);
/*   20A*/       anfangpos=ausgabe.tellp();
```

```
/* 21*/         while (eingabe.good()) {
/* 22*/            ausgabe << setw(2) << i++ << ":"
 ⇨                        << zeile << endl;
/* 22A*/           if (ausgabe.fail()){
/* 22B*/              cout << "Ausgabedateifehler beim
 ⇨                            Schreiben!" << endl;
/* 22C*/              break;
/* 22D*/           }
/* 23*/            eingabe.getline(zeile,250);
/* 24*/         }
/* 24A*/        endepos=ausgabe.tellp();
/* 24B*/        ausgabe.seekp(ausgabepos1,ios::beg);
/* 24C*/        ausgabe << " alt - Neu: " <<
 ⇨                        endepos-anfangpos << " Bytes";
/* 24D*/     }
/* 24E*/     else cout << "Ausgabedateifehler!" << endl;
/* 25*/   }
/* 26*/   else cout << "Eingabedateifehler oder Datei
 ⇨                    nicht gefunden!" << endl;
/* 27*/ }
```

Zeile 9A: Hier werden drei Variablen des Typs streampos (in IO-STREAM.H definiert) deklariert, die die Dateizeigerposition der Ausgabe speichern sollen.

Zeile 13A: Das Ausgabeobjekt wird nach erfolgreichem Test *eingabe.good* erzeugt. Es arbeitet in den Dateimodi ios::out und ios::ate, damit einerseits die Ausgabe an das Ende der bestehenden Datei angehängt wird, wir aber andererseits auch die Möglichkeit haben, den Dateizeiger an den jeweiligen Beginn der Ausgabe zurückzusetzen, um die neue Dateigröße nachzutragen.

Zeile 13B: Wenn auch beim Öffnen der Ausgabe kein Fehler aufgetreten ist, kann das eigentliche Programm in den Zeilen 14–24 durchgeführt werden.

Zeilen 15+16: Hier ist nur das Standard-Ausgabeobjekt cout durch das Ausgabeobjekt *ausgabe* ersetzt worden. Der Manipulator endl steht nun in 16A.

Zeile 16A: Die Methode **tellp** ermittelt die Dateizeigerposition, die in *ausgabepos1* gespeichert wird. An diese Stelle soll nach vollständiger Verarbeitung die errechnete neue Größe geschrieben werden.

208 EINGABE UND AUSGABE

Zeile 16B: Damit dabei später keine Daten überschrieben werden, wird hier mit den Leerstellen Platz reserviert.

Zeilen 17 + 18: Auch hier wurde cout durch *ausgabe* ersetzt.

Zeile 20A: Für die Berechnung der neuen Dateigröße bzw. geschriebenen Programmgröße wird der Beginn der ersten Zeile in *anfangpos* gespeichert.

Zeile 22: Das Objekt cout wurde durch *ausgabe* ersetzt.

Zeilen 22A–22D: Hier wird für die Ausgabe der numerierten Zeilen ein Fehlertest für *ausgabe* durchgeführt. Wenn Fehler auftreten, wird eine Meldung ausgegeben und über break die Schleife verlassen.

Zeile 24A: Nach der Verarbeitung der Eingabedatei wird die Dateiendeposition mit tellg ermittelt und in *endepos* gespeichert.

Zeile 24B: Durch den Aufruf **seekp(ausgabepos1,ios::beg)** wird der Dateizeiger auf die vorgesehene Ausgabeposition in der Kopfzeile gesetzt, an der wir bereits mit Leerstellen Platz reserviert hatten. Werden mit seekg bzw. seekp Argumente verwendet, die mit tellg bzw. tellp ermittelt wurden, so müssen Sie immer als zweites Argument ios::beg benutzen, denn die Position wird immer vom Dateianfang aus ermittelt.

Zeile 24C: Hier wird die Differenz aus *endepos* und *anfangpos* ausgegeben. Sie entspricht der Anzahl der dazwischen geschriebenen Bytes.

Zeile 24E: Hier wird die Fehlermeldung am Bildschirm ausgegeben, falls *ausgabe* nicht geöffnet werden kann.

Bisher haben wir für die Ausgabe immer den Einfüge-Operator << benutzt. Im folgenden Programm verwenden wir die Methode **put**, die genau ein Zeichen in die Ausgabe schreibt. Das Programm PRG07_14.CPP dient dazu, alle Tabulatorzeichen einer Eingabedatei in jeweils vier Leerstellen umzuwandeln.

```
         // PRG07_14.CPP
         //
         #include <fstream.h>
/*  4*/
/*  5*/  void main(void)
/*  6*/  {
/*  7*/    char zeichen,alt='\t',neu=' ';
/*  8*/    streampos laenge;
```

```
/*  9*/    ifstream eingabe("c:\\rororo\\prg07_14.cpp",
 ↪                          ios::in | ios::nocreate);
/* 10*/    ofstream ausgabe("c:\\rororo\\prg07_14.tab",
 ↪                          ios::out| ios::app);
/* 11*/    eingabe.seekg(0L,ios::end);
/* 12*/    laenge=eingabe.tellg();
/* 13*/    eingabe.seekg(0L,ios::beg);
/* 14*/    zeichen=eingabe.get();
/* 15*/    while (eingabe.good() && --laenge){
/* 16*/       if (zeichen==alt) for(int n=0;n<4;n++)
 ↪                 ausgabe.put(neu);
/* 17*/       else ausgabe.put(zeichen);
/* 18*/       eingabe.get(zeichen);
/* 19*/    }
/* 20*/  }
```

Zeile 7: Hier sind die Variablen für das einzulesende Zeichen sowie für den zu löschenden Tabulator und die Leerstelle definiert. Legen Sie einfach andere Werte fest, wenn Sie andere Zeichen suchen und ersetzen möchten.

Zeilen 9 + 10: Ein- und Ausgabedatei sind im Programm kurzerhand als Konstante eingegeben. Es dürfte Ihnen aber nicht schwerfallen, das Programm so zu ändern, daß sie über die Tastatur eingegeben werden können.

Zeilen 11–13: Der Dateipointer wird wiederum an das Ende gesetzt, um die Dateilänge zu ermitteln. Nachdem sie in der Variablen *laenge* gespeichert wurde, muß der Zeiger wieder an den Dateianfang.

Zeilen 14 + 18: Die Methode **get** liest hier genau ein Zeichen. Beide gezeigten Aufrufvarianten sind äquivalent; sie reagieren jedoch nicht auf EOF. Deshalb benötigen wir die Dateilänge als Zählvariable, um alle Zeichen der Datei und nicht mehr zu lesen.

Zeile 15: Hier wird die Zählvariable durch UND mit dem Dateitest verknüpft. Da sie rückwärts gezählt wird, endet die Schleife, sobald die Variable den Wert null annimmt. Dann sind alle Zeichen gelesen worden.

Zeilen 16 + 17: Hier wird der Ersetzungsprozeß durchgeführt. Wird ein altes Zeichen (Tabulator) erkannt, wird es durch vier neue (Leerstelle) ersetzt. Wenn Sie andere Zeichen festlegen, müssen Sie eventuell auch die Zählgrenze für *n* ändern.

7.2.5 Dateien drucken

Eine Datei zu drucken ist nach dem bisher Gelernten nur noch eine Kleinigkeit. Den iostream-Klassen liegt, wie Sie nun wissen, das Konzept von Datenströmen zugrunde. Als Quelle solcher Ströme haben Sie in den bisherigen Programmen die Tastatur und Dateien und als Ziele den Bildschirm und ebenfalls Dateien kennengelernt. Aber auch der Drucker kann als Ziel eines Datenstromes dienen. Zwei Möglichkeiten stehen Ihnen zur Verfügung, wenn ein Ausgabeprogramm den Drucker benutzen soll.

Eine besteht darin, den Gerätenamen des Druckers (PRN, LPT1 usw.) als Dateinamen bei der Methode open oder beim Konstruktor einzusetzen. Im Programm werden dann die Daten über Einfügeoperator oder put zum Drucker ausgegeben. So läßt sich unser Programm PRG07_14.CPP leicht in ein druckendes Programm ändern. Ändern Sie lediglich die Zeile 10, indem Sie den Druckernamen für den Dateinamen einsetzen. Die Ausgabeanweisungen stimmen bereits.

```
/* 10*/     ofstream ausgabe("LPT1",ios::out| ios::app);
```

Eine andere Möglichkeit bietet sich eher für Programme an, die bisher Bildschirmausgaben erzeugten. Auch hier wird der Drucker als Objekt der Klasse ofstream erzeugt. Statt aber alle cout-Anweisungen zu ändern, wird einfach das Objekt umgewandelt. In PRG07_12.CPP fügen Sie beispielsweise folgende zwei Zeilen ein:

```
/* 13A*/    ofstream drucker("PRN",ios::out|
⇨                           ios::app);
/* 13B*/    cout=drucker;
```

In der **Zeile 13B** wird die Umwandlung vorgenommen. Diese Umwandlung funktioniert aber nur bei cin, cout, cerr und clog, denn sie gehören zur Klasse istream_withassign bzw. ostream_withassign. Für diese Klassen ist der =-Operator zu diesem Zweck überladen worden.

7.2.6 Binärdateien

Die Dateien, mit denen bisher gearbeitet wurde, werden als Textdateien bezeichnet. Dabei ist weniger entscheidend, daß sie Texte enthalten, sondern vielmehr die Art der Speicherung. Derartige Dateien sind aus Datenzeilen aufgebaut, die mit dem Zeichen \n (0xA) abschließen. Beim Lesen wird dieses Zeichen in die Folge CR+LF (0xD+0xA) umgewandelt. Beim Speichern wird daraus dann wieder der Zeilenvorschub \n.

Wenn nun kompliziertere Datenstrukturen gespeichert werden sollen, kann der Wert 0xA vorkommen, ohne daß damit ein Zeilenvorschub gemeint ist. Damit sich bei solchen Daten keine Fehler einschleichen, werden sie binär gespeichert, das heißt quasi in Rohform, so, wie sie sich im Speicher befinden. Das bedeutet natürlich auch, daß jedes Programm, das diese Binärdateien lesen will, ihren Aufbau und die Datenstrukturen genau kennen muß.

Unser Programm PRG07_15.CPP speichert und liest eine komplexe Datenstruktur, nämlich ein Objekt aus Kapitel 4. Wir möchten jedoch gleich vorweg betonen, daß diese Methode zum Speichern von Objekten nicht unbedingt zu empfehlen ist; sie dient nur der Demonstration eines komplexen Datentyps. Wenn nämlich die Deklaration der Klasse geändert wird, kann auf die gespeicherten Daten nicht mehr zugegriffen werden. Besser ist es, eine Klassenmethode zu definieren, die das Speichern der Objekte vornimmt.

```
         // PRG07_15.CPP
         //
         #include <fstream.h>
         #include "prg03_1.h"
/*   5*/
/*   6*/ void main(void)
/*   7*/ {
/*   8*/    Grundstueck Nr100;
/*   9*/    Grundstueck Nr200;
/*  10*/    Nr100.speichereGrunddaten("Köln",123,
                                     78,520);
/*  11*/    Nr100.zeigeGrunddaten();
/*  12*/    ofstream ausgabe("Kataster",ios::out |
                             ios::app | ios::binary);
/*  13*/    ausgabe.write((char *)&Nr100, sizeof Nr100);
/*  14*/    ausgabe.close();
/*  15*/    ifstream eingabe("Kataster",ios::in);
/*  16*/    eingabe.setmode(filebuf::binary);
/*  17*/    eingabe.read((char *)&Nr200, sizeof Nr200);
```

```
/*  18*/        eingabe.close();
/*  19*/        Nr200.zeigeGrunddaten();
/*  20*/    }
```

Zeile 4: Die eingefügte Include-Datei stammt aus Kapitel 4 und enthält die Klassendeklaration für Grundstücke.

Zeile 12: Die Ausgabedatei KATASTER wird in den Dateimodi out, app und binary geöffnet. Der Zusatz ios::binary verhindert die Umwandlung des Zeichens 0xA. Fehlt dieser Modus, so wird eine Datei als Textdatei geöffnet.

Zeile 13: Zum Schreiben der Daten wird die Methode **write** benutzt. Sie benötigt zwei Argumente, einen Pointer auf einen Speicherbereich, der die Daten enthält, und eine Angabe über die Datengröße. Hier werden Adresse und Größe des Objektes angegeben. Der cast sorgt dafür, daß ein korrekter Pointertyp beim Kompilieren erkannt wird.

Zeilen 15 + 16: Für das Einlesen der Daten wird die Datei zunächst als Textdatei geöffnet. Textdateien können bei Microsoft jederzeit durch die Methode **setmode(filebuf::binary)** für Binärverarbeitung vorbereitet werden. Bei anderen Compilern setzen Sie bitte Kommentarzeichen vor die Zeile 16 und geben zusätzlich ios::binary beim Konstruktor in Zeile 15 an.

Anmerkung:
Als dritte Möglichkeit können auch bei einigen Compilern die Manipulatoren **text** und **binary** benutzt werden.

Zeile 17: Die Methode **read** liest die Daten in einen Speicherbereich ein. Ebenso wie write benötigt sie als Argumente die Adresse des Speicherbereiches und seine Größe.

Die Methoden write und read können natürlich auch bei Textdateien verwendet werden. Dann transformieren sie jedoch wieder das Zeichen \n.

7.2.7 Zusammenfassung

Wir können wie folgt zusammenfassen:

- Eingabedateien werden als Objekte der Klasse ifstream realisiert. Jedes Programm verfügt automatisch über ein Standardobjekt für Tastatureingaben mit Namen cin.

- Ausgabedateien werden als Objekte der Klasse ofstream realisiert. Jedes Programm verfügt automatisch über Standardobjekte für Bildschirmausgaben mit Namen cout, clog und cerr.
- Manipulatoren werden in den Datenstrom mittels Einfüge- (<<) oder Extraktionsoperator (>>) eingebaut.
- Die in diesem Kapitel behandelten Methoden sind:

Methode	Verwendung
close	Schließt eine Datei
get	Liest Zeichen und läßt Stoppzeichen im Datenstrom
getline	Liest Zeichen und entfernt Stoppzeichen aus Datei
ignore	Entfernt Zeichen aus Datenstrom
open	Initialisiert das Objekt und öffnet eine Datei
peek	Prüft nächstes Zeichen im Datenstrom, ohne zu lesen
put	Schreibt ein einzelnes Zeichen
read	Liest Datenblock in einen Speicherbereich
seekg, seekp	Bewegt Dateizeiger
tellg, tellp	Ermittelt Dateizeigerposition
write	Schreibt einen Speicherbereich als Datenblock

7.2.8 Übungen

Aufgabe 24

Schreiben Sie unser Preislistenprogramm PRG07_6.CPP so um, daß Sie in ein weiteres Array von double-Werten über die Tastatur Bestellmengen eingeben können. Als Eingabeaufforderung soll das Programm den jeweiligen Artikel anzeigen. Die Ausgabe soll anschließend in tabellarischer Form erfolgen und folgende Spalten beinhalten: Artikel, Nettopreis, Bestellmenge und Gesamtpreis.

Aufgabe 25

Erstellen Sie ein kleines Additionsprogramm, das die eingegebenen Summanden und die Endsumme kommastellengerecht untereinander mitdruckt.

Aufgabe 26

Schreiben Sie ein Programm, das eine EXE-Datei von der Festplatte auf eine Diskette kopieren kann.

8 TEMPLATES

In der Programmiersprache C war es üblich, für bestimmte Anwendungsfälle Funktionsmakros zu schreiben, die vom Präprozessor bearbeitet wurden. Da hier jedoch einige unangenehme Fehlerquellen zu berücksichtigen waren, hat man in C++ versucht, mit Templates (Schablonen) einige dieser potentiellen Fehlerquellen auszuschließen. Bevor wir uns an die Schablonen begeben, werfen wir daher erst noch einen Blick auf die Arbeitsweise eines Makros.

8.1 Makros

Zu den Aufgaben des Präprozessors gehört, neben dem Einfügen von Dateien mit #include, das Definieren von Konstanten mit der Anweisung #define. Mit #define können jedoch auch komplexere Ausdrücke ersetzt werden, sogenannte **Makros**. Ein Beispiel zeigt Programm PRG08_1.CPP.

```
      // prg08_1.cpp
      #include <iostream.h>
      #define QUADRAT(x)   (x) * (x)
/* 4*/ void main(void)
/* 5*/ {
/* 6*/   cout << QUADRAT(12) << '\n';
/* 7*/ }
```

Die Ausgabe des Programms lautet 144.

Zeile 3: In dieser Zeile wird ein Makro mit Namen *QUADRAT* definiert. Es benutzt einen sogenannten formalen Parameter (x). Dieser

Parameter muß direkt dem Namen (QUADRAT) folgen, da er sonst als zum Rumpf des Makros gehörend gezählt würde. Der Rumpf ((x) * (x)) besagt, daß der formale Parameter mit sich selbst malgenommen werden soll.

Zeile 6: In dieser Zeile erfolgt die eigentliche **Makroerweiterung**. Das bedeutet, daß der Ausdruck *QUADRAT(12)* durch *(x) * (x)* ersetzt wird und außerdem *x* durch den tatsächlichen Wert 12. Nachdem der Präprozessor diese Zeile bearbeitet hat, lautet sie:

```
/* 6*/   cout << (12) * (12) << '\n';
```

Für den Einsatz von Makros an dieser Stelle gibt es zwei Gründe: Erstens bewirkt der Einsatz von Makros eine schnellere Programmausführung als entsprechende Funktionen, und zweitens kann ein Makro alle Datentypen verarbeiten. Diesen zweiten Aspekt sehen wir uns gleich im Programm PRG08_2.CPP an.

Die schnellere Ausführung von Makros liegt einfach daran, daß der zusätzliche Verwaltungsaufwand für den Aufruf einer Funktion wegfällt. Der Nachteil besteht darin, daß das Programm umfangreicher wird, da eine Makrofunktion nicht nur einmal im Programm existiert, sondern an jede Stelle kopiert wird, an der sie benutzt wird.

Sehen wir uns aber jetzt das nächste Programm an.

```
        // prg08_2.cpp
        #include <iostream.h>

        #define MAX(x,y)   (((x) > (y)) ? (x) : (y))

/* 6*/ void main(void)
/* 7*/ {
/* 8*/   int a=2,b=7;
/* 9*/   double c=3.5,d=3.6;
/*10*/   cout << MAX(a,b) << "\n";
/*11*/   cout << MAX(c,d) << '\n';
/*12*/ }
```

Als Ausgabe liefert das Programm die folgenden Werte:

```
7
3.6
```

Zeile 10 + 11: Wie man sieht, kann ein Makro für unterschiedliche Datentypen verwendet werden. Der Präprozessor ersetzt einfach nur den Makronamen durch den Makrorumpf und fügt die tatsächlichen Werte ein. Dabei ist es ihm völlig gleichgültig, um welche Art von Daten es sich handelt. In C++ können wir ein ähnliches Verhalten durch Funktionsüberladung erreichen oder, was noch eleganter ist, durch Templates. Dazu in Kürze mehr.

Zeile 4: Die Schreibweise mit dem Fragezeichen und dem Doppelpunkt in dieser Zeile ist neu für Sie. Es handelt sich dabei um den sogenannten **Bedingungsoperator**. Der Bedingungsoperator kann dazu genutzt werden, eine if-else-Anweisung zu ersetzen. So kann der Ausdruck:

```
if (x >=12) y=100;
else y=50;
```

mit dem Bedingungsoperator so formuliert werden:

```
y = (x>=12) ? 100 : 50;
```

Als erstes steht in Klammern die Bedingung, die getestet werden soll (x>=12). Ist diese Bedingung wahr, wird der Wert hinter dem Fragezeichen (?) als Ergebnis geliefert, ansonsten der Wert hinter dem Doppelpunkt (:). Ein häufiger Einsatz dieses Operators findet sich in Makros, so wie wir hier demonstriert haben.

8.2 Funktionstemplates definieren

Trotz der bisher beschriebenen angenehmen Eigenschaften haben Funktionsmakros einen gravierenden Nachteil: Eine Typprüfung ist bei ihnen nicht möglich. Und da C++ eben diese Typprüfung besonders wichtig nimmt, hat man bei der Entwicklung von C++ einen Ausweg aus diesem Dilemma gesucht und in der Form von Templates (Schablonen) gefunden. Templates werden jedoch nicht von allen Compilern unterstützt. Die in diesem Kapitel vorgestellten Schablonen können von Visual C++ 1.0 zum Beispiel nicht genutzt werden.

Templates sind Schablonen, die für eine Gruppe von Funktionen eingesetzt werden, die sich nur in den Typbezeichnern unterscheiden.

Die Funktion *MAX* aus PRG08_2.CPP hätte statt durch ein Makro auch durch zwei Funktionen realisiert werden können:

```
int max(int x, int y)
{
   return (x > y) ? x :y;
}

double max(double x, double y)
{
   return (x > y) ? x :y;
}
```

Für jeden weiteren Datentyp müßte man eine weitere Funktion definieren. Dieses umständliche Arbeiten läßt sich durch Templates umgehen. Die Definition eines Templates sieht so aus:

```
      // prg08_3.cpp
      #include <iostream.h>

/* 4*/ template <class T> T max(T x, T y)
/* 5*/ {
/* 6*/    return (x > y) ? x : y;
/* 7*/ };
/* 8*/
/* 9*/ void main(void)
/*10*/ {
/*11*/ int a=5,b=3;
/*12*/ double c=39.5,d=22.6;
/*13*/    cout << max(a,b) << "\n";
```

```
/*14*/    cout << max(c,d) << '\n';
/*15*/ }
```

Zeile 4: Hier wird festgelegt, daß eine Funktion *max(T,T)* existiert. Für T kann dabei jeder beliebige Typ (zum Beispiel auch Klassen) eingesetzt werden.

Zeilen 13 + 14: Wie Sie sehen, kann jetzt das Funktionstemplate benutzt werden, um unterschiedliche Datentypen zu vergleichen. Der Compiler sorgt dafür, daß beim Aufruf die jeweils richtige Funktion erzeugt wird.

9 EIN FALLBEISPIEL FÜR XBASE

Nachdem Sie nun die verschiedenen Sprachelemente und Techniken von C++ kennengelernt haben, wollen wir Ihnen in diesem Kapitel zeigen, wie Sie damit ein etwas komplexeres Praxisbeispiel entwikkeln können. Wir wollen und können an dieser Stelle nicht auf die verschiedenen Methoden für die systematische Entwicklung größerer Programmsysteme eingehen. Von diesen Methoden, deren wichtigste Vertreter die Strukturierte Analyse, kurz SA (DeMarco, 1976), die Entity-Relationship-Modelle (Chen, 1979), die Zustandsdiagramme (Harel, 1987) und die Objekt-Modellierungs-Technik, kurz OMT (Rumbaugh 1991) sind, eignet sich keine allein für Systementwicklungen in objektorientierter Programmierung. Vielmehr ist in der Regel eine Kombination aus mehreren dieser Techniken notwendig, wobei sich Objekte meistens schwer darstellen lassen, da die Methoden vielfach zu Zeiten entwickelt worden sind, als noch streng zwischen Daten und Funktionen eines Programms unterschieden wurde. Dies widerspricht jedoch der Datenkapselung von Objekten. Wir möchten in diesem Kapitel versuchen, Ihnen einen eher pragmatischen, checklistenartigen Leitfaden für die Umsetzung eines konkreten Problems in ein objektorientiertes Programm zu vermitteln.

9.1 Die Problemstellung

9.1.1 Die Aufgabe

Bei den DOS-Datenbanksystemen hat sich im Laufe der Zeit ein Standard für die Dateiformate durchgesetzt. Nach der Software, die dieses Format zuerst benutzt hat, wird es heute allgemein als dBase-Format bezeichnet. Selbst Windows-Datenbanken sind in der

Lage, Dateien dieses Formates zu importieren und zu exportieren. Unsere Aufgabe soll es sein, ein objektorientiertes Programm, genauer gesagt, eine Schnittstelle für diese Dateien zu entwickeln, damit die Datenstrukturen und die Daten gelesen werden können.

9.1.2 Die Problemanalyse

Der erste Schritt auf dem Weg zu einem Programm ist die gedankliche Auseinandersetzung mit dem Problem, kurz Analyse genannt. Dabei kommt es darauf an, möglichst vollständige, zuverlässige und detaillierte Informationen zu

- existierenden Datenbeständen,
- gewünschten Programmausgaben,
- möglichen Programmeingaben und
- zu automatisierenden Verarbeitungsabläufen

zu sammeln. Gehen wir diese Punkte einmal der Reihe nach durch.

Datenbestände
Unser Programm soll Datenbankdateien im dBase-Format lesen können. Also benötigen wir Informationen über ihren Aufbau. Solche Beschreibungen kann man den technischen Programmiererhandbüchern entnehmen, oder man empfängt sie, was sich mehr und mehr verbreitet, aus Mailboxen, die von den Softwareherstellern zur Informationsverbreitung betrieben werden. Die Beschreibung, die wir benötigen, ist jedoch in fast jedem Buch zu finden, das ein entsprechendes Datenbanksystem zum Thema hat.
Die folgende Tabelle beschreibt, welchen Aufbau eine Datenbankdatei mit der Dateierweiterung DBF hat. Die erste Spalte gibt an, wo die Information innerhalb der Datei gespeichert ist. Dabei wird die Position als relativer Abstand (engl. offset) zum Dateianfang angegeben. Das erste Byte ist der Anfang der Datei und hat somit den relativen Abstand null, das zweite den Abstand eins usw. Spalte zwei gibt an, wieviel Bytes zusammenzufassen sind, um die in Spalte drei beschriebene Information zu erhalten.

Byte-Offset	Länge	Bedeutung
0	1	Kennung
1	3	Aktualisierungsdatum (JJMMTT)
4	4	Satzanzahl
8	2	Offset zum 1. Satz
10	2	Satzlänge
12	20	interne Verwendung
32	11	1. Feldname
43	1	Feldtyp
44	4	interne Verwendung
48	1	Feldlänge
49	1	Nachkommastellen
50	14	interne Verwendung
64	11	2. Feldname
...		Rest + weitere Felder
(8)-1	1	0x0D (Ende der Struktur)
(8)	1	Löschkennzeichen " " oder "*"
...	(10)-1	Rest des 1. Satzes
(8)+(10)	1	Beginn 2. Satz
...	(10)-1	Rest des Satzes
(8)+2*(10)	1	Beginn 3. Satz
...		Rest 3. Satz + weitere Sätze
(10)*(4)+(8)	1	0x1A ([Strg]+[Z] = EOF)

Anmerkung:
In der Tabelle bedeuten die Klammern () in der ersten Spalte «Information bei Offset...», also ist beispielsweise (8) als «Information bei Offset 8» zu lesen. Dies entspricht der Position des ersten Datensatzes.

Kennung   Das erste Byte verschlüsselt zwei Informationen. Zum ersten beschreibt es, von welcher Programmversion die Datei angelegt wurde, und zum zweiten gibt es an, ob eine weitere Datei, eine sogenannte Memo-Datei, zusätzliche Daten enthält. Folgende he-

DIE PROBLEMSTELLUNG 223

xadezimalen Byte-Werte sind möglich:

02 weist auf dBase II hin. Für diesen Fall gilt der Rest der obigen Tabelle nicht mehr. Derartige Dateien werden wir nicht berücksichtigen.

03 weist ursprünglich auf dBase III+ hin. Andere Systeme wie Clipper, dBase IV, Foxpro usw. benutzen diese Kennung aber ebenfalls.

83 weist auf eine Datei von Clipper oder dBase III+ hin, zu der eine Memo-Datei (gleicher Name, jedoch Erweiterung DBT) gehört.

43 Manche Systeme exportieren Dateien im dBase-IV-Format ohne Memo-Datei mit dieser Kennung.

8B weist auf eine Datei von dBase IV mit zugehöriger Memo-Datei hin.

F5 weist auf eine Datei von Foxpro mit zugehöriger Memo-Datei hin.

Aktualisierungsdatum	Drei Bytes beinhalten verschlüsselt das Datum, jeweils eines für das Jahr (ohne Jahrhundertangabe), den Monat und den Tag. Die Verschlüsselung erfolgt binär, das heißt 0x01 steht für 1901, 0x5D für 1993, 0x5E für 1994 usw. Monate und Tage werden entsprechend als 0x01 bis 0x0C bzw. 0x1F gespeichert. Diese Verschlüsselung entspricht dem Datentyp unsigned char.
Satzanzahl	Es können bis zu ca. 1 Milliarde Datensätze vorhanden sein. Daher werden vier Bytes benutzt, um die Satzanzahl zu verschlüsseln, wobei das niederwertige Byte zuerst und das höherwertige zuletzt gespeichert ist. Dies entspricht dem Datentyp unsigned long int (0 bis 4294967296). Er speichert eine Satzanzahl von 363 (0x016B) als 6B 01 00 00.
Offset zum 1. Satz	Zwei Bytes verschlüsseln binär die Anzahl

	Bytes vom Dateianfang, ab der die Datensätze beginnen. Dies entspricht dem Datentyp unsigned int.
Satzlänge	Für die Satzlänge werden ebenfalls zwei Bytes benutzt. Also paßt auch hier der Datentyp unsigned int.
Feldname	Er kann maximal 10 Zeichen lang sein. Einschließlich des abschließenden \0-Zeichens werden also bis zu 11 Bytes belegt. Kürzere Namen werden mit \0 beendet. Dann sind die restlichen Bytes ohne Bedeutung.
Feldtyp	Ein Byte beinhaltet den Kennbuchstaben für den Feldtyp. Dies entspricht dem Datentyp char. Als Kennbuchstaben können auftreten: C Zeichendaten (Buchstaben und Ziffern möglich) D Datumsangaben F Gleitkommazahlen (kann sowohl sehr große als auch sehr kleine Zahlen speichern) L Logischer Wert (nur J, T, N, F und ? möglich) N Festkommazahlen (kann nur Zahlen mit maximaler Stellenzahl speichern) M Memofelder (werden in separater Datei gespeichert)
Feldlänge	Ein Byte enthält in binärer Form die Länge des Feldes. Dies entspricht in der Länge dem Datentyp unsigned char, jedoch muß er in unsigned int umgewandelt werden.
Nachkommastellen	Diese Angabe wird genauso gespeichert wie die Feldlänge.
Ende der Struktur	Bevor die eigentlichen Daten beginnen, ist ein Byte 0x0D (dez. 13, entspricht Carriage Return bzw. Zeilenschaltung) eingefügt.
EOF	Dieses Byte steht auch in den Datenbankdateien für das Dateiende.

DIE PROBLEMSTELLUNG

Sehen wir uns einmal ein **Beispiel** an:
Das nächste Bild zeigt die Struktur der Datenbankdatei BEISPIEL.DBF.

```
Struktur von BEISPIEL.DBF Feld 1

Feld Name    Typ          Länge   Dez.

FELD1        Character      2
FELD2        Numerisch      3      1
```

Sie besteht aus nur zwei Feldern. Das erste Feld enthält Text aus maximal zwei Zeichen, das zweite Zahlen mit einer Nachkommastelle.
Die Inhalte der Datensätze zeigt das nächste Bild:

```
                    <Deleted>            SatzNr 2/2
              FELD1  FELD2

                 AB   1.5
                 XY   2.3
```

Es sind nur zwei Datensätze vorhanden, wobei der zweite eine logische Löschmarkierung (<Deleted>) enthält.
Wenn wir uns nun anschauen, was Byte für Byte hintereinander in der Datei gespeichert wurde, so erhalten wir den folgenden Bytestrom, unter den wir bereits die entschlüsselten Werte gesetzt haben:

```
03 5E 01 0B 02 00 00 00 62 00 06 00 00 00 00 00        ...
 3 94 01 11    2        98  6  <-- reser-

00 00 00 00 00 00 00 00 00 00 00 00 00 00 00 00        ...
viert  --   reserviert  --   reserviert  -->

46 45 4C 44 31 00 A5 04 83 1C 00 43 58 66 0D 00        ...
 F  E  L  D  1 \0 <undefiniert>    C <reserviert>

02 00 72 6D 9E 66 A8 21 D1 4E 0D 00 72 6D AE 66        ...
 2  0 <-reserviert - reserviert - reserviert ->

46 45 4C 44 32 00 A5 04 83 1C 00 4E 58 66 0D 00        ...
 F  E  L  D  2 \0 <undefiniert>    N <reserviert>

03 01 72 6D 9E 66 A8 21 D1 4E 0D 00 72 6D AE 66        ...
 3  1 <-reserviert - reserviert - reserviert ->

0D 00 20 41 42 31 2E 35 2A 58 59 32 2E 33 1A
<VS-E>    A  B  1  .  5  *  X  Y  2  .  3 <EOF>
```

Vergleichen Sie noch einmal die Dateibeschreibung der obigen Tabelle mit unserem Beispiel.

Programmausgaben
Unter Ausgaben muß man im weitesten Sinne alles verstehen, was ein Programm, ein Modul oder eine Funktion als Ausgabe und Zugriffsmöglichkeit erlaubt. Dazu gehören also nicht nur Ausdrucke und Bildschirmausgaben, sondern auch Rückgabewerte von Funktionen sowie Daten, die als public oder static deklariert wurden. Dadurch wird ein Teil der **Schnittstelle** unseres Programms zu anderen Programmen und zur Bedienung festgelegt. Wir müssen uns also die folgenden Fragen stellen:

- Welche Informationen muß unser Programm unbedingt bereitstellen?
- Wie müssen diese verfügbar sein?
- Welche Zugriffe bzw. Aufrufe darf unser Programm nicht zulassen?

Als Ausgaben werden von der Aufgabenstellung die Bildschirmanzeige der Datenstruktur und der Daten gefordert. In unserem Beispiel gehen wir davon aus, daß sich nach Rücksprache mit unseren Auftraggebern herausgestellt hat, daß unser Programm anderen Programmen auch noch folgende Angaben bereitstellen muß:

- die Versionsnummer
- das letzte Änderungsdatum
- die Anzahl Datensätze

Jetzt können wir unsere **1. Programmspezifikation** festlegen. Sie besteht aus dem Design der Bildschirmausgaben und der Festlegung von Funktionsnamen der Schnittstelle und ihren Rückgabetypen. Sie sehen folgendermaßen aus:

(1) Bildschirmanzeigen:
 (a) Datenstruktur
  Die Ausgabe wird fünfspaltig festgelegt mit folgender Überschrift:

```
NR FELDNAME   TYP LÄNGE DEZ
```

  Der jeweilige Spalteninhalt bedarf aufgrund der Spaltenüberschrift keiner weiteren Erläuterung.
 (b) Daten
  Die Datensätze werden mit vorangestellter laufender Satznummer mit Doppelpunkt und einem Trennstrich zwischen den Feldern angezeigt, beispielsweise:

```
1: |AB|1.5
2:*|XY|2.3
```

(2) Schnittstellenfunktionen:

Ausgabe	Funktionsname	Rückgabewert
Strukturanzeige	zeigeStruktur	keiner (void)
Datenanzeige	zeigeDaten	keiner (void)
Versionsnummer	Version	Ganzzahl (int)
Änderungsdatum	Stand_vom	Zeichenkette (char *)
Satzanzahl	zaehleSaetze	große Ganzzahl (unsigned long int)

Die Datumszeichenkette soll folgenden Aufbau haben:
<Wochentag>, den TT.MM.JJJJ (ww. KW)
Für T, M, J und w sind Tag, Monat, Jahr und Wochennummer mit der angegebenen Stellenzahl einzusetzen.

Programmeingaben
Ähnlich wie bei den Programmausgaben werden nicht nur Tastatureingaben, sondern auch die Funktionsparameter als Eingaben angesehen. Sie bestimmen einen weiteren Teil unserer Schnittstelle. Unser Programm soll kein Dialogprogramm, sondern ein Schnittstellenmodul sein. Daher können wir uns das sonst an dieser Stelle notwendige Design von **Bildschirmeingabemasken** ersparen. Für unsere Aufgabenstellung ist es jedoch wichtig, Anzahl, Typ und Vorgabewerte der **Funktionsargumente** festzulegen.

Bis auf die Datenanzeigefunktion werden von keiner anderen Argumente benötigt. Obwohl diese auch nicht zwingend Parameter verlangt, ist es doch sinnvoll, zwei Argumente vorzusehen. Dadurch können aufrufende Programme für die Ausgabe einen Datenbereich von Satznummer x bis Satznummer y spezifizieren.

Für den Fall, daß die Anzeige des Änderungsdatums in einem anderen Format erfolgen soll, können noch Modifikationen erforderlich werden. Damit wir dies nicht aus den Augen verlieren, markieren wir die Funktion in der folgenden Tabelle mit einem Fragezeichen.

Die abschließende Festlegung für unsere fünf Funktionen sieht dann folgendermaßen aus:

Aufruf	**Argument-anzahl**	**Argumenttypen**	**Vorgabewerte**
Strukturanzeige	0		
Datenanzeige	2	unsigned long int	1
		unsigned long int	größtmöglicher
Versionsnummer	0		
Änderungsdatum	0 ?		
Satzanzahl	0		

Die Angaben aus den beiden letzten Tabellen ermöglichen uns nun bereits, die Funktionen zu deklarieren:

```
void zeigeStruktur(void);
void zeigeDaten(unsigned long int anfang=1,
                unsigned long int ende=0xFFFFFFFF);
int Version(void);
char *Stand_vom(void);
unsigned long int zaehleSaetze(void);
```

Anmerkung:
Das zweite Argument *ende* der Funktion *zeigeDaten* müßte eigentlich als Vorgabewert die höchste Satznummer einer Datei erhalten, damit bei einem argumentlosen Aufruf alle Sätze vom ersten bis zum letzten angezeigt werden. Es erhält als Vorgabewert jedoch den größten überhaupt möglichen Wert. Die Funktion wird dann später selbst den kleineren der beiden, Vorgabe und Satzanzahl der Datei, ermitteln und benutzen.

Verarbeitungsabläufe
Bei der Entwicklung der Verarbeitungsabläufe eines Programms geht man am besten in zwei Detaillierungsstufen vor:
- Entwurf der fachproblembezogenen Abläufe, wie beispielsweise Auftragsbearbeitung, Bestellwesen, Lagerverwaltung usw.
- Entwurf der technischen Implementierung, wie zum Beispiel Dateibehandlung, Fehlerroutinen usw.

Um den ersten Bereich brauchen wir uns im Rahmen unserer Aufgabenstellung nicht zu kümmern. Dies ist Sache der Programme, die unser Schnittstellenmodul aufrufen, denn wir erstellen nur ein Serviceprogramm. Diese Trennung von allgemeinen DV-Routinen und anwendungsspezifischen Teilen ist typisch für moderne Programmsysteme.
Der zweite Bereich bildet den Schwerpunkt unserer Überlegungen. Anhand der Dateibeschreibung zu Beginn dieses Kapitels können wir den Inhalt derartiger Datenbankdateien auch folgendermaßen abstrahieren:
- Die Datei enthält **binär** verschlüsselte Werte, und zwar folgende Gruppen:
- Eine Folge nur **einmal** vorkommender Bytes. Wir bezeichnen sie als Vorsatz. Oft finden Sie auch die englische Bezeichnung «header».

- Eine **Wiederholung** von Feldbeschreibungen. Ihre Häufigkeit läßt sich aus der Länge des Vorsatzes (32 Bytes) und der einer einzelnen Feldbeschreibung (32 Bytes) sowie der Gesamtlänge von Vorsatz mit allen Feldbeschreibungen, dies entspricht dem Offset zu den Datensätzen abzüglich eines Bytes für das Trennzeichen 0x0D, errechnen:
Häufigkeit = (Offset − 1 − 32) / 32
- Eine **Wiederholung** von Datensätzen. Ihre Häufigkeit ist bereits im Vorsatz als Anzahl Datensätze gespeichert.

Daraus resultiert unsere technische Implementierung:

- Die Datei muß im binären Modus geöffnet werden.
- Der Vorsatz wird durch eine Anweisung in einen 32 Bytes großen Puffer gelesen, dessen Struktur sich aus der Dateibeschreibung ergibt.
- Die Feldbeschreibungen werden innerhalb einer Schleife in einen 32 Bytes großen Puffer gelesen. Da die Häufigkeit bekannt ist, kann eine Zählschleife eingesetzt werden.
- Die Datensätze werden innerhalb einer Schleife eingelesen. Auch hier kann eine Zählschleife benutzt werden.

Die Fehlerbehandlung, die wir auch entwerfen müssen, klammern wir jedoch an dieser Stelle aus. Dadurch gewinnt unser Programm an Übersichtlichkeit. Außerdem sind wir der Meinung, daß Sie keine Schwierigkeiten dabei haben werden, das Programm so zu erweitern, daß es eventuelle Lesefehler erkennt und abfängt. Sie finden alles Notwendige in Kapitel 7.

9.2 Was werden Klassen?

Wenn Sie ein objektorientiertes Programm schreiben wollen, ist es wohl am wichtigsten und für Anfänger auch am schwersten, die zu verwaltenden Objekte zu identifizieren und in Klassen zu ordnen sowie Zusammenhänge zwischen diesen zu erkennen. Folgende Fragen helfen Ihnen bei Klassendeklarationen:

- Welche neuen Datentypen kommen vor?

- Welche Daten gehören zusammen?
- Welche Funktionen gehören dazu?

Stellen wir uns diese Fragen einmal im Hinblick auf unsere Aufgabenstellung.
Als besonderen Datentyp finden wir das Datum. Alle anderen Informationen lassen sich durch die in C++ vorhandenen Datentypen bzw. durch interne Umwandlungen darstellen. Das Datum ist also ein Kandidat für eine neue Klasse.
Wir benötigen einen Speicher für das Datum. Dazu eignet sich der vordefinierte Datentyp time_t. Eventuell notwendige Variablen zur Umwandlung von Datumsangaben können noch auf lokaler Ebene innerhalb von Funktionen notwendig werden.
Zugehörige Funktionen sind immer Standard-Konstruktor und -Destruktor, die jedoch nicht immer explizit definiert werden müssen. Dazu kommen oft spezielle überladene Konstruktorfunktionen sowie Funktionen für die Ein- und Ausgabe der privaten Daten. Für unsere Datumsklasse benötigen wir einen Konstruktor, der ein Datumsobjekt aus den Einzelangaben für Jahr, Monat und Tag erzeugt. Zusätzlich muß die Klasse mindestens eine Funktion enthalten, die eine Datumszeichenkette erzeugt.
Unsere Klassendeklaration sieht damit folgendermaßen aus:

```
        //------------------------------------------
        //     Datum-Klasse
/* 10*/
/* 11*/  class Datum
/* 12*/  {
/* 13*/  public:
/* 14*/    Datum();
/* 15*/    Datum(int jahr, int monat, int tag);
/* 16*/    char *Format(const char* format) const;
/* 17*/  private:
/* 18*/    time_t zeit;
/* 19*/  };
```

In **Zeile 16** wird eine Funktion zur Datumsausgabe deklariert. Sie erfordert als Parameter einen Zeiger auf eine Zeichenkette, die eine

Formatbeschreibung enthält, in die dann die Datumswerte eingefügt werden.

Der nächste Programmausschnitt zeigt die Definition des Konstruktors:

```
/* 14*/ Datum::Datum(int jahr, int monat, int tag)
/* 15*/ {
/* 16*/    struct tm d;
/* 17*/    d.tm_sec = 0;
/* 18*/    d.tm_min = 0;
/* 19*/    d.tm_hour = 0;
/* 20*/    d.tm_mday = tag;
/* 21*/    d.tm_mon = monat - 1;
/* 22*/    d.tm_year = jahr;
/* 23*/    d.tm_isdst = -1;
/* 24*/    zeit = mktime(&d);
/* 25*/ }
```

Zeile 16: Für die Umwandlung des Datums aus Einzelwerten wird eine lokale Struktur *d* des Typs *tm* definiert. Diese Struktur ist in TIME.H deklariert.

Zeilen 17–23: Die einzelnen Elemente erhalten ihre Wertzuweisungen, wobei darauf zu achten ist, daß die Monate von 0–11 zählen.

Zeile 24: Die Bibliotheksfunktion *mktime* führt die Umwandlung durch.

Das nächste Bild zeigt die Definition unserer Ausgabefunktion:

```
/* 27*/ char *Datum::Format(const char* format) const
/* 28*/ {
/* 29*/    static char Puffer[256];
/* 30*/    struct tm* zeiger = localtime(&zeit);
/* 31*/    if (!strftime(Puffer, sizeof(Puffer), format,
 ↪             zeiger))
/* 32*/      Puffer[0] = '\0';
/* 33*/    return Puffer;
/* 34*/ }
```

Zeile 29: Für die Umwandlung wird ein lokaler statischer Puffer angelegt.

Zeile 30: Das Ergebnis der Umwandlungsfunktion *localtime*, ein Zeiger auf eine Struktur vom Typ *tm*, wird gespeichert.

Zeilen 31 + 32: Die Bibliotheksfunktion *strftime* übernimmt den Puffer, seine Größe, das gewünschte Format und die Datumsstruktur als Parameter und führt die eigentliche Umwandlung durch. Wenn sie den Wert 0 zurückgibt, so ist ein Fehler aufgetreten. Der Puffer wird daraufhin ebenfalls auf null Stellen gekürzt.

Damit haben wir eine neue Klasse für Datumsoperationen definiert, die unseren geringen Anforderungen bereits gerecht wird. Auch das Problem mit unterschiedlichen Datumsformaten ist gelöst, denn die Funktion *Format* ist eine Schnittstellenfunktion und kann mit den gewünschten Formatzeichenketten aufgerufen werden. Wer diese Datumsklasse ausbauen möchte, der kann Anregungen beispielsweise in der MFC-Bibliotheksklasse CTime finden. Sie ist im Verzeichnis \MSVC\MFC\SRC in den Dateien STDAFX.H und TIMECORE.CPP definiert. Bei TurboC++ finden Sie LDate in TC\CLASSLIB\SOURCE usw.

9.3 Klassenhierarchie

Vielfach finden Sie die Kandidaten für Klassen in der realen Umwelt, so auch in unserem Fall in Form der Datenbankdatei. Diese Datei ist eine **spezielle Eingabedatei**, also bietet es sich an, sie aus der iostream-Klasse ifstream abzuleiten. Auch wenn Sie selbst neue Klassen definieren, sollten Sie immer versuchen, Klassenhierarchien zu bilden, bzw. prüfen, ob Ihre neue Klasse nicht aus einer Hierarchieklasse bestehender Familien abgeleitet werden kann. Eine Ableitung ist immer dann sinnvoll, wenn Sie die Beziehung zweier Klassen A und B ausdrücken können als:

> Objekt B **ist** ein spezielles Objekt A

Anders verhält es sich, wenn es lauten muß:

> Objekt A **besitzt oder enthält** ein Objekt B

In solchen Fällen ist für die Klasse A ein Mitgliedsobjekt der Klasse B zu definieren. Auch diesen Sachverhalt finden wir bei unserer Datenbankdatei vor. Sie enthält ein Datum im Vorsatz.

Wenn wir uns nun noch die drei Fragen aus Kapitel 9.2 beantworten, so können wir die Klasse für Datenbankdateien, nennen wir sie einmal xBase, definieren:

- Unsere Klasse steht fest, jedoch kann man ihre Objekte, die Dateien, auch im Sinne der Fragestellung als einen neuen, recht komplexen Datentyp betrachten.
- Zur Klasse gehören, wie bereits festgestellt, ein Datumsobjekt und die beschreibenden Daten des Vorsatzes. Ferner erfordert die Anzeige der Datensätze Puffer für Ein- und Ausgabe, sowie Informationen über die einzelnen Feldlängen.
- Zur Klasse gehören unsere fünf Funktionen aus Kapitel 9.1.2. Zusätzlich brauchen wir einen eigenen Konstruktor, der unsere speziellen Daten initialisiert, und eine private Servicefunktion, die die eingelesenen Datensätze in Felder zerlegt.

Also kann unsere Klassendefinition für xBase so aussehen, wie der folgende Programmausschnitt zeigt.

```
/* 24*/ class xBase : public ifstream
/* 25*/ {
/* 26*/ public:
/* 27*/   xBase(char *name);
/* 28*/   int Version();
/* 29*/   Datum *Stand;
/* 30*/   char *Stand_vom();
/* 31*/   unsigned long int zaehleSaetze();
/* 32*/   void zeigeStruktur();
/* 33*/   void zeigeDaten(unsigned long int anfang=1L,
/* 34*/           unsigned long int ende=0xFFFFFFFF);
/* 35*/ private:
/* 36*/   struct vorsatz
/* 37*   {
/* 38*/     unsigned char version;
/* 39*/     char jahr;
/* 40*/     char monat;
```

```
/* 41*/      char tag;
/* 42*/      unsigned long int saetze;
/* 43*/      unsigned int laenge;
/* 44*/      unsigned int satzlaenge;
/* 45*/      char intern[17];
/* 46*/    } vorsatz;
/* 47*/    char *satzpuffer;
/* 48*/    char *datenzeile;
/* 49*/    int *feldlaengen;
/* 50*/    char *SatzDaten(char *p, int *i);
/* 51*/ };
```

Neben den bereits entworfenen Funktions- und Klassendeklarationen finden Sie noch:

Zeile 27: Der Konstruktor benötigt nur den Dateinamen. Alle weiteren Informationen, die zum Öffnen und Lesen benötigt werden, stehen fest.

Zeile 29: *Stand* ist ein Zeiger auf ein Datumsobjekt. Aufrufe der Schnittstellenfunktionen der Klasse *Datum* müssen daher über den Zeigeroperator -> erfolgen.

Zeilen 36-46: Hier ist der Vorsatz der Datei als Struktur definiert. Reihenfolge und Datentypen entsprechen genau der Dateibeschreibung aus 9.1.1.

Zeile 47: Die Datensätze sollen in einen Satzpuffer eingelesen werden. Über den hier deklarierten Zeiger wird dieser angesprochen.

Zeile 48: Die getrennten Felder eines Datensatzes werden in einem anderen Puffer für die Anzeige bereitgestellt. Der Zeiger *datenzeile* wird für den Zugriff auf diesen Puffer benutzt.

Zeile 49: Die Feldlängen, die gebraucht werden, um einen Datensatz in seine Felder zu zerlegen, werden in einem Array aus int-Werten gespeichert. Dieser Zeiger dient dem Zugriff auf dieses Array.

Zeile 50: Hier wird die Servicefunktion deklariert, die die Datensätze in Felder zerlegen soll. Sie benötigt zwei Argumente, einen Zeiger auf den Datensatzpuffer und einen Zeiger auf die Feldlängenwerte. Sie gibt einen Zeiger auf den aufbereiteten Puffer zurück.

Als nächstes definieren wir den Konstruktor. Er öffnet die Datei, liest den Vorsatz ein, speichert ihn für andere Funktionen und liest die

Feldlängen in ein Array. Der folgende Programmausschnitt zeigt die Details.

```
/*  45*/  xBase::xBase(char *name) : ifstream(name,
 ⇨                ios::in | ios::nocreate | ios::binary)
/*  46*/  {
/*  47*/    int n,felder;        //n ist Zählvariable,
 ⇨                                felder speichert die
 ⇨                                Anzahl Felder
/*  48*/    unsigned char x[2];  //Puffer zum Einlesen
 ⇨                                 der Feldlängen
/*  49*/    if(!good()){
/*  50*/       cout << "Datei " << name << " kann nicht
 ⇨                        geöffnet werden!" << endl;
/*  51*/       exit(1);
/*  52*/    }
/*  53*/    read((char*)&vorsatz,32);
/*  54*/    felder=(vorsatz.laenge-33)/32;
/*  55*/    Stand=new Datum(vorsatz.jahr, vorsatz.monat,
 ⇨                                vorsatz.tag);
/*  56*/    satzpuffer=new char[vorsatz.satzlaenge+1];
/*  57*/    satzpuffer[vorsatz.satzlaenge] ='\0';
/*  58*/    datenzeile=new char[vorsatz.satzlaenge+256];
/*  59*/    feldlaengen=new int[felder];
/*  60*/    seekg(48L,ios::beg);
/*  61*/    for(n=0;n<felder;n++){
/*  62*/       read(x,1);
/*  63*/       feldlaengen[n]=*x;
/*  64*/       seekg(31L,ios::cur);
/*  65*/    }
/*  66*/ }
```

Zeilen 49–52: Hier prüft der Konstruktor, ob die Datei sich öffnen läßt. Tritt ein Fehler auf, so bricht er das gesamte Programm ab. Dies ist normalerweise nicht üblich, sondern man überläßt den aufrufenden Programmen die Fehlerbehandlung. Damit das Beispiel einfacher gehalten werden kann, haben wir uns jedoch zu dieser Lösung entschieden.

Zeile 53: Die klasseneigene, ererbte Funktion *read* liest 32 Bytes für den Vorsatz in die definierte Struktur gleichen Namens ein. Der cast *(char *)* sorgt zusammen mit dem Adreßoperator & dafür, daß die Funktion die Adresse der Struktur erhält und sie als Zeiger auf char-Werte interpretiert. Danach können die Werte des Vorsatzes von anderen Funktionen ausgegeben werden.

Zeile 54: Hier wird die vorhandene Feldanzahl nach der Formel aus Kapitel 9.1.2 ermittelt.

Zeile 55: Der Operator new erzeugt ein Objekt der Datumsklasse mit den Werten aus dem Vorsatz. In *Stand* wird die Adresse dieses Objektes gespeichert.

Zeile 56: Ein Puffer für den einzulesenden Datensatz wird ebenfalls mittels new in der entsprechenden Größe, zuzüglich eines Bytes für die binäre Null, angelegt. Dieser Speicher kann nicht vorher definiert werden, da die Satzlänge erst nach dem Einlesen des Vorsatzes bekannt ist.

Zeile 57: Auf die letzte Stelle des Puffers wird eine binäre Null geschrieben, um Speicherverletzungen zu unterbinden.

Zeile 58: Ein Puffer *datenzeile* wird angelegt, der 256 Bytes größer ist als der Datensatzpuffer. Da ein Datensatz aus bis zu 256 Feldern bestehen kann, ist somit Platz genug für die notwendigen Zwischenräume, die eingefügt werden sollen.

Zeile 59: Ein weiteres Mal wird new benutzt. Diesmal wird ein Array *feldlaengen* angelegt, das int-Werte aufnehmen kann. Als Elementanzahl wird die Zahl der Felder eingesetzt.

Zeile 60: Der Dateizeiger wird durch seekg um 48 Bytes vom Dateianfang bewegt. Er steht danach genau vor der ersten Feldlängenangabe.

Zeilen 61–65: Für jedes Feld wird jetzt innerhalb der Zählschleife 1 Byte in den Puffer *x* eingelesen, sein Inhalt dem jeweiligen Element von *feldlaengen* zugewiesen und anschließend der Dateizeiger um 31 Bytes weiter zur nächsten Feldlängenangabe bewegt.

Drei unserer Programmanforderungen sind nun einfach zu definieren, wie der nächste Programmauszug zeigt.

```
/* 38*/  int xBase::Version()
/* 39*/    {return vorsatz.version;}
/* 40*/  char *xBase::Stand_vom()
/* 41*/    {return Stand->Format("%A, %d.%m.%Y (%W.
```

```
    ⇨                                         KW)");}
/*  42*/ unsigned long int xBase::zaehleSaetze()
/*  43*/   {return vorsatz.saetze;}
```

Für die Versionsnummer und die Satzanzahl müssen nur die entsprechenden Strukturmitglieder zurückgegeben werden. Für die Datumsausgabe wird die Schnittstellenfunktion der Datumsklasse aufgerufen. Die Formatanweisungen haben folgende Bedeutung:

%A ausgeschriebener Wochentag
%d Tagesangabe
%m Monatsangabe
%Y Jahresangabe mit Jahrhundert
%W Kalenderwochennummer

```
/*  68*/ void xBase::zeigeStruktur()
/*  69*/ {
/*  70*/   struct feld
/*  71*/   {
/*  72*/     char name[11];
/*  73*/     char typ;
/*  74*/     long int reserve1;
/*  75*/     unsigned char laenge;
/*  76*/     unsigned char nachkomma;
/*  77*/     char reserve2[14];
/*  78*/   } feld;
/*  79*/   seekg(32L,ios::beg);
/*  80*/   cout << setw(4)  << "NR"
/*  81*/        << setw(10) << "FELDNAME"
/*  82*/        << setw(6)  << "TYP"
/*  83*/        << setw(6)  << "LÄNGE"
/*  84*/        << setw(4)  << "DEZ"
/*  85*/        << endl;
/*  86*/   for (unsigned int n=1; n<=(vorsatz.laenge-33)
    ⇨                              /32;n++){
/*  87*/     read((char*)&feld,32);
/*  88*/     cout << setw(3) << n << " "
/*  89*/          << setw(12) << setiosflags (ios::left)
    ⇨               << feld.name << resetiosflags
    ⇨                 (ios::left)
```

```
/*  90*/                << setw(4) << feld.typ
/*  91*/                << setw(6) << (int)feld.laenge
/*  92*/                << setw(4) << (int)feld.nachkomma
/*  93*/                << endl;
/*  94*/      }
/*  95*/ }
```

Zeilen 70–78: Entsprechend unserer Dateibeschreibung wird hier eine Struktur definiert, die im Aufbau genau einer Feldbeschreibung entspricht.

Zeile 79: Da die Feldbeschreibungen in der Datei direkt hinter dem Vorsatz stehen, wird der Dateizeiger um 32 Bytes vom Dateianfang bewegt.

Zeilen 80–85: Die Überschrift für die Struktur wird ausgegeben.

Zeilen 86–94: Die Feldangaben werden ähnlich wie der Vorsatz in die Struktur eingelesen und anschließend angezeigt. Damit char-Werte als Zahlen angezeigt werden, ist der cast *(int)* notwendig.

Die Definition der Funktion zur Datensatzanzeige bietet schon fast nichts Neues mehr. Sie wird im folgenden Listing dargestellt.

```
/*  97*/ void xBase::zeigeDaten(unsigned long int anfang,
  ↳                             unsigned long int ende)
/*  98*/ {
/*  99*/    seekg(vorsatz.laenge,ios::beg);
/* 100*/    seekg((long)vorsatz.satzlaenge*(anfang-1),
  ↳                ios::cur);
/* 101*/    for (unsigned long int nx=anfang;nx<=__min
  ↳             (ende,vorsatz.saetze);nx++){
/* 102*/       read(satzpuffer,vorsatz.satzlaenge);
/* 103*/       cout << setw(3) << nx
/* 104*/            << ":"
/* 105*/            << SatzDaten(satzpuffer,feldlaengen)
/* 106*/            << endl;
/* 107*/    }
/* 108*/ }
```

Zeile 100: Die Datensätze vom ersten bis zum gewünschten Satz werden übersprungen.

Zeile 101: Die Zählschleife wird nicht über den letzten Satz hinaus arbeiten. Dafür sorgt das Makro __min (siehe Kapitel 8).

Zeile 105: In den Ausgabestrom wird das Ergebnis der Funktion *SatzDaten* eingefügt, nämlich der durch Trennzeichen in Felder aufgeteilte Datensatz. Die Definition dieser privaten Servicefunktion sieht folgendermaßen aus:

```
/* 110*/ char *xBase::SatzDaten(char *p, int *i)
/* 111*/ {
/* 112*/    char *d=datenzeile;
/* 113*/    int n;
/* 114*/    char trenner[2]="|";
/* 115*/    strncpy(d++,p++,1);
/* 116*/    while(*p){
/* 117*/       strncpy(d++,trenner,1);
/* 118*/       for (n=1;n<=*i;n++){
/* 119*/          strncpy(d++,p++,1);
/* 120*/       }
/* 121*/       i++;
/* 122*/    }
/* 123*/    strncpy(d,"\0",1);
/* 124*/    return datenzeile;
/* 125*/ }
```

Zeile 114: Hier wird ein Trennzeichen für die Feldzwischenräume definiert.

Zeile 115: Das erste Zeichen eines Satzes ist immer das logische Löschkennzeichen und wird vom Eingabepuffer in den Ausgabepuffer kopiert. Beide Zeiger werden um ein Zeichen erhöht.

Zeilen 116–120: Solange der Zeiger des Eingabepuffers auf kein Null-Zeichen zeigt, wird zunächst das Trennzeichen in den Ausgabepuffer kopiert, gefolgt von so viel Zeichen aus dem Eingabepuffer, wie durch den Inhalt des Array-Elementes, auf das *i* zeigt, angegeben ist. Dies entspricht der jeweiligen Feldlänge.

Zeile 121: Anschließend wird der Zeiger *i* zur nächsten Feldlängenangabe bewegt.

Zeile 123: Dem Ausgabepuffer wird abschließend eine binäre Null angehängt.

9.4 Das Programm

Zum Schluß zeigen wir noch einmal das vollständige Programm. Es besteht wie üblich aus den zwei Dateien für die Deklarationen und der Implementierung, die in den folgenden zwei Listings gezeigt werden:

Klassendeklarationen

```
           //////////////////////////////////////////////
           // XBASE.H  Klassendeklarationen für den Zugriff
           // auf xbase-DBFs wie dBase, Clipper u. a.
           #include <time.h>
           #include <fstream.h>
/*  7*/
           //-----------------------------------------------
           //      Datum-Klasse
/* 10*/
/* 11*/ class Datum
/* 12*/ {
/* 13*/ public:
/* 14*/   Datum();
/* 15*/   Datum(int jahr, int monat, int tag);
/* 16*/   char *Format(const char* format) const;
/* 17*/ private:
/* 18*/   time_t zeit;
/* 19*/ };
/* 20*/
           //-----------------------------------------------
           //      xBase-Klasse
/* 23*/
/* 24*/ class xBase : public ifstream
/* 25*/ {
/* 26*/ public:
/* 27*/   xBase(char *name);
/* 28*/   int Version();
/* 29*/   Datum *Stand;
/* 30*/   char *Stand_vom();
```

```
/*  31*/     unsigned long int zaehleSaetze();
/*  32*/     void zeigeStruktur();
/*  33*/     void zeigeDaten(unsigned long int anfang=1L,
/*  34*/                     unsigned long int ende=
  ⇨                          0xFFFFFFFF);
/*  35*/ private:
/*  36*/     struct vorsatz
/*  37*/     {
/*  38*/       unsigned char version;
/*  39*/       char jahr;
/*  40*/       char monat;
/*  41*/       char tag;
/*  42*/       unsigned long int saetze;
/*  43*/       unsigned int laenge;
/*  44*/       unsigned int satzlaenge;
/*  45*/       char intern[17];
/*  46*/     } vorsatz;
/*  47*/     char *satzpuffer;
/*  48*/     char *datenzeile;
/*  49*/     int *feldlaengen;
/*  50*/     char *SatzDaten(char *p, int *i);
/*  51*/ };
```

Klassenimplementierung

```
         //////////////////////////////////////////////
         // XBase.cpp    Implementierung der Klassen für
         //              xBase-zugriffe
/*   4*/
         #include <fstream.h>
         #include <iomanip.h>
         #include <time.h>
         #include <string.h>
         #include <stdlib.h>
         #include "xbase.h"
         #define __min(a,b)  (((a) < (b))  ?  (a)  :
  ⇨      (b))    // Bei MS bereits in stdlib.h
         /////// Implementierung der Datum-Klasse ///////
```

```
/* 13*/
/* 14*/ Datum::Datum(int jahr, int monat, int tag)
/* 15*/ {
/* 16*/   struct tm d;
/* 17*/   d.tm_sec = 0;
/* 18*/   d.tm_min = 0;
/* 19*/   d.tm_hour = 0;
/* 20*/   d.tm_mday = tag;
/* 21*/   d.tm_mon = monat - 1;
/* 22*/   d.tm_year = jahr;
/* 23*/   d.tm_isdst = -1;
/* 24*/   zeit = mktime(&d);
/* 25*/ }
/* 26*/
/* 27*/ char *Datum::Format(const char* format) const
/* 28*/ {
/* 29*/   static char Puffer[256];
/* 30*/   struct tm* zeiger = localtime(&zeit);
/* 31*/   if (!strftime(Puffer, sizeof(Puffer),
↳              format, zeiger))
/* 32*/       Puffer[0] = '\0';
/* 33*/   return Puffer;
/* 34*/ }
/* 35*/
        //////// Implementierung der xBase-Klasse ////////
/* 37*/
/* 38*/ int xBase::Version()
/* 39*/   {return vorsatz.version;}
/* 40*/ char *xBase::Stand_vom()
/* 41*/   {return Stand->Format("%A, %d.%m.%Y
↳          (%W.KW)");}
/* 42*/ unsigned long int xBase::zaehleSaetze()
/* 43*/   {return vorsatz.saetze;}
/* 44*/
/* 45*/ xBase::xBase(char *name) : ifstream(name,
↳              ios::in | ios::nocreate | ios::binary)
/* 46*/ {
/* 47*/   int n,felder;
/* 48*/   unsigned char x[2];
```

```
/*  49*/    if(!good()){
/*  50*/       cout << "Datei " << name << " kann
 ⇨                         nicht geöffnet werden!" << endl;
/*  51*/       exit(1);
/*  52*/    }
/*  53*/    read((char*)&vorsatz,32);
/*  54*/    felder=(vorsatz.laenge-33)/32;
/*  55*/    Stand=new Datum(vorsatz.jahr,vorsatz.monat,
 ⇨                         vorsatz.tag);
/*  56*/    satzpuffer=new char[vorsatz.satzlaenge+1];
/*  57*/    satzpuffer[vorsatz.satzlaenge] ='\0';
/*  58*/    datenzeile=new char[vorsatz.satzlaenge+256];
/*  59*/    feldlaengen=new int[felder];
/*  60*/    seekg(48L,ios::beg);
/*  61*/    for(n=0;n<felder;n++){
/*  62*/       read(x,1);
/*  63*/       feldlaengen[n]=*x;
/*  64*/       seekg(31L,ios::cur);
/*  65*/    }
/*  66*/ }
/*  67*/
/*  68*/ void xBase::zeigeStruktur()
/*  69*/ {
/*  70*/    struct feld
/*  71*/    {
/*  72*/       char name[11];
/*  73*/       char typ;
/*  74*/       long int reserve1;
/*  75*/       unsigned char laenge;
/*  76*/       unsigned char nachkomma;
/*  77*/       char reserve2[14];
/*  78*/    } feld;
/*  79*/    seekg(32L,ios::beg);
/*  80*/    cout << setw(4)   << "NR"
/*  81*/         << setw(10) << "FELDNAME"
/*  82*/         << setw(6)  << "TYP"
/*  83*/         << setw(6)  << "LÄNGE"
/*  84*/         << setw(4)  << "DEZ"
/*  85*/         << endl;
```

```
/*  86*/     for (unsigned int n=1; n<=(vorsatz.laenge-33)
 ↳                 /32;n++){
/*  87*/       read((char*)&feld,32);
/*  88*/       cout << setw(3) << n << " "
/*  89*/            << setw(12) << setiosflags(ios::left)
 ↳                  << feld.name << resetiosflags
 ↳                  (ios::left)
/*  90*/            << setw(4) << feld.typ
/*  91*/            << setw(6) << (int)feld.laenge
/*  92*/            << setw(4) << (int)feld.nachkomma
/*  93*/            << endl;
/*  94*/     }
/*  95*/ }
/*  96*/
/*  97*/ void xBase::zeigeDaten(unsigned long int anfang,
 ↳                             unsigned long int ende)
/*  98*/ {
/*  99*/   seekg(vorsatz.laenge,ios::beg);
/* 100*/   seekg((long)vorsatz.satzlaenge*(anfang-1),
 ↳              ios::cur);
/* 101*/   for (unsigned long int nx=anfang;nx<=__min
 ↳            (ende,vorsatz.saetze);nx++){
/* 102*/     read(satzpuffer,vorsatz.satzlaenge);
/* 103*/     cout << setw(3) << nx
/* 104*/          << ":"
/* 105*/          << SatzDaten(satzpuffer,feldlaengen)
/* 106*/          << endl;
/* 107*/   }
/* 108*/ }
/* 109*/
/* 110*/ char *xBase::SatzDaten(char *p, int *i)
/* 111*/ {
/* 112*/   char *d=datenzeile;
/* 113*/   int n;
/* 114*/   char trenner[2]="|";
/* 115*/   strncpy(d++,p++,1);
/* 116*/   while(*p){
/* 117*/     strncpy(d++,trenner,1);
/* 118*/     for (n=1;n<=*i;n++){
```

```
/* 119*/            strncpy(d++,p++,1);
/* 120*/         }
/* 121*/         i++;
/* 122*/     }
/* 123*/     strncpy(d,"\0",1);
/* 124*/     return datenzeile;
/* 125*/ }
```

Damit haben wir ein Modul entwickelt, das anderen Programmen Schnittstellenfunktionen für xBase-Zugriffe anbietet.

Testprogramm

Um unser Modul ausprobieren zu können, benötigen wir nur ein kurzes Testprogramm, das die einzelnen Funktionen in unterschiedlichen Varianten aufruft. Es könnte beispielsweise so aussehen, wie das folgende Listing zeigt:

```
         ///////////////////////////////////////////////
         // XTEST.CPP  Testprogramm für xBase-Klassen
/*  3*/
         #include <iostream.h>
         #include <stdlib.h>
         #include "xbase.h"
/*  7*/
/*  8*/ void main(int argc, char *argv[])
/*  9*/ {
/* 10*/     if (argc < 2){
/* 11*/        cout << "Aufruf: <exedatei> <dbfdatei>" <<
 ⇨                        endl;
/* 12*/        exit(1);
/* 13*/     }
/* 14*/     xBase dbf(argv[1]);
/* 15*/     cout << "xBase Version " <<
 ⇨                   (dbf.Version()&0x07) << endl;
/* 16*/     cout << "Es existiert ";
/* 17*/     if (!(dbf.Version()&0x80)) cout << "k";
/* 18*/     cout << "eine zugehörige DBT-Datei."
 ⇨                << endl;
/* 19*/     cout << "Letzte Änderung: " <<
```

```
'  ↪                    dbf.Stand_vom() << endl;
/* 20*/        dbf.zeigeStruktur();
/* 21*/        cout << "Anzahl Sätze: " <<
   ↪                    dbf.zaehleSaetze() << endl;
/* 22*/        dbf.zeigeDaten();
/* 23*/        dbf.zeigeDaten(3L);
/* 24*/        dbf.zeigeDaten(2L,5L);
/* 25*/        dbf.zeigeDaten(4L,4L);
/* 26*/        }
```

Zeile 15: Das bitweise UND (&) mit 0x07 sorgt dafür, daß nur die unteren drei Bits übrigbleiben. Egal, ob die Version nun hexadezimal 03, 8B oder 83 beträgt, es wird immer 3 ausgegeben. Die Kennung, daß eine DBT-Datei dazugehört, wird also ausgefiltert.

Zeile 17: Hier wird umgekehrt verfahren. Das bitweise UND (&) mit 0x80 läßt nur das Bit stehen, das die Existenz der DBT-Datei signalisiert.

Kompilieren und Linken

Unser kleines Beispiel stellt keine großen Anforderungen an den Compiler und den Linker. Folgende Kommandos erzeugen ein einwandfreies Demo-Programm mit Namen XTEST.EXE:

```
cl /AS /D_DOS /c xbase.cpp
cl /AS /D_DOS /c xtest.cpp
link xtest xbase,xtest,,slibce, /NOE /NOI
```

Um dieses Programm auch ausprobieren zu können, benötigen Sie nur noch eine Datei im dBase-Format. Sicher verfügen Sie über ein Programm, das in der Lage ist, eine solche Datei zu erstellen. Fast alle Tabellenkalkulationsprogramme, ja sogar Textprogramme wie beispielsweise WinWord speichern dieses Format. Erzeugen Sie also eine Datei, und speichern Sie sie beispielsweise unter DBF-TEST.DBF.

Jetzt können Sie mit dem Befehl

```
XTEST    DBFTEST.DBF
```

unser Modul ausprobieren. Wahrscheinlich haben Sie bereits Ideen zur Programmverbesserung. Wir wünschen Ihnen dazu viel Spaß und Erfolg!

9.5 Übung

Aufgabe 27

Modifizieren Sie das Beispiel so, daß eine Fehlerinformation erzeugt wird, falls das erste Byte (Versionshinweis) kein dBase-Format erkennen läßt. Bedenken Sie dabei, daß dann alle Ausgaben ungültig werden, unabhängig von der Aufrufreihenfolge. Wählen Sie also eine solche Lösung, die keine Versionsfehlertests in den zugreifenden Programmen notwendig macht.

Lösungshinweis:
Die Klassenfunktion clear() erlaubt es auch, einen Fehlerstatus zu setzen. So verhält sich ein Programm nach *clear(ios::failbit)* so, als ob ein Fehler aufgetreten wäre.

ANHANG

A Reservierte Wörter

Die folgende Liste besteht aus den reservierten Wörtern der Sprache C:

auto, break, case, char, const, continue, default, do, double, else, enum, extern, float, for, goto, if, int, long, register, return, short, signed, sizeof, static, struct, switch, typedef, union, unsigned, void, volatile, while

In C++ sind zusätzlich folgende Schlüsselwörter reserviert:

class, delete, friend, inline, new, operator, private, protected, public, this, try, virtual

Des weiteren haben – je nach Compiler – einige Wörter eine spezielle Bedeutung:

__asm, __based, __cdecl, __emit, __export, __far, __fastcall, __fortran, __huge, __inline, __interrupt, __loadds, __multiple_inheritance, __near, __pascal, __saveregs, __segment, __segname, __self, __single_inheritance, __stdcall, __virtual_inheritance, _set_new_handler, _setargv, _setenvp, argc, argv, envp, main

B Operatoren und Rangfolge

Wenn wir in C++ von einem Ausdruck sprechen, meinen wir eine Kombination von Operatoren und Operanden. Bei der Auswertung dieser Ausdrücke geht C++ nach festen Regeln vor. Eine dieser Regel ist die Rangfolge, nach der die Auswertung erfolgt. Die Rangfolge ist das, was wir in der Schule als «Punktrechnung geht vor Strichrechnung» gelernt haben.

In der folgenden Tabelle finden Sie in der Spalte *Operator* den Namen des Operators, in *Symb.* den Operator, in *ST* die Rangstufe (1–16), in *Grup* die Auswertungsrichtung. Die Rangstufe 1 ist dabei die höchste, sie wird also als erstes ausgewertet. Bei der Auswertungsrichtung bedeutet L->R von links nach rechts.

Operator	Symb.	ST	Beispiel	Grup
Klammern	( )	1	(a+b)*c	
Struktur-Operator	.	1	preise.netto	
Array-Operator	[ ]	1	Feld[12]	L->R
Zeiger-Operator auf Strukturen	->	1	zeiger->element	
Zugriffs-/Gültigkeitsoperator	::	1	lese::datum	
NOT-Operator	!	2	!EOF	
Bit-Komplement-Operator	~	2	~5	
Vorzeichen-Operator	-	2	-5	
Typ-Umwandlungsoperator (cast)	(Typ)	2	(double) 3	
Inhalts-Operator	*	2	*ptr	
Adreß-Operator	&	2	&a	R->L
Inkrement-Operator	++	2	a++ ++a	
Dekrement-Operator	--	2	b-- --b	
Speicherbedarfs-Operator	sizeof	2	sizeof(int)	
new	new	2	new	R->L
delete	delete	2	delete	
Dereferenzzeiger	.*	3	wert.*abc	L->R
Dereferenzzeiger	->*	3	wert->*abc	
Multiplikations-Operator	*	4	a*b	
Divisions-Operator	/	4	a/b	L->R
Modulo-Operator	%	4	a%b	
Additions-Operator	+	5	a+b	
Subtraktions-Operator	-	5	a-b	L->R
Links-Shift-Operator	<<	6	a<<8	
Rechts-Shift-Operator	>>	6	b>>4	L->R
Kleiner-Operator	<	7	a<b	
Kleiner-gleich-Operator	<=	7	a<=b	
Größer-gleich-Operator	>=	7	a>=b	L->R
Größer-Operator	>	7	a>b	
Gleichheits-Operator	==	8	b==x	
Ungleichheits-Operator	!=	8	b!=x	L->R

Operator	Symb.	ST	Beispiel	Grup
Bitweise-UND-Operator	&	9	a & \x80	L->R
Bitweise-XOR-Operator	^	10	1^1	L->R
Bitweise-ODER-Operator	|	11	a | \x20	L->R
UND-Operator	&&	12	EOF && OK	L->R
ODER-Operator	||	13	EOF || ERROR	L->R
Bedingungs-Operator	?:	14	a ? b : c	R->L
Zuweisungs-Operator	=	15	a='s'	R->L
Additionszuweisungs-Operator	+=	15	a+=3	
Subtraktionszuweisungs-Operator	-=	15	a-=5	
Divisionszuweisungs-Operator	/=	15	a/=2	
Multiplikationszuweisungs-Operator	*=	15	a*=10	
Modulozuweisungs-Operator	%=	15	a%=7	
Links-Shift-Zuweisungs-Operator	<<=	15	a<<=3	
Rechts-Shift-Zuweisungs-Operator	>>=	15	b>>=4	
Bitweise-UND-Zuweisungs-Operator	&=	15	c&=\x80	
Bitweise-XOR-Zuweisungs-Operator	^=	15	c^=\x80	
Bitweise-ODER-Zuweisungs-Operator	|=	5	c|=\x20	
Komma-Operator	,	16	a,b,c	L->R

Tabelle der überladbaren Operatoren

In der Spalte *Deklaration* steht *ret* für den Rückgabewert und *arg* für das jeweilige Argument. Wird ein Operator als Mitglied einer Klasse definiert, so fehlt in der Deklaration immer das erste Argument.

Operator	Standardbedeutung	Deklaration
!	Logische Verneinung	ret **operator!**(arg1)
&	Adresse von ...	ret **operator&**(arg1)
*	Inhalt von ...	ret **operator***(arg1)
+	Vorzeichen +	ret **operator+**(arg1)
++	Erhöhung um 1	ret **operator++**(arg1)
-	Vorzeichen -	ret **operator-**(arg1)
--	Reduzierung um 1	ret **operator--**(arg1)
,	Komma	ret **operator,**(arg1, arg2)
!=	Ungleich	ret **operator!=**(arg1, arg2)
%	Divisionsrest	ret **operator%**(arg1, arg2)
%=	Divisionsrestzuweisung	ret **operator%=**(arg1, arg2)

Operator	Standardbedeutung	Deklaration
&	Bitweise UND	ret **operator&**(arg1, arg2)
&&	Logisch UND	ret **operator&&**(arg1, arg2)
&=	Bitweise UND-Zuweisung	ret **operator&=**(arg1, arg2)
*	Multiplikation	ret **operator***(arg1, arg2)
*=	Multiplikationszuweisung	ret **operator*=**(arg1, arg2)
+	Addition	ret **operator+**(arg1, arg2)
+=	Additionszuweisung	ret **operator+=**(arg1, arg2)
-	Subtraktion	ret **operator-**(arg1, arg2)
-=	Subtraktionszuweisung	ret **operator-=**(arg1, arg2)
->	Mitgliedaufruf über Objekt-/Struktur-Zeiger	ret **operator->**(arg1, arg2)
->*	Mitgliedaufruf über Mitgliedzeiger	ret **operator->***(arg1, arg2)
/	Divison	ret **operator/**(arg1, arg2)
/=	Divisionszuweisung	ret **operator/=**(arg1, arg2)
<	Kleiner als	ret **operator<**(arg1, arg2)
<<	Bitweise links	ret **operator<<**(arg1, arg2)
<<=	Bitweise links und zuweisen	ret **operator<<=**(arg1, arg2)
<=	Kleiner oder gleich	ret **operator<=**(arg1, arg2)
=	Zuweisung	ret **operator=**(arg1, arg2)
==	Gleichheitstest	ret **operator==**(arg1, arg2)
>	Größer als	ret **operator>**(arg1, arg2)
>=	Größer oder gleich	ret **operator>=**(arg1, arg2)
>>	Bitweise rechts	ret **operator>>**(arg1, arg2)
>>=	Bitweise rechts und zuweisen	ret **operator>>=**(arg1, arg2)
^	Exklusives ODER	ret **operator^**(arg1, arg2)
^=	Exklusive ODER-Zuweisung	ret **operator^=**(arg1, arg2)
|	Bitweise ODER	ret **operator|**(arg1, arg2)
|=	Bitweise ODER-Zuweisung	ret **operator|=**(arg1, arg2)
||	Logisch ODER	ret **operator||**(arg1, arg2)

Anmerkung:
Der Operator = wird nie vererbt!

Tabelle der nicht überladbaren Operatoren

Operator	Bedeutung
.	Mitgliedsaufruf
.*	Mitgliedszeigeraufruf
::	Klassenzugehörigkeit
:>	Basisoperator
?:	Bedingung
#	Präprozessor-Symbol
##	Präprozessor-Symbol

C iostream-Klassen

Die folgende Grafik stellt die Hierarchie der Microsoft-iostream-Klassen dar.

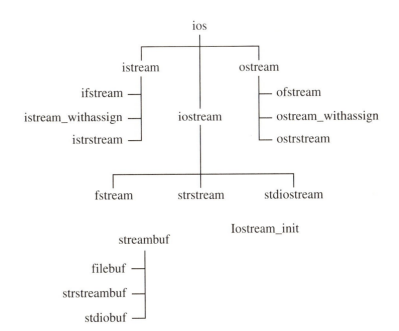

254 ANHANG

Basisklasse:

ios   Abstrakte Klasse

Eingabe-Klassen:

istream   Allgemeine Eingabe-Klasse, fungiert als Basisklasse für andere Eingabe-Ströme
ifstream   Klasse für Eingabedateien
istream_withassign   Klasse für cin
istrstream   Klasse für zu lesenden Arbeitsspeicher

Ausgabe-Klassen:

ostream   Allgemeine Ausgabe-Klasse, fungiert als Basisklasse für andere Ausgabe-Ströme
ofstream   Klasse für Ausgabedateien
ostream_withassign   Klasse für cout, cerr und clog
ostrstream   Klasse für zu schreibenden Arbeitsspeicher

Eingabe-/Ausgabe-Klassen:

iostream   Allgemeine Ein- und Ausgabe-Klasse, fungiert als Basisklasse für andere Ein-/Ausgabe-Ströme
fstream   Klasse für Dateien zur Ein- und Ausgabe
strstream   Klasse für Schreib-/Lesespeicher
stdiostream   Klasse für Standard-I/O-Dateien mit zusätzlicher, interner Pufferung

Puffer-Klassen:

streambuf   Abstrakte Basisklasse für Datenpuffer
filebuf   Klasse für Dateipuffer
strstreambuf   Klasse für String-Puffer
stdiobuf   Klasse für Standard-I/O-Dateipuffer

Initialisierungsklasse

Iostream_init   Erzeugt cin, cout, cerr und clog

D Lösungen zu den Aufgaben

Lösung zu Aufgabe 1

Programm a) liefert die gezeigte Ausgabe.

Lösung zu Aufgabe 2

Das Programm liefert die Ausgabe 12+3/3=13. Dieses Ergebnis ergibt sich, da «Punktrechnung vor Strichrechnung» geht. Daher wird zuerst 3/3 = 1 errechnet, und dieses Ergebnis wird zu 12 addiert.

Lösung zu Aufgabe 3

```
// ueb01_4.cpp
#include <iostream.h>

void main(void)
{
int zahl;
  cout << "\nBitte geben Sie eine ganze Zahl ein ";
  cin >> zahl;
  cout << "Das Ergebnis lautet:\n" << zahl*2 << "\n" <<
↪       zahl*3;
}
```

Lösung zu Aufgabe 4

1. Fehler:
   In Zeile 5 ist Main falsch geschrieben. Es muß **main** heißen.
2. Fehler:
   In Zeile 8 fehlt das Semikolon am Ende der Zeile: **... ein: ";**
3. Fehler:
   In Zeile 9 wird der falsche Operator benutzt. Es muß heißen
   cin >> ein;

Lösung zu Aufgabe 5

Das Programm liefert den Wert 99.

Lösung zu Aufgabe 6

Der Wertebereich der unsigned-int-Variablen *ergebnis* reicht nicht aus, um das Ergebnis (82474) aufzunehmen. Die einfachste Lösung ist, beide Variablen als vom Typ long zu deklarieren. Soll nur *ergebnis* vom Typ long sein, muß die Wertzuweisung für *ergebnis* so aussehen:

```
ergebnis=long(wert)*14;
```

Der cast auf long darf nicht so aussehen:

```
ergebnis=long(wert*14);    // FALSCH!
```

da in diesem Fall zwei int-Werte multipliziert werden und dabei bereits ein falsches Ergebnis berechnet wird. Der cast käme damit zu spät.

Lösung zu Aufgabe 7

Es wurde vergessen, die Variable *zahl2* zu initialisieren. Da C++ Variablen nicht automatisch initialisiert, können falsche Ergebnisse berechnet werden. Dieser Fehler sollte nicht auftreten, da die meisten Compiler eine Warnung ausgeben, wenn sie auf eine nicht initialisierte Variable stoßen.

Lösung zu Aufgabe 8

```
//ueb02_3.cpp
#include <iostream.h>
#include <string.h>

void main(void)
{
```

```
  char puffer1[41],puffer2[41], puffer3[81];

  cout << "Bitte geben Sie den ersten Satz ein
⇨         (max. 40 Zeichen) \n>";
  cin >> puffer1;
  cout << "Bitte geben Sie den zweiten Satz ein
⇨         (max. 40 Zeichen) \n>";
  cin >> puffer2;
  strcpy(puffer3,puffer1);
  strcat(puffer3,puffer2);
  cout << "\nDer Satz lautet: " << puffer3 << "\n";
}
```

Lösung zu Aufgabe 9

```
//ueb02_4.cpp
#include <iostream.h>

struct personal
{
  char Name[31];
  long PersNr;
};

void main(void)
{
static struct personal Mitarbeiter[3]=
  {"Meier",100922,"Gandermann",100873,"Schmatz",101920};

  cout << "\nPersonalnummer von Meier             "
       << Mitarbeiter[0].PersNr;
  cout << "\nName von Mitarbeiter 1000873         "
       << Mitarbeiter[1].Name ;
  cout << "\nErster Buchstabe von Mitarbeiter 101920 "
       << Mitarbeiter[2].Name[0] ;
}
```

Lösung zu Aufgabe 10

Das Programm liefert die folgenden Ergebniswerte:

```
37
7
8
9
9
10
```

Lösung zu Aufgabe 11

GRÜN

Lösung zu Aufgabe 12

Das Semikolon (;) hinter der for-Anweisung sollte hier nicht stehen!

```
for (x=1; x<=100; x++);        // ACHTUNG!!
```

Syntaktisch ist diese Anweisung zwar richtig; das Programm wird ja auch fehlerfrei ausgeführt. Das Programm sollte jedoch etwas ganz anderes machen. Da ein Semikolon eine Anweisung beendet, wird in der Schleife nur der Wert *x* hochgezählt, sonst geschieht nichts! Erst nach Ende dieser Leerschleife wird der folgende Anweisungsblock ein einziges Mal durchlaufen und gibt den momentanen Wert von *x* (101) aus.

Lösung zu Aufgabe 13

```
//ueb02_8.cpp
#include <iostream.h>
#include <string.h>

void main(void)
```

```
{
char wort[21];
int laenge;

  cout << "\nBitte ein Wort eingeben (max. 20 Zeichen)
⇨          \n>";
  cin >> wort;
  laenge=strlen(wort);
  cout << "\n";
  for (int x=laenge-1; x>=0; x--)
  {
    cout << wort[x];
  }
  cout << "\n";
}
```

Lösung zu Aufgabe 14

```
//ueb02_9.cpp
#include <iostream.h>
#include <time.h>

void main(void)
{
struct tm *zeiger;
time_t zeit;

  zeit=time(NULL);
  cout << "\nSekunden seit dem 1.1.1970 " << zeit;
  zeiger=localtime(&zeit);
  cout << "\nDatum und Uhrzeit         " <<
⇨         asctime(zeiger);
}
```

Lösung zu Aufgabe 15

Die Ausgabe sieht so aus:

```
ier bin ich!
```

Dadurch, daß der Zeiger *satz* mit ++ inkrementiert wurde, zeigt er jetzt nicht mehr auf das erste Zeichen des Satzes, sondern auf das nächste.

Lösung zu Aufgabe 16

```cpp
//ueb02_11.cpp
#include <iostream.h>
#include <string.h>

void main(void)
{
char wort[81];
int x,laenge;

  cout << "\nBitte geben Sie ein Wort ein > ";
  cin >> wort;
  laenge=strlen(wort);
  for (x=0; x<laenge; x++)
    cout << " " << int(&wort[x]);
}
```

Lösung zu Aufgabe 17

```cpp
//ueb03_1.cpp
#include <iostream.h>

class nahrungsmittel
{
```

```
private:
  char name[20];
  int kcal;
public:
  void NameSetzen();
  void NameLesen();
  void KalSetzen();
  void KalLesen();
  void JouleLesen();
};

void nahrungsmittel::NameSetzen()
{
  cin >> name;
}

void nahrungsmittel::NameLesen()
{
  cout << "\n" << name;
}

void nahrungsmittel::KalSetzen()
{
  cin >> kcal;
}

void nahrungsmittel::KalLesen()
{
  cout << "\n" << kcal;
}

void nahrungsmittel::JouleLesen()
{
  cout << "\n" << kcal*4.1868;
}

void main(void)
{
nahrungsmittel essen;
```

```
  cout << "\nBitte Namen eingeben :";
  essen.NameSetzen();
  cout << "\nBitte Kilokalorien eingeben :";
  essen.KalSetzen();

  essen.NameLesen();
  essen.KalLesen();
  essen.JouleLesen();
}
```

Lösung zu Aufgabe 18

```
//ueb03_2.cpp
#include <iostream.h>

class zeit
{
private:
  long sekunden;
public:
  zeit (long z);
  void leseSekunden();
  void leseMinuten();
  void leseStunden();
  void leseTage();
};

zeit::zeit(long z=0)      // Konstruktor
{
  sekunden=(z<0) ? 0 : z;
}

void zeit::leseSekunden()
{
  cout << sekunden << "\n";
}
```

```
void zeit::leseMinuten()
{
  cout << sekunden/60L << "\n";

}
void zeit::leseStunden()
{
  cout << sekunden/3600L << "\n";
}

void zeit::leseTage()
{
  cout << sekunden/86400L << "\n";
}
void main(void)
{
zeit jetzt(726385L);

  jetzt.leseSekunden();
  jetzt.leseMinuten();
  jetzt.leseStunden();
  jetzt.leseTage();
}
```

Lösung zu Aufgabe 19

Die Include-Datei ist um folgende Ableitung zu ergänzen:

```
class Baudenkmal : public Baugrund
{
  public:
  void speichereGebaeudeteil(char *z);
  void zeigeGebaeudeteil() const;
  private:
  char schutz[50];
};

void Baudenkmal::speichereGebaeudeteil(char *z)
```

```
{
  strncpy(schutz, z, 50);
}

void Baudenkmal::zeigeGebaeudeteil() const
{
  cout << "\n" << "Geschütztes Gebäudeteil: " << schutz;
}
```

Das Testprogramm:

```
#include "prg04_1.h"

void main(void)
{
  Baudenkmal apotheke;
  apotheke.speichereGrunddaten("Heidetal",120,47,325);
  apotheke.speichereHausdaten(1749,65);
  apotheke.speichereGebaeudeteil("Fassade");
  apotheke.zeigeGrunddaten();
  apotheke.zeigeHausdaten();
  apotheke.zeigeGebaeudeteil();
}
```

Lösung zu Aufgabe 20

```
// PRG04_1.H
//
#include <string.h>
#include <iostream.h>

class Grundstueck
{
public:
  Grundstueck(const char *n, int f, int st, int g);
  ~Grundstueck();
  void speichereGrunddaten(const char *n, int f, int st,
```

```
⇨  int g);
   void zeigeGrunddaten() const;
protected:
   float sachwert;
private:
   char gemarkung[30];
   int flur, flurstueck, groesse;
};

Grundstueck::Grundstueck(const char *n, int f, int st,
⇨ int g)
{
   speichereGrunddaten(n, f, st, g);
}

Grundstueck::~Grundstueck()
{
}

void Grundstueck::speichereGrunddaten(const char *n,
⇨                  int f, int st, int g)
{
   strncpy(gemarkung, n, 39);
   flur=f;
   flurstueck=st;
   groesse=g;
   sachwert=(float)g*180;
}

void Grundstueck::zeigeGrunddaten() const
{
   cout << "\n" << "Gemarkung: " << gemarkung  << "\n"
        << "Flur:      " << flur << "\n"
        << "Flurstück: " << flurstueck << "\n"
        << "Größe:     " << groesse << "\n"
        << "Wert:      " << sachwert;
}

class Baugrund : public Grundstueck
```

```
{
public:
  Baugrund(const char *n, int f, int st, int g, int a,
↪          int b);
  ~Baugrund();
  void speichereHausdaten(int a, int b);
  void zeigeHausdaten() const;
private:
  int baujahr,groesse;
};

Baugrund::Baugrund(const char *n, int f, int st, int g,
↪          int a, int b)
    : Grundstueck(n, f, st, g)
{
  speichereHausdaten(a, b);
}

Baugrund::~Baugrund()
{
}

void Baugrund::speichereHausdaten(int a, int b)
{
  baujahr=a;
  groesse=b;
  sachwert+=(float)groesse*2.7F*320;
}

void Baugrund::zeigeHausdaten() const
{
  cout << "\n" << "Baujahr des Hauses:    " << baujahr
↪          << "\n"
              << "Wohnfläche des Hauses: " << groesse;
}

class Baudenkmal : public Baugrund
{
public:
```

```
  Baudenkmal(const char *n, int f, int st, int g,
  int a, int b, const char *z);
  void speichereGebaeudeteil(const char *z);
  void zeigeGebaeudeteil() const;
private:
  char schutz[50];
};

Baudenkmal::Baudenkmal(const char *n, int f, int st, int
⇨           g, int a, int b, const char *z)
            : Baugrund(n, f, st, g, a, b)
{
  speichereGebaeudeteil(z);
}

void Baudenkmal::speichereGebaeudeteil(const char *z)
{
  strncpy(schutz, z, 50);
}

void Baudenkmal::zeigeGebaeudeteil() const
{
  cout << "\n" << "Geschütztes Gebäudeteil: " << schutz;
}
```

```
// PRG04_1.CPP
//
#include "prg04_1.h"

void main(void)
{
  Grundstueck Hauptstr81("Stadt",100,5,321);
  Hauptstr81.zeigeGrunddaten();
  Baugrund Hauptstr82("Stadt",100,33,530,1965,120);
  Hauptstr82.zeigeGrunddaten();
  Hauptstr82.zeigeHausdaten();
  Baudenkmal apotheke("Heidetal",120,47,325,1749,65,
⇨                     "Fassade");
```

```
  apotheke.zeigeGrunddaten();
  apotheke.zeigeHausdaten();
  apotheke.zeigeGebaeudeteil();
}
```

Lösung zu Aufgabe 21

```
// PRG04_1.H
//
#include <string.h>
#include <iostream.h>

class Grundstueck
{
public:
  Grundstueck(const char *n, int f, int st, int g);
  ~Grundstueck();
  void speichereGrunddaten(const char *n, int f,
↳                         int st, int g);
  void zeigeGrunddaten() const;
  void setPreis(float p);
  float berechneWert() const;
protected:
  float sachwert;
private:
  char gemarkung[30];
  int flur, flurstueck, groesse;
  float preis;
};

Grundstueck::Grundstueck(const char *n, int f, int st,
↳                       int g)
{
  speichereGrunddaten(n, f, st, g);
}

Grundstueck::~Grundstueck()
{
```

}

```cpp
void Grundstueck::speichereGrunddaten(const char *n,
⇨                                     int f, int st, int g)
{
  strncpy(gemarkung, n, 39);
  flur=f;
  flurstueck=st;
  groesse=g;
  sachwert=(float)g*180;
}

void Grundstueck::zeigeGrunddaten() const
{
  cout << "\n" << "Gemarkung: " << gemarkung << "\n"
              << "Flur:      " << flur << "\n"
              << "Flurstück: " << flurstueck << "\n"
              << "Größe:     " << groesse << "\n"
              << "Wert:      " << sachwert;
}

void Grundstueck::setPreis(float p)
{
  preis=p;
}

float Grundstueck::berechneWert() const
{
  return (groesse*preis);
}

class Baugrund : public Grundstueck
{
public:
  Baugrund(const char *n, int f, int st, int g, int a,
⇨          int b);
  ~Baugrund();
  void speichereHausdaten(int a, int b);
  void zeigeHausdaten() const;
```

```
  void setBaupreis(float p);
  float berechneWert() const;
private:
  int baujahr,groesse;
  float preis;
};

Baugrund::Baugrund(const char *n, int f, int st, int g,
⇨                  int a, int b)
         : Grundstueck(n, f, st, g)
{
  speichereHausdaten(a, b);
}

Baugrund::~Baugrund()
{
}

void Baugrund::speichereHausdaten(int a, int b)
{
  baujahr=a;
  groesse=b;
  sachwert+=(float)groesse*2.7F*320;
}

void Baugrund::zeigeHausdaten() const
{
  cout << "\n" << "Baujahr des Hauses:     " << baujahr
⇨                 << "\n
               << "Wohnfläche des Hauses: " << groesse;
}

void Baugrund::setBaupreis(float p)
{
  preis=p;
}

float Baugrund::berechneWert() const
{
```

```
  return (Grundstueck::berechneWert()+groesse*2.70
⇨         *preis); // 2.70=Raumhöhe
}


class Baudenkmal : public Baugrund
{
public:
  Baudenkmal(const char *n, int f, int st, int g,
  int a, int b, const char *z);
  void speichereGebaeudeteil(const char *z);
  void zeigeGebaeudeteil() const;
private:
  char schutz[50];
};

Baudenkmal::Baudenkmal(const char *n, int f, int st,
⇨                     int g, int a, int b, const char *z)
             : Baugrund(n, f, st, g, a, b)
{
  speichereGebaeudeteil(z);
}

void Baudenkmal::speichereGebaeudeteil(const char *z)
{
  strncpy(schutz, z, 50);
}

void Baudenkmal::zeigeGebaeudeteil() const
{
  cout << "\n" << "Geschütztes Gebäudeteil: " << schutz;
}




// PRG04_1.CPP
//
#include "prg04_1.h"
```

```
void main(void)
{
  Grundstueck Hauptstr81("Stadt",100,5,321);
  Hauptstr81.zeigeGrunddaten();
  Baugrund Hauptstr82("Stadt",100,33,530,1965,120);
  Hauptstr82.zeigeGrunddaten();
  Hauptstr82.zeigeHausdaten();
  Baudenkmal apotheke("Heidetal",120,47,325,1749,65,
↳                       "Fassade");
  apotheke.setPreis(200);
  apotheke.setBaupreis(50);
  apotheke.zeigeGrunddaten();
  apotheke.zeigeHausdaten();
  apotheke.zeigeGebaeudeteil();
  cout << "\n" << "Grundwert: " << apotheke.Grundstueck::
↳                                     berechneWert();
  cout << "\n" << "Gesamtwert: "
↳              << apotheke.berechneWert();
}
```

Lösung zu Aufgabe 22

```
// PRG05_1.H
//
#include <iostream.h>
#include <string.h>
class Flaeche
{
public:
  Flaeche(char *n);
  ~Flaeche();
  void getFarbe() const;
  virtual float berechneFlaeche() const=0;
  virtual float berechneUmfang() const=0;
private:
  char farbe[10];
};
```

```cpp
Flaeche::Flaeche(char *n)
{
  strncpy(farbe,n,10);
}


Flaeche::~Flaeche()
{
}

void Flaeche::getFarbe() const
{
  cout << "\n" << farbe;
}


class Kreis : public virtual Flaeche
{
public:
  Kreis(char *n, float a);
  ~Kreis();
  float berechneFlaeche() const;
  float berechneUmfang() const;
private:
  float radius;
};

Kreis::Kreis(char *n, float a) : Flaeche(n)
{
  radius=a;
}

Kreis::~Kreis()
{
}

float Kreis::berechneFlaeche() const
{
  return radius*radius*3.141593F;
}
```

```
float Kreis::berechneUmfang() const
{
  return radius*2*3.141593F;
}


class Ring : public Kreis
{
public:
  Ring(char *n, float aussen, float innen);
  ~Ring();
  float berechneFlaeche() const;
private:
  float innenradius;
};

Ring::Ring(char *n, float aussen, float innen) :
↳        Flaeche(n),Kreis(n, aussen)
{
  innenradius=innen;
}

Ring::~Ring()
{
}

float Ring::berechneFlaeche() const
{
  return (Kreis::berechneFlaeche()-(innenradius
↳        *innenradius*3.141593F));
}

class Rechteck : public virtual Flaeche
{
public:
  Rechteck(char *n, float a, float b);
  ~Rechteck();
  float berechneFlaeche() const;
  float berechneUmfang() const;
```

```
private:
  float laenge;
  float breite;
};


Rechteck::Rechteck(char *n, float a, float b) :
⇨         Flaeche(n)
{
  laenge=a;
  breite=b;
}


Rechteck::~Rechteck()
{
}


float Rechteck::berechneFlaeche() const
{
  return laenge*breite;
}


float Rechteck::berechneUmfang() const
{
  return (laenge+breite)*2;
}


class Schablone : public Kreis, public Rechteck
{
public:
  Schablone(char *n, float a, float b, float c);
  ~Schablone();
  float berechneFlaeche() const;
  float berechneUmfang() const;
};


Schablone::Schablone(char *n, float a, float b, float c)
⇨         : Flaeche(n),Kreis(n,a) , Rechteck("LEER",b,c)
{
}
```

```
Schablone::~Schablone()
{
}

float Schablone::berechneFlaeche() const
{
  return(Kreis::berechneFlaeche()-Rechteck::
↪        berechneFlaeche());
}

float Schablone::berechneUmfang() const
{
  return(Kreis::berechneUmfang());
}

class Quadrat : public Rechteck
{
public:
  Quadrat(char *n, float a);
  ~Quadrat();
};

Quadrat::Quadrat(char *n, float a) : Rechteck(n, a, a)
↪                ,Flaeche(n)
{
}

Quadrat::~Quadrat()
{
}
```

Für die Klassen *Ring* und *Quadrat* muß keine eigene Funktion *berechneUmfang* definiert werden, da sie sich durch nichts von der der jeweiligen Basisklasse unterscheidet. Für die Klasse *Schablone* wird nur deshalb *berechneUmfang* neu definiert, damit eindeutig die Version der Basisklasse *Kreis* aufgerufen wird.

```cpp
// PRG05_2.CPP
//
#include <iostream.h>
#include "prg05_1.h"

void main(void)
{
  Flaeche *liste[9];
  int index=0;
  float sum_flaeche=0;
  float sum_umfang=0;

  Ring blau_ring("BLAU",5,2);
  Kreis gelb_kreis("GELB",7);
  Rechteck gruen_rechteck("GRÜN",5,6);
  Kreis rot_kreis("ROT",8);
  Schablone weiss_schablone("WEIß",20,6,3);
  Rechteck schwarz_rechteck("SCHWARZ",10,20);
  Schablone blau_schablone("BLAU",30,5,5);
  Ring lila_ring("LILA",100,5);
  Quadrat rosa_q("ROSA",5);

  liste[0]=&blau_ring;
  liste[1]=&gelb_kreis;
  liste[2]=&gruen_rechteck;
  liste[3]=&rot_kreis;
  liste[4]=&weiss_schablone;
  liste[5]=&schwarz_rechteck;
  liste[6]=&blau_schablone;
  liste[7]=&lila_ring;
  liste[8]=&rosa_q;

  while (index <= 8){
    (liste[index])->getFarbe();
    sum_flaeche+=(liste[index])->berechneFlaeche();
    sum_umfang+=(liste[index++])->berechneUmfang();
  }
  cout << "\nDie Gesamtfläche beträgt " << sum_flaeche
```

```
⇨         << " Einheiten";
   cout << "\nDer Gesamtumfang beträgt " << sum_umfang
⇨         << " Einheiten";
}
```

Achtung:
Der Inkrement-Operator ++ darf nur in der letzten Anweisung innerhalb der Schleife benutzt werden.

Lösung zu Aufgabe 23

Das Programm gibt unter anderem aus:

> '120' ist eine Zahl!

Bei der Suche nach einer passenden überladenen Funktion ist das Programm fündig geworden, nachdem es den char-Wert intern in einen int-Wert umgewandelt hat. 120 ist der ASCII-Wert von *x*. Damit ein korrektes Ergebnis geliefert wird, muß eine weitere überladene Funktion definiert werden.

```
void WasIst(char a)
{
  cout << "\n'" << a << "' ist ein Buchstabe!";
}
```

Lösung zu Aufgabe 24

```
// PRG07_6.CPP
//
#include <iostream.h>
#include <iomanip.h>
#define ANZAHL 10

void main()
{
```

```
    float mwst=15.0;
    float preise[] = {0.3,0.15,5,7.6,8.89,15,17.4,23.45,
                      120,105.03};
    char *artikel[] = {"Kabel","Knickschutz","Farbband",
                       "Adapter",
                       "Disketten","Nullmodem","Maus",
                       "Tastatur",
                       "Toner","Gehäuse"};
    double bestellmengen[ANZAHL];
    for (int j = 0; j < ANZAHL; j++){
      cout << "Bestellmenge " << artikel[j] << ": "
           << flush;
      cin >> bestellmengen[j];
    }
    cout.width(80);
    cout <<"PREISLISTE\nArtikel\t\tNettopreis\t
            Bestellmenge\tGesamtpreis" << endl;
    for (int i = 0; i < ANZAHL; i++){
      cout.fill('.');
      cout.precision(2);
      cout.setf(ios::fixed);
      cout << setiosflags(ios::left)
           << setw(11)  << artikel[i]
           << resetiosflags(ios::left)
              << setfill(' ') << setw(15) << preise[i]
              << setw(18) << bestellmengen[i]
              << setw(15) << preise[i]*bestellmengen[i]
              << endl;
    }
  }
```

Lösung zu Aufgabe 25

```
#include <iostream.h>
#include <iomanip.h>
#include <fstream.h>
#include <stdlib.h>
```

```
void main(void)
{
  double summand,summe=0;
  ofstream drucker("LPT1",ios::out);
  drucker.setf(ios::fixed);
  drucker.precision(2);
  cout << "Summand: " << flush;
  cin >> summand;
  while(cin.good()){
    summe+=summand;
    drucker << setw(20) << summand << endl;
    cout << "Summand: " << flush;
    cin >> summand;
  }
  drucker << "---------------------" << endl;
  drucker << setw(20) << summe << endl;
}
```

Lösung zu Aufgabe 26

```
#include <fstream.h>
#include <stdlib.h>
#include <string.h>

void main(int argc, char *argv[])
{
  char *x;
  char *edatei,*adatei;
  if (argc < 2){
    cerr << "Aufruf: <exedatei> <zu kopierende Datei>"
            << endl;
    exit(1);
  }
  strcpy(edatei,argv[1]);
  strcpy(adatei,"B:");     // Laufwerk B setzen
  strcat(adatei,edatei);
  ofstream ausgabe(adatei,ios::out | ios::binary);
  ifstream eingabe(edatei,ios::in | ios::nocreate
```

⇨ | ios::binary);
  eingabe.read(x,1);
  while (!eingabe.eof()){
    ausgabe.write(x,1);
    eingabe.read(x,1);
  }
}
```

## Lösung zu Aufgabe 27

Der Konstruktor der Klasse *xBase* wird folgendermaßen geändert:

```
xBase::xBase(char *name) : ifstream(name, ios::in |
⇨   ios::nocreate | ios::binary)
{
  int n,felder;
  unsigned char x[2];
  if(!good()){
    cout << "Datei " << name << " kann nicht geöffnet
⇨   werden!" << endl;
    exit(1);
  }
  read((char*)&vorsatz,32);
  switch (vorsatz.version){
    case 0x03:
    case 0x83:
    case 0x43:
    case 0x8B:
    case 0xF5:
      break;
    default:
      clear(ios::failbit);
      return;
  }
  felder=(vorsatz.laenge-33)/32;
  Stand=new Datum(vorsatz.jahr,vorsatz.monat,
⇨   vorsatz.tag);
  satzpuffer=new char[vorsatz.satzlaenge+1];
```
```

```
  satzpuffer[vorsatz.satzlaenge] ='\0';
  datenzeile=new char[vorsatz.satzlaenge+256];
  feldlaengen=new int[felder];
  seekg(48L,ios::beg);
  for(n=0;n<felder;n++){
    read(x,1);
    feldlaengen[n]=*x;
    seekg(31L,ios::cur);
  }
}
```

Bei den fünf gültigen Kennungen passiert innerhalb der switch-Anweisung gar nichts, ansonsten wird jedoch ein Fehlerstatus gesetzt und der Konstruktor unterbrochen. In Programmen muß dann nur noch geprüft werden, ob der Konstruktor keinen Fehler liefert.

```
  xBase kunden(argv[1]);   // Nach dieser Zeile wird
⇨                           eingefügt:
  if (!kunden.good()){
    cout << "Keine dBase-Datei!" << endl;
    exit(1);
  }
```

E Glossar

CUA Common User Access. Richtlinien für den standardisierten Aufbau von Benutzeroberflächen.

Datenkapselung Daten werden in Klassen als private definiert und können nur über als public definierte Methoden gelesen und verändert werden.

Destruktor Ein Destruktor ist eine Methode zur Freigabe eines Objektes.

GUI Graphical User Interface (Grafische Benutzerschnittstelle)

Klasse Klassen sind eine Abstraktion von Objekten. Eine Klasse definiert die Eigenschaften einer Gruppe gleichartiger Objekte.

Konstruktor	Ein Konstruktor ist eine Methode zur Initialisierung eines Objektes.
Methode	Eine Methode ist eine Mitgliedsfunktion einer Klasse, die als public definiert wurde. Methoden bilden die Schnittstelle einer Klasse zur Umwelt.
Objekt	Ein Objekt ist eine Instanz einer Klasse.
OLE	Object Linking and Embedding (Verknüpfen und Einbetten von Objekten)
OODBMS	Object-Oriented Database Management System (Objektorientierte Datenbanksysteme)
OOP	Object-Oriented Programming (Objektorientiertes Programmieren)
OOS	Object-Oriented Software (Objektorientierte Software)
Polymorphismus	Funktionen werden in abgeleiteten Klassen redefiniert und können über einen einheitlichen Aufruf benutzt werden. Für jedes Objekt wird die zugehörige Funktion gestartet.
Smalltalk	Eine der ältesten objektorientierten Programmiersprachen
Überladen	Für eine Klasse werden mehrere Funktionen mit unterschiedlichen Parametern und gleichem Namen definiert. Beim Aufruf wird anhand der Parameter die passende Funktion gestartet.
Vererbung	Objekte einer abgeleiteten Klasse besitzen alle Daten und Funktionen der Basisklasse.

F Zeichensatztabellen

ASCII-Zeichensatz (Industriestandard Set #2)

NULL	☺	☻	♥	♦	♣	♠	BEL	◘	TAB	LF	VT	FF	CR	♪	☼	►	◄	↕	‼
0	1	2	3	4	5	6	7	8	9	10	11	12	13	14	15	16	17	18	19
¶	§	▬	↨	↑	↓	→	←	∟	↔	▲	▼	BLANK	!	"	#	$	%	&	'
20	21	22	23	24	25	26	27	28	29	30	31	32	33	34	35	36	37	38	39
(	)	*	+	,	-	.	/	0	1	2	3	4	5	6	7	8	9	:	;
40	41	42	43	44	45	46	47	48	49	50	51	52	53	54	55	56	57	58	59
<	=	>	?	@	A	B	C	D	E	F	G	H	I	J	K	L	M	N	O
60	61	62	63	64	65	66	67	68	69	70	71	72	73	74	75	76	77	78	79
P	Q	R	S	T	U	V	W	X	Y	Z	[	\	]	^	_	`	a	b	c
80	81	82	83	84	85	86	87	88	89	90	91	92	93	94	95	96	97	98	99
d	e	f	g	h	i	j	k	l	m	n	o	p	q	r	s	t	u	v	w
100	101	102	103	104	105	106	107	108	109	110	111	112	113	114	115	116	117	118	119
x	y	z	{	|	}	~	⌂	Ç	ü	é	â	ä	à	å	ç	ê	ë	è	ï
120	121	122	123	124	125	126	127	128	129	130	131	132	133	134	135	136	137	138	139
î	ì	Ä	Å	É	æ	Æ	ô	ö	ò	û	ù	ÿ	Ö	Ü	¢	£	¥	₧	ƒ
140	141	142	143	144	145	146	147	148	149	150	151	152	153	154	155	156	157	158	159
á	í	ó	ú	ñ	Ñ	ª	º	¿	⌐	¬	½	¼	¡	«	»	░	▒	▓	│
160	161	162	163	164	165	166	167	168	169	170	171	172	173	174	175	176	177	178	179
┤	╡	╢	╖	╕	╣	║	╗	╝	╜	╛	┐	└	┴	┬	├	─	┼	╞	╟
180	181	182	183	184	185	186	187	188	189	190	191	192	193	194	195	196	197	198	199
╚	╔	╩	╦	╠	═	╬	╧	╨	╤	╥	╙	╘	╒	╓	╫	╪	┘	┌	█
200	201	202	203	204	205	206	207	208	209	210	211	212	213	214	215	216	217	218	219
▄	▌	▐	▀	α	β	Γ	π	Σ	σ	µ	τ	Φ	Θ	Ω	δ	∞	ø	ε	∩
220	221	222	223	224	225	226	227	228	229	230	231	232	233	234	235	236	237	238	239
≡	±	≥	≤	⌠	⌡	÷	≈	°	·	·	√	ⁿ	²	■					
240	241	242	243	244	245	246	247	248	249	250	251	252	253	254	255				

BEL	BELL	= Glocke, erzeugt eine akustische Ausgabe (Signalton).
TAB	TABULATOR	= springt zur nächsten Bildschirmtabulatorposition.
LF	LINE FEED	= aktuelle Position eine Zeile nach unten bewegen.
VT	HOME	= neue aktuelle Position ist die linke obere Ecke des Bildschirms.
FF	FORM FEED	= Bildschirminhalt wird gelöscht, neue Seite einrichten.
CR	CARRIAGE RETURN	= neue Zeile am linken Bildschirmrand beginnen.

ANSI-Zeichensatz

0	1	2	3	4	5	6	7	8	9	10	11	12	13	14	15	16	17	18	19
								RS	TAB			BLANK	CR	!	"	#	$	%	&
20	21	22	23	24	25	26	27	28	29	30	31	32	33	34	35	36	37	38	39
'	(	)	*	+	,	-	.	/	0	1	2	3	4	5	6	7	8	9	:
40	41	42	43	44	45	46	47	48	49	50	51	52	53	54	55	56	57	58	59
;	<	=	>	?	@	A	B	C	D	E	F	G	H	I	J	K	L	M	N
60	61	62	63	64	65	66	67	68	69	70	71	72	73	74	75	76	77	78	79
O	P	Q	R	S	T	U	V	W	X	Y	Z	[	\	]	^	_	`	a	b
80	81	82	83	84	85	86	87	88	89	90	91	92	93	94	95	96	97	98	99
c	d	e	f	g	h	i	j	k	l	m	n	o	p	q	r	s	t	u	v
100	101	102	103	104	105	106	107	108	109	110	111	112	113	114	115	116	117	118	119
w	x	y	z	{	|	}	~												
120	121	122	123	124	125	126	127	128	129	130	131	132	133	134	135	136	137	138	139
140	141	142	143	144	145	146	147	148	149	150	151	152	153	154	155	156	157	158	159
BLANK	¡	¢	£	¤	¥	¦	§	¨	©	ª	«	¬	-	®	¯	°	±	²	³
160	161	162	163	164	165	166	167	168	169	170	171	172	173	174	175	176	177	178	179
´	µ	¶	·	¸	¹	º	»	¼	½	¾	¿	À	Á	Â	Ã	Ä	Å	Æ	Ç
180	181	182	183	184	185	186	187	188	189	190	191	192	193	194	195	196	197	198	199
È	É	Ê	Ë	Ì	Í	Î	Ï	Ð	Ñ	Ò	Ó	Ô	Õ	Ö	⊘	Ù	Ú	Û
200	201	202	203	204	205	206	207	208	209	210	211	212	213	214	215	216	217	218	219
Ü	Ý	Þ	ß	à	á	â	ã	ä	å	æ	ç	è	é	ê	ë	ì	í	î	ï
220	221	222	223	224	225	226	227	228	229	230	231	232	233	234	235	236	237	238	239
ð	ñ	ò	ó	ô	õ	ö	ø	ù	ú	û	ü	ý	þ	ÿ					
240	241	242	243	244	245	246	247	248	249	250	251	252	253	254	255				

RS RÜCKSCHRITT = löscht das Zeichen links von der Cursorposition.

TAB TABULATOR = springt zur nächsten Bildschirmtabulatorposition.

CR CARRIAGE RETURN = neue Zeile am linken Bildschirmrand beginnen.

Wegen der besseren Übersicht sind die Führungsnullen bei den oben aufgeführten Ziffernfolgen nicht dargestellt.

Bei der Erstellung eines ANSI-Zeichens **müssen** Sie die Führungsnullen mit eingeben!!

ANSI-Zeichen werden **immer** mit vier Ziffern erzeugt.

G Literaturverzeichnis

Helmut Erlenkötter, Volker Reher: Programmiersprache C, Rowohlt Taschenbuch Verlag, Reinbek 1992
Helmut Erlenkötter, Volker Reher: C für Windows, Rowohlt Taschenbuch Verlag, Reinbek 1993
Microsoft: Visual C++ Source-Dateien zu MFC (Verzeichnis \MSVC\MFC\SRC)
Stephen Prata: Einführung in die objektorientierte Programmierung, te-wi Verlag, München 1992

Hinweis
Autoren, Herausgeber und Verlag haben sämtliche Angaben, Hinweise und Beispiele, die in diesem Buch aufgeführt sind, sorgfältig geprüft. Dennoch können Fehler nicht völlig ausgeschlossen werden. Autoren, Herausgeber und Verlag können deshalb keine Gewährleistung für die einwandfreie Funktion aller Angaben, Hinweise und Beispiele übernehmen. Für eventuell auftretende Folgeschäden an Geräten und Programmen, die durch Benutzung der Inhalte dieses Buches entstehen können, wird keine Haftung übernommen.

Benutzte Produkt- und Warennamen

AT&T	WinWord	MFC	Visual C++
Clipper	MS	Microsoft	Borland C++
dBase	MS-DOS	Borland	Turbo C++
FoxPro			

H Sachwortregister

! 66
!= 65
" 37
16
#define 23, 44, 215
#elif 24
#else 24
#endif 24
#if 24
#ifdef 24
#ifndef 24
#include 16, 22
#pragma 25
% 77
& 88, 96, 151
&& 66
' 37
* 19
*/ 15
+ 19
++ 72, 77, 92
- 19
-- 77
-> 94, 151
/ 19
/* 15
// 16
: 129, 161, 217
:: 105, 140
; 20
< 65
<< 17, 182
<= 65
= 36
== 36, 65
> 65
>= 65
>> 19, 195
?: 217
[ ] 46
\" 43
\' 43
\\ 43
\a 43
\b 43
\f 43
\n 17, 43
\r 43
\t 17, 43
\v 43
__min 240
{ } 17, 36
|| 66
~ 109
0X 41

Ableitung 129, 143
   definieren 129
   Destruktor 134
   Konstruktor 134
   Mehrfach- 141
   Zugriffsprivilegien 134
Adreßoperator 88
Alarm 43
Anführungszeichen 17, 37
ANSI-Tabelle 285
Array 45, 90
ASCII-Tabelle 284
Ausgabe
   Ausrichtung 189
   Exponentialzahl 192
   formatieren 184

Füllzeichen 189
Nachkommastellen 192
Pufferung 182
Vorzeichen 192
Zahlenformatierung 191
Zahlensysteme 193
auto 84
automatische Variable 84

Backslash 17
Backspace 43
bad 196
Basisklasse 129
  indirekte 158
  private 134
  protected 134
  public 134
  virtuelle 158
Basiskonstruktor 135
Basisversionen 143
Bearbeitungsschutz 202
Bedingungsoperator 217
Beep 43
Bibliothek 79, 83
binäre Null 50
binary 212
Block 17, 36
break 70
by reference 82, 93
by value 82, 93

C++ 13
call by reference 82, 93
call by value 82, 93
Carriage Return 43
case 68
case sensitive 21
cast 40, 133, 152
cerr 182

char 34
cin 18, 182
class 101
clear 196
clog 182
close 201
const 44, 128, 138
continue 74, 197
cout 17, 182
cout.width 187
CPP 16
CTime 233
CUA 282

Datei
  binär 210
  drucken 210
  Existenztest 202
  lesen 203
  öffnen 199
  schließen 199
  schreiben 205
Dateiendung 16
Dateigröße 203
Dateimodus 201
Datenkapselung 282
Datenstrom 186, 197
dBase
  Format 221
  Löschmarkierung 225
  Satzbeschreibung 222
  Versionskennung 222
DBF 221
dec 194
deklarieren 32
Dekrement-Operator 77, 97
delete 116, 158
Destruktor 108, 282
  virtueller 157

dezimal 41
Dimensionierung 46
dividieren 19
do 73
double 38
Drucker 210

Einfügeoperator 17, 182
Eingabe 194
   Fehlerprüfung 195
Elementfunktion
   siehe Methode
else 63
endl 184
eof 196
ERRORLEVEL 115
Escape-Sequenz 17, 187
exit 115
Exponentialzahl 192
Extraktionsoperator 19, 195

F 41
fail 196
falsch 65
Fehlerausgabeeinheit 182
Feld 45, 90
filebuf 202
filebuf::sh_compat 202
filebuf::sh_none 202
filebuf::sh_read 202
filebuf::sh_write 202
fill 189
Fließkommazahl 37
float 38
flush 184
for 70
Formatierung
   Exponentialzahl 192
   hexadezimal 194
   Nachkommastellen 192
   oktal 194
   Vorzeichen 192
   Zahlensysteme 192
Formfeed 43
free 119
friend-Funktion 120
friend-Klasse 122
fstream 199
Funktion 17, 79
   Aufruf 79, 141
   friend 120, 174
   mit Vorgabewert 81
   Parameter 79
   Prototyp 82
   read-only 128
   redefinieren 138
   Stellung im Programm 82
   überladen 163, 168
   virtuelle 153

get 204, 209
getline 205
Gleichheitszeichen 36
globale Variable 196
good 196
goto 75
größer als 65
Großschreibung 21
GUI 282
Gültigkeitsbereich 84
Gültigkeitsoperator 105

Header-Datei 22
hex 194, 198
hexadezimal 41
Hochkomma 17, 37

if 62

ifstream 199
ignore 197
include 16, 22
Include-Datei 22
indirection-Operator 91
initialisieren 36, 48, 91
Inkrement-Operator 72, 77, 92
inline 105, 108
Inline-Funktion 105, 108
Instanz 105, 130
Instanzenzuweisung 150
int 30, 33
Integer 30, 33
iomanip.h 187
ios.h 190
ios::app 201
ios::ate 201
ios::badbit 196
ios::beg 197
ios::binary 212
ios::cur 197
ios::end 196
ios::eofbit 196
ios::failbit 196
ios::fixed 192
ios::hex 194
ios::in 201
ios::internal 192
ios::nocreate 201
ios::noreplace 201
ios::out 201
ios::showbase 194
ios::showpos 192
ios::trunc 201
ios::uppercase 194
iostream 181
iostream.h 17, 182, 207
istream 198
istream_withassign 198

Klasse 101, 282
  abgeleitete 129
  ableiten 126
  abstrakte 155
  bestimmen 230
  identifizieren 230
  ios 198
  iostream 181
  Konvertierung 151
Klassenfunktion
  siehe Methode
Klassenhierarchie 233
kleiner als 65
Kleinschreibung 21
Kommentar 15, 21
Kompilieren 14, 247
Konstruktor 108, 283
  aufrufen 108, 136
  Aufruffolge 110, 159
  überladen 168
Kontrollstrukturen 62
Konvertierung 39

L 41
label 76
Lebensdauer 84
Linken 14, 247
localtime 233
logische Operatoren 65, 250
lokale Variable 84
long 33, 41
long double 38
longjmp 76
LPT1 210

main 17
Makro 215
malloc 119
Manipulator 184

binary 212
dec 194, 198
endl 184
flush 184
hex 194, 198
oct 194, 198
resetiosflags 190
setfill 190
setiosflags 190
setw 188
text 212
Member-Function
siehe Methode
Methode 102, 283
close 201
fill 189
get 204
getline 203, 205
ignore 197
open 200
peek 197
put 208
read 213
seekg 205
seekp 208
setf 190
setprecision 192
tellg 205
tellp 207
unsetf 190
width 187
write 213
MFC 26, 233
min 240
mktime 232
Modifizierer 33
Modulo-Operator 77
multiplizieren 19

Nachkommastellen 192
Neue Zeile 43
new 114, 237
new line 43
NICHT 66
NOT-Operator 66
NULL 96

Objekt 13, 105, 283
objektorientiert 12
Objektumwandlung
  Instanzzuweisung 150
  Pointerzuweisung 150
oct 194, 198
ODER 66
offset 223
ofstream 199
oktal 41
OLE 283
OMT 220
OODBMS 13, 285
OOP 13, 285
OOS 285
open 200
operator 176
Operatoren
  Rangfolge 250
  überladen 171, 251
Operatorfunktionsdefinition 176
ostream 198
ostream_withassign 198
OWL 26

Parameter 79
peek 197
Pointer 88
  auf Strukturen 94
Pointer-Arithmetik 92

Pointerumwandlung 151
Polymorphismus 148, 283
potenzieren 19
pow 19
Präprozessor 16, 21
printf 18
private 102, 145
PRN 210
process.h 115
protected 132, 145
Prototyp 82, 101
public 102, 129, 145
Pufferung 183
put 208

read 213
Rechenzeichen 26
Record 54
Referenz 96
repeat-until 74
Reservierte Wörter 249
resetiosflags 190
return 83
Rückgabewert 80, 83

SA 220
Schleifen
  do 73
  for 70
  while 73
Schlüsselwörter 31, 249
Schnittstellenfunktion
  siehe Methode
seekg 205
seekp 208
Semikolon 20
setf 190
setfill 190
setiosflags 190

setprecision 192
setw 188
sh_compat 201
short 33
signed 33
size_t 44
sizeof 44
Smalltalk 13
Spaltenbreite 186
Sprünge
  goto 75
Sprungziel 76
stack 84
Stapel 84
static 86
statische Variable 86
stdafx.h 233
stderr 181
stdin 181
stdlib.h 115
stdout 181
Stoppzeichen 204
strcat 52
strcmp 170
strcpy 52
String
  siehe Zeichenkette
strlen 52
strftime 233, 238
struct 54
Struktur 54
  als Parameter 58
Struktur-Operator 56, 94
switch 67

Tabulator 43
tellg 205
tellp 207
Template 215

text 212
this 113
Tilde 109
time 183
time_t 231
timecore.cpp 233

U 41
Überladen 163, 283
  Datenkonvertierung 167
  Funktionen 168
  Konstruktor 168
  Operatoren 171
    global 171
    Methode 174
  Regeln 168
  Standardargumente 166
Umlaute 31
UND 66
ungleich 65
Ungleichheitsoperator 67
union 57
unsetf 190
unsigned 33
unsigned char 33
unsigned int 33
unsigned long 33
unsigned short 33

Variable
  global 86
  Name 30
  private 102
  protected 132
  public 102
  statisch 86
  Typ 33

Verbund 57
Vererbung 126, 283
  Mehrfach- 141
  private-Variablen ansprechen 130
Vergleichsoperator 65, 250
Verwandtschaft 129
Verzweigungen
  if 62
  switch 67
virtual 156
void 80
Vorgabewerte für Parameter 81
Vorzeichen 192

Wagenrücklauf 43
wahr 65
Wertebereich 33
while 73
White-Space-Zeichen 195
write 213

Zahlenformatierung 191
Zahlensysteme 193
Zeichen
  White-Space 195
Zeichenkette 37, 45, 50
Zeichenkettenfunktionen 52
Zeichenkettenkonstante 43
Zeichenkonstante 37, 42
Zeichensatztabelle 284, 285
Zeiger 88
  auf Strukturen 94
Zeiger-Arithmetik 92
Zugriffsprivilegien 134
Zuweisungsoperator 36, 65

Beispieldisketten zum
GRUNDKURS COMPUTERPRAXIS

Zu bestimmten rororo-Büchern der Reihe Grundkurs Computerpraxis gibt es BEISPIELDISKETTEN, die dem Leser die Arbeit am und mit dem Computer erleichtern sollen. Die Disketten beinhalten, bezogen auf das jeweilige Buch, von den Autoren verwendete Beispiele und Lösungen. Sie als Leser und Computerbenutzer ersparen sich dadurch ein langwieriges und erfahrungsgemäß fehlerbehaftetes Abtippen der Beispiele.

Lieferbare 3½"-Disketten
zum Rowohlt-Buchtitel   **Bestellnummer**

Titel	Bestellnummer
MS-MULTIPLAN	D8146
Turbo-PASCAL (Einführung)	D8148
Turbo-PASCAL (Fortgeschrittene)	D8155
COBOL	D8157
MS-Works 2.0 (DOS)	D8163
Programmiersprache C	D8166
dBASE IV	D8172
MS-EXCEL 3.0 (DOS)	D8173
QuickBASIC	D8190
SPSS/PC+	D8198
Quattro Pro 4.0	D9210
MS-WORD 5.5	D9220
Autosketch	D9221
COREL DRAW 3.0	D9223
WORKS für WINDOWS 2.0	D9224
MS-EXCEL für WINDOWS 4.0	D9229
MS-WINDOWS 3.1	D9230
WORD für WINDOWS 2.0	D9231
Harvard Graphics 3.0	D9233
C für WINDOWS	D9234
Turbo-PASCAL für WINDOWS	D9235
Harvard Graphics WINDOWS	D9236
Paradox 4.0 (DOS)	D9237
Visual Basic 3.0 WINDOWS	D9248
LOTUS 1-2-3 für WINDOWS	D9250
MS-WORKS 3.0 (DOS)	D9251
MS-ACCESS	D9256
MS-WORD 6.0 (DOS)	D9269
WORD für WINDOWS 6.0	D9286
Preis je Diskette	**DM 22,00**
AutoCAD (3 HD-Disketten)	D8189
Preis	**DM 36,00**

Die **Preise** sind **inclusive Porto und Verpackung**. Die **Bestellung** erfolgt **nur durch** Zusendung eines **Euroschecks**. Bei **Auslandsaufträgen** werden nur **auf DM lautende Euroschecks** akzeptiert.

DISKSERVICE Ilse Parkmann
Am Königsteich 42
D-49492 Westerkappeln

Stand 15.12.1993 - TE9312

Grundlagenwissen

G. Kuhlmann / A. Parkmann / J. Röhl / J. Verhuven
Computerwissen für Einsteiger
Hardware-Voraussetzungen für Standardsoftware
(rororo computer 8181)

Michael Monka / Werner Voss
Softwarewissen für Einsteiger
Voraussetzungen für die richtige Wahl
(rororo computer 9209)

Hans Herbert Schulze
PC-Lexikon *Fachbegriffe schlüssig erklärt*
(rororo computer 9241)
Das PC-Lexikon übersetzt das Computer-Chinesisch des gesamten PC-Bereichs, von den Geräten und ihrer Software über die betriebliche Anwendung und Benutzung bis hin zur Daten-, Datei- und Datenbankorganisation, zur Datensicherung und zum Datenschutz.

Hans Herbert Schulze
Computer-Englisch *Ein Fachwörterbuch*
(rororo computer 8177)

Hans Herbert Schulze
Das rororo Computer-Lexikon
Schwierige Begriffe einfach geklärt
(rororo computer 8105)

Hans Herbert Schulze
Computereinsatz in Mittel- und Kleinbetrieben *Probleme und Lösungen*
(rororo computer 9211)

Ingo Steinhaus
Shareware *Die 25 besten Programme*
(rororo computer 9204)
Shareware für Windows
Die 15 besten Programme
(rororo computer 9218)

Klaus Jamin
Computerviren *Merkmale und Gegenmittel*
(rororo computer 9215 / Buch mit Diskette
rororo computer 9232)

rororo computer wird herausgegeben von Ludwig Moos und Manfred Waffender. Ein Gesamtverzeichnis der Reihe finden Sie in der *Rowohlt Revue*. Jedes Vierteljahr neu. Kostenlos in Ihrer Buchhandlung.

rororo computer

Betriebssysteme, Programmiersprachen

Bernd Barfues / Ute Jacobs
QuickBASIC *Eine strukturierte Einführung (bis Version 4.5)*
(rororo computer 8190)

Helmut Erlenkötter / Volker Reher
C für Windows. Visual C++, Borland C++, Turbo C++ *Eine strukturierte Einführung*
(rororo computer 9234)
C. Quick-C, Turbo-C++MS-C/C++,Berland-C++E*Eine strukturierte Einführung*
(rororo computer 8166)
MS-Windows *Eine strukturierte Einführung (bis Version 3.0)*
(rororo computer 8182)
Windows 3.1 *Eine strukturierte Einführung*
(rororo computer 9230)

Peter Freese
MS-DOS *Eine strukturierte Einführung (bis Version 6.0)*
(rororo computer 9278)

Peter Freese / Heinrich Tofall / Werner Wehmeier
Novell NetWare *Eine strukturierte Einführung (bis Version 3.11)*
(rororo computer 9222)

Hans-Josef Heck
UNIX *Eine strukturierte Einführung*
(rororo computer 8167)
UNIX für Fortgeschrittene *Benutzerumgebung und Kommandosprache*
(rororo computer 8187)

Gregor Kuhlmann
Turbo-Pascal *Eine strukturierte Einführung (bis Version 7.0)*
(rororo computer 8148)
Turbo-Pascal für Fortgeschrittene *(bis Version 7.0)*
(rororo computer 8155)

Gregor Kuhlmann / Ulrich Bornschein / Lutz Seemann
Turbo Pascal für Windows Objektorientierte Programmierung und Grafik *Eine strukturierte Einführung (bis Version 7.0)*
(rororo computer 9235)

Thomas Tai / Peter Freese
Softwarelexikon MS-DOS *(bis Version 5.0)*
(rororo computer 8152)

H. Urban / Klaus W. Jamin
Cobol *Eine strukturierte Einführung*
(rororo computer 8157)

Visual QuickSteps:

Webster & Associates
Windows 3.1 *In 360 Bildschritten*
(rororo computer 9273)
MS-DOS 6 *In 250 Bildschritten*
(rororo computer 9274)

rororo computer wird herausgegeben von Ludwig Moos und Manfred Waffender. Ein Gesamtverzeichnis der Reihe finden Sie in der *Rowohlt Revue*. Kostenlos in Ihrer Buchhandlung.

Textverarbeitung

Joachim Röhl / Johannes Verhuven
MS-Word 6 *Eine struckturierte Einführung*
(rororo computer 9269)
MS-Word 5.5
Eine strukturierte Einführung
(rororo computer 9220)
MS-Word *Eine strukturierte Einführung (bis Version 5.0)*
(rororo computer 8149)
Word 2.0 für Windows *Eine strukturierte Einführung*
(rororo computer 9231)
Word für Windows *Eine strukturierte Einführung (bis Version 1.1)*
(rororo computer 9201)

Thomas Tai / Peter Freese
Softwarelexikon MS-Word
Begriffe, Funktionen, Menüs und Befehle (bis Version 5.0)
(rororo computer 8156)

Thomas Tai / Markus Hahner
Softwarelexikon Word für Windows *Befehle, Begriffe, Tips und Tricks (bis Version 2.0)*
(rororo computer 9208)
Word für Windows ist einfach zu bedienen, aber gleichzeitig so komplex, daß man kaum alle Arbeitsvorgänge, Parameter und Optionen im Kopf haben kann. Das Softwarelexikon gibt auf alle Fragen eine zuverlässige Antwort.

Bernd Passens / Ingrid Schöll
WordPerfect *Eine strukturierte Einführung (bis Version 5.1)*
(rororo computer 8160)
WordPerfect für Windows *Eine strukturierte Einführung*
(rororo computer 9214)

Thomas Tai / Peter Freese
Softwarelexikon Wordperfect
Befehle, Begriffe, Tips und Tricks (bis Version 5.1)
(rororo computer 8175)

rororo computer wird herausgegeben von Ludwig Moos und Manfred Waffender. Ein Gesamtverzeichnis der Reihe finden Sie in der *Rowohlt Revue*. Jedes Vierteljahr neu. Kostenlos. In Ihrer Buchhandlung.

rororo computer

Tabellenkalkulation, Präsentationsgrafik, Datenanalyse

Benno Brudermanns
Exel 4.0 für Windows *Eine strukturierte Einführung (mit Version 3.0)*
(rororo computer 9229)

Ernst Tiemeyer
Lotus 1-2-3 / Version 3 *Eine strukturierte Einführung (bis Version 3.1)*
(rororo computer 8188)

Michael Monka / Werner Voss
Harvard Graphics für Windows *Eine strukturierte Einführung*
(rororo computer 9236)
Harvard Graphics 3.0 *Eine strukturierte Einführung*
(rororo computer 9233)
Harvard Graphics *Eine strukturierte Einführung (bis Version 2.3)*
(rororo computer 8171)
Standardsoftware DTP-Grafik Corel Draw! *Eine strukturierte Einführung (bis Version 3.0)*
(rororo computer 9223)

Thomas Tai / Markus Hahner
Softwarelexikon Quattro Pro *Befehle, Begriffe, Tips und Tricks (bis Version 4.0)*
(rororo computer 9208)
Softwarelexikon Harvard Graphics *Befehle, Begriffe, Tips und Tricks (bis Version 3.0)*
(rororo computer 9213)

Peter Höver / Ernst Tiemeyer
Quattrro Pro für Windows *Eine strukturierte Einführung (bis Version 5.0)*
(rororo computer 9239)
Quattro Pro *Eine strukturierte Einführung (bis Version 4.0)*
(rororo computer 9210)

Georg Besser / Peter Höver / Ernst Tiemeyer
Multiplan *Eine strukturierte Einführung (bis Version 4.2)*
(rororo computer 8146)

Christian Friede / Liane Schirra-Weirich
SPSS/PC+ *Eine strukturierte Einführung*
(rororo computer 8198)

rororo computer wird herausgegeben von Ludwig Moos und Manfred Waffener. Ein Gesamtverzeichnis der Reihe finden Sie in der *Rowohlt Revue*. Jedes Vierteljahr neu. Kostenlos in Ihrer Buchhandlung.

rororo computer

3434/3

Datenbanken, Integrierte Pakete, Kommunikation

Lutz Seemann
Clipper *Eine strukturierte Einführung (bis Version 5.01)*
(rororo computer 9200)

Peter Freese / Friedrich Müllmerstadt
dBASE IV *Eine strukturierte Einführung (bis Version IV 1.5)*
(rororo computer 8172)
dBASE *Eine strukturierte Einführung (bis Version III plus)*
(rororo computer 8140)

Peter Freese / Thomas Tai
Softwarelexikon dBASE *Befehle, Begriffe, Tips und Tricks (bis Version IV 1.1)*
(rororo computer 8158)

Ute Jacobs / Ursula Riester
Paradox *Eine strukturierte Einführung (bis Version 4.0)*
(rororo computer 9237)

Hermann Mehlig
Integriertes Paket Works 3 *Eine strukturierte Einführung*
(rororo computer 9251)
Works *Eine strukturierte Einführung (bis Version 2.0)*
(rororo computer 8163)
Works für Windows *Eine strukturierte Einführung*
(rororo computer 9224)

Thomas Tai / Peter Freese
Softwarelexikon Works *Befehle, Begriffe, Tips und Tricks (bis Version 2.0)*
(rororo computer 8195)

Werner Wehmeier / Gregor Kuhlmann / Bernhard Karrasch
Bürosoftware KHK Classic Line *Eine strukturierte Einführung (bis Version 7.0)*
(rororo computer 9216)

Martin Goldmann / Claus Herwig / Gabriele Hooffacker
Computer im Telenetz *Praxis und Programme für Datenreisende*
(rororo computer 9244 Buch mit Diskette)

Eike-Manfred Buba
Computernetze. Datenübertragung, Datenkommunikation, Datendienste *Eine strukturierte Einführung*
(rororo computer 8179)

rororo computer wird herausgegeben von Ludwig Moos und Manfred Waffender. Ein Gesamtverzeichnis der Reihe finden Sie in der *Rowohlt Revue*. Jedes Vierteljahr neu. Kostenlos. In Ihrer Buchhandlung.

rororo computer

DTP, CAD, Tools, Utilities

Heinz Urban
PageMaker *Eine strukturierte Einführung (bis Version 4.0)*
(rororo computer 8192)

Hans Stiehl / Dirk Helbig
AutoCAD *Eine strukturierte Einführung (bis Version 11)*
(rororo computer 8189)
AutoSketch *Eine strukturierte Einführen*
(rororo computer 9221)

Eike-Manfred Buba
Tools unter MS-DOS
Anwenderhilfen für PC-Benutzer. Eine strukturierte Einführung
(rororo computer 8164)
Norton Utilities *Eine strukturierte Einführung (bis Version 6)*
(rororo computer 9206)
PC-Tools
Eine strukturierte Einführung (bis Version 8.0)
(rororo computer 9219)
Norton Desktop für Windows
Eine strukturierte Einführung (bis Version 2.2)
(rororo computer 9212)
Norton Desktop für Windows stellt ein vollständiges Datei–Magagement unter Windows zur Verfügung und ersetzt den vorhandenen Programm-Manager.

Macintosh Werkstatt

Anna Wagner / Guido Englich
MacReiseführer *Grafik, Typo und Layout in sechs leichten Touren*
(rororo computer 8193)

Hans D. Baumann
Lexikon Macintosh-Grafik
Malerische und grafische Techniken von A – Z
(rororo computer 9205)

Volker Herrmann
HyperCard *Anwendungen für Einsteiger (bis Version 2.0)*
(rororo computer 8196)
Volker Herrmann
Ragtime *Anwendungen für Einsteiger (bis Version 3.1)*
(rororo computer 9207)
Word *Anwendungen für Einsteiger*
(rororo computer 9228)

rororo computer wird herausgegeben von Ludwig Moos und Manfred Waffender. Ein Gesamtverzeichnis der Reihe finden Sie in der *Rowohlt Revue*. Jedes Vierteljahr neu. Kostenlos. In Ihrer Buchhandlung.

rororo computer

Virtuelle Welten, digitale Visionen

Stewart Brand
Media Lab *Computer, Kommunikation und neue Medien. Die Erfindung der Zukunft am MIT*
(rororo computer 8169)
Ein Insider-Bericht aus dem Massachusetts Institute of Technology über die künftige Welt der Information.

H. Dreyfus / St. E. Dreyfus
Künstliche Intelligenz *Von den Grenzen der Denkmaschinen und dem Wert der Intuition*
(rororo computer 8144)
Ein Philosophieprofessor und ein Computerexperte beweisen, daß der Computer nie das menschliche Denken wird ersetzen können.

Jürgen Claus
Elektronisches Gestalten in Kunst und Design *Richtungen, Institutionen, Begriffe*
(rororo computer 8194)
Das Interesse an elektronischer Kunst und Gestaltung wächst mit der Verbreitung und den Möglichkeiten der Elektronik. Der Autor, Medienkünstler und Professor an der Kölner Kunsthochschule für Medien, beschreibt die Entwicklung und den Stand der Dinge im Bereich Bildende Kunst, Design, Architektur, Bühne, Film-, Bild- und Datenbank sowie Telekommunikation.

Manfred Waffender (Hg.)
Cyberspace *Ausflüge in virtuelle Wirklichkeiten*
(rororo computer 8185)
Ungewöhnliche Bilder und Texte von namhaften Autoren geben Einblick in das faszinierende Reich des Cyberspace.

Sherry Turkle
Die Wunschmaschine *Der Computer als zweites Ich*
(rororo computer 8135)
Wie beeinflußt der Umgang mit dem Computer das Denken und das Verhalten der Menschen? Sherry Turkle hat nach jahrelangen Beobachtungen ein aufregendes und aufsehenerregendes Buch geschrieben.

rororo computer wird herausgegeben von Ludwig Moos und Manfred Waffender. Ein Gesamtverzeichnis der Reihe finden Sie in der *Rowohlt Revue*. Jedes Vierteljahr neu. Kostenlos. In Ihrer Buchhandlung.

rororo computer

Sharebooks

Martin Goldmann / Claus Herwig / Garbiele Hooffacker
Computer im Telenetz *Praxis und Programme für Datenreisende*
(Buch mit Diskette
rororo computer 9244)
Der Band bietet einen einfachen und praxisnahen Einstieg in die unzähligen Wege der modernen Telekommunikation. Erforderlich ist dafür lediglich ein PC mit Modem sowie ein Telefonanschluß.

Wolfgang Taschner
Computer im Unterricht *Praxis und Programme für Lehrer*
(Buch mit Diskette
rororo computer 9242)
Computer im Verein *Praxis und Programme für Information und Organisation*
(Buch mit Diskette
rororo computer 9243)

Musterlösungen

Thomas Tai
Abrechnen und verwalten mit Excel *Musterlösungen für Angebote, Lieferscheine, Rechnungen, Kundenverwaltung, Zahlungsverkehr*
(Buch mit Diskette
rororo computer 9247)
Die Verwaltung von Kundenadressen kann ebenso weitgehend Excel überlassen werden wie das Ausfüllen von Reisekostenabrechnungen und das Drucken von Schecks und Überweisungen. Die beiligende Diskette enhält ein Programm, mit dessen Hilfe man seine Überweisungen für den elektronischen Zahlungsverkehr auf Diskette speichern und bei der Bank abgeben kann.

Thomas Tai / Markus Hahner
Berichte verfassen mit Word für Windows *Musterlösungen für Seminararbeiten, Diplomarbeiten, Dokumentationen, Projektberichte, Budgetreports, Umsatzstatements, Abschlußberichte*
(Buch mit Diskette
rororo computer 9245)
Korrespondenz erledigen mit Word *Musterlösungen für Briefköpfe, Sierienbriefe, Kurzmitteilungen, Faxformulare, Adressenlisten, Etikettendruck*
(Buch mit Diskette
rororo computer 9246)

rororo computer wird herausgegeben von Ludwig Moos und Manfred Waffender. Ein Gesamtverzeichnis der Reihe finden Sie in der *Rowohlt Revue*. Jedes Vierteljahr neu. Kostenlos in Ihrer Buchhandlung.